大学生非正式学习研究

——以我国西北地区和国外部分地区大学生为例

胡瑾 著

延边大学出版社

图书在版编目（CIP）数据

大学生非正式学习研究：以我国西北地区和国外部分地区大学生为例 / 胡瑾著. -- 延吉：延边大学出版社, 2021.4
　　ISBN 978-7-230-01109-9

　　Ⅰ. ①大… Ⅱ. ①胡… Ⅲ. ①大学生－学习方法－研究 Ⅳ. ①G642.46

中国版本图书馆 CIP 数据核字(2021)第 079252 号

大学生非正式学习研究：以我国西北地区和国外部分地区大学生为例

————————————————————————————————

著　　　者：胡　瑾
责任编辑：梁久庆
封面设计：中图时代
出版发行：延边大学出版社
社　　　址：吉林省延吉市公园路 977 号　　　邮　　编：133002
网　　　址：http://www.ydcbs.com　　　E-mail：ydcbs@ydcbs.com
电　　　话：0433-2732435　　　传　　真：0433-2732434
印　　　刷：三河市嵩川印刷有限公司
开　　　本：710×1000　1/16
印　　　张：19.5
字　　　数：280 千字
版　　　次：2021 年 4 月 第 1 版
印　　　次：2022 年 1 月 第 1 次印刷
书　　　号：ISBN 978-7-230-01109-9

————————————————————————————————

定价：58.00 元

作者简介

胡瑾，1982 年 5 月生，女，博士，湖南中医药大学副教授，研究方向为高等教育及教育管理，主要从事英语专业教学工作。已公开发表学术论文近 30 篇，主编教材两部，出版著作 4 部，主持课题 6 项（其中省部级课题两项）。

前　　言

　　非正式学习是一种非结构化的、日常性的学习。关注大学生的非正式学习是大学生个体发展的需要，同时，由于非正式学习是终身学习的重要组成部分，且大学生是高校为社会培养的高级专门人才，因此研究大学生的非正式学习对于构建全民终身学习体系、建设学习型社会具有重要意义。本书关注我国西北地区高校大学生的非正式学习，这不仅关乎大学生个体和全民的终身学习，还关乎我国西部高校的教育质量及西部教育践行的可持续发展，同时在"一带一路"视域下，探究西北地区高校大学生的非正式学习为实现西部地区高等教育的对外开放提供了路径。

　　本书在对非正式学习国内外相关文献梳理的基础上，从理论和实践层面对大学生的非正式学习进行了剖析。在理论层面上，本书拓展了大学生非正式学习的内涵，提出大学生非正式学习的三大性质，即学习性、反思性及探究性；大学生非正式学习的两大功能，即个体功能和社会功能；大学生非正式学习的四大培养原则，即综合性原则、反思性原则、合作性原则及持续性原则；大学生非正式学习的三大特征，即专业学习目的与个性发展的学习目的共存、自主学习与网络依赖学习共存、个性差异与知识来源的社会性共存。在此基础上，本书提出了大学生非正式学习的八大主要类型，即工具性大学生非正式学习、人文性大学生非正式学习、基于正式学习的大学生非正式学习、基于个性发展的大学生非正式学习、专业的大学生非正式学习、跨学科的大学生非正式学习、主动参与式的大学生非正式学习及被动参与式的大学生非正式学习；探究了非正式学习与正式学习之间存在的三种关系，具体而言，分别是"顺同化关系""逆同化关系""并列关系"。最后，本书还研究了大学生非正式学习的五大基本构成要素，即学习者、学习情境、"他人"、学习载体及学习的引领者；大学生非正式学习的三大关键影响因素，即学习经历、学习资源及学习管理，并且构建模型，以帮助大学生实现非正式学习观念的清晰化。

在实践层面上，本书以我国西北地区高校大学生为研究对象，通过问卷调查、访谈及文本分析的方式探究了西北五省（区），包括陕西省、甘肃省、青海省、宁夏回族自治区及新疆维吾尔自治区的 19 所高校大学生的非正式学习现状。调查发现，西北地区高校大学生在非正式学习中的学习观念方面、学习资源配置方面以及学习管理方面都存在很多问题。大学生非正式学习的学习观念模糊，功利化的学习目的明显，学习行为单一，缺少积极主动的学习氛围，特别是大学生受消极面子观念的影响，无法以积极的情绪进行非正式学习。同时，在学习资源配置方面，受教师关怀缺失的影响，大学生学习目标不明确，学习方式的选择缺少正确的引领等。另外，大学生受网络的影响，缺少反思的学习能力与行为；在学习管理方面，大学生在非正式学习中，自我管理能力的缺失促使其常常被动参与学习活动等，而学校管理的缺失，导致学校与大学生之间关系失衡，从而影响了大学生非正式学习的质量与效果。

在了解我国西北地区高校大学生非正式学习现状的前提下，本书从比较的角度出发，通过面对面访谈及网络视频的形式，选取来自美国及澳大利亚的各两位典型的外籍大学生，了解其非正式学习的情况。通过分析访谈数据发现，外籍大学生的非正式学习强调反思的重要性，强调学习经历对大学生非正式学习的影响，强调参与社团活动及社区活动的重要性等，这些都是我国西北地区高校大学生非正式学习中所欠缺的。

通过对国内外大学生非正式学习现状的比较，本书提出了优化我国高校大学生非正式学习的实施路径。首先，提出高校大学生非正式学习观念体系及其构建、大学生非正式学习的价值及实现路径，对大学生非正式学习目的观的引导及大学生非正式学习中克服"面子障碍"的途径，如利用社会效用营造良好的社会学习氛围等。其次，在大学生非正式学习资源优化配置方面，提出大学生非正式学习中教师关怀的回归途径、改善合作学习的方案，如采用

"会朋友去"学习法及 TPS 学习法的应用等，以及营造良好的非正式学习氛围圈，改善大学生对网络过度依赖的优化策略。另外，在大学生非正式学习有效管理方面，提出大学生非正式学习有效行为的构建，大学生自我管理能力的培养对策，如大学生应科学规划，合理进行自我学习目标设计等。最后，探讨大学生非正式学习与正式学习的主要整合途径是学习身份认同整合、知识整合及学习方式整合。

目　录

第一章　大学生非正式学习研究概述

教育对社会的发展具有重要的促进作用，而教育创新与改革的最终任务是为社会培养拥有专业知识、具备专业技能的人才。21 世纪是人类文明高速发展的时代，在科学技术日新月异的现代社会，年轻一代需要拥有更胜以往的创新精神，积极参与到国家建设中去。为了满足时代发展和社会进步的需要，以大学生为主体的当代青年应不断思考，主动学习。大学生主要通过学校课堂上的正式学习得以发展，在零散的时间内通过非正式学习的方式来满足自己的学习需求。非正式学习正在影响着大学生的学习和生活。

第一节　选题缘起与研究意义

一、选题缘起

当前，部分大学生把大量的时间和精力用于打游戏、追剧等，过着迷失自我、"尊崇自由"的生活。面对这种现状，笔者认为有必要寻求一种"武器"，帮助大学生激发学习兴趣，引导他们学会合理利用课余时间，改变当前的生活状态。在阅读文献的过程中，笔者发现，非正式学习是大学生应掌握的学习方式，是大学生学会约束自我的"武器"。因此，探究大学生的非正式学习，了解大学生的实然状态，引导他们在课下进行非正式学习，能够帮助他们更好地适应"远离他人约束"的大学生活。非正式学习是社会性的，它不仅是大学生的个体需要，而且是我国构建和发展学习型社会的需要。

（一）研究大学生非正式学习是构建全民终身学习体系、建设学习型社会的必经之路

"每个人必须终身继续不断地学习。终身教育是学习化社会的基石。"① 1972年，联合国教育、科学及文化组织（简称联合国教科文组织）在发表的《学会生存——教育世界的今天和明天》的报告中就强调了终身教育和建设学习型社会的重要性。教育被视为人类社会的一种现象，它贯穿于人类生存发展的全过程，而终身教育是被赋予历史意义和生命价值的思想，是构建学习型社会的航标。1994年，联合国教科文组织在罗马举行了首届世界终身学习会议，提出了"终身学习是 21 世纪的生存概念"这一观点。20 世纪 90 年代以来，经济合作与发展组织也在积极提倡终身学习。1996 年，经济合作与发展组织国家教育部长会议重新界定了"终身学习"，认为其包括正规教育、非正规教育及非正式学习。②在我国，党的十六大报告指出，要"形成全民学习、终身学习的学习型社会，促进人的全面发展"。

在大学阶段，学习是大学生的主要任务，大学生当前的职责和今后的使命都要求他们成为终身学习的人，成为全民终身学习者的典范。党的十七大报告把"终身教育体系基本形成"作为实现全面建成小康社会奋斗目标的新要求之一；党的十八大报告更加关注终身教育，强调"完善终身教育体系，建设学习型社会"；党的十九大报告明确指出"办好继续教育，加快建设学习型社会，大力提高国民素质"。学习型社会实质上是"以学习求发展的社

---

① 联合国教科文组织国际教育发展委员会. 学会生存：教育世界的今天和明天[M]. 华东师范大学比较教育研究所，译. 北京：教育科学出版社，1996：223.
② 冯巍. OECD 国家终身学习政策与实践分析[J]. 比较教育研究，2003（9）：72-76.

会"。①具体来说，学习是人一生发展的桥梁，是构建学习型社会内在核心和外在表征的统一体。终身学习与学习型社会的构建同步进行是促进社会和谐与全面发展的基础和保障。

在我国社会经济转型的时代背景下，大学生被赋予了无限的期望，同时，大学生在未来的角色和职业选择方面也面临着巨大的挑战。大学生是祖国的希望，大学生的个人素质代表着教育的现状及未来走向，大学生学习效果的好坏是评价教师能否胜任教学工作的依据之一……这些现实情况都要求大学生成为终身学习者。大学生是社会培养的专业人才，大学生的终身学习有助于引领全民终身学习。为了实现终身学习，让学习成为生活常态，大学生需要进行日常化、自觉化的学习，这种学习正是通过不受时空限制的非正式学习实现的。非正式学习的无结构性特征使学习成为一种生活方式。非正式学习是实现终身学习的手段，是构建学习型社会的"水滴"，这种日久岁深的滴水穿石精神，必能渗透到社会的各个群体中，助推学习型社会的建设。

（二）研究大学生非正式学习是推进高等教育优质发展的需要

"高等教育人才培养质量全面提高，培养具有国际影响力和竞争力的领军人才"②已成为当前高校的共识。高校的教育质量决定着大学生的质量，而大学生的质量又决定着高校的当下和未来。提升教育质量的核心就是促进大学生的发展和学习。学习是大学生固有的责任，"努力学习"已经成为社会与家庭经常谈论的话题，但是没有正确的学习思维，"努力学习"本身也只是对知识无选择吸收的一个加速过程，并不能对学生起到实质性的启发作用。大学生在社会环境的影响下，习惯性地将"努力学习，改变人生"的思想根植于心，却鲜有人能真正地了解"努力学习"的方式和意义。

---

① 顾明远，石中英.《国家中长期教育改革和发展规划纲要（2010—2020 年）》解读[M].北京：北京师范大学出版社，2010：51.

② 顾明远，石中英.《国家中长期教育改革和发展规划纲要（2010—2020 年）》解读[M].北京：北京师范大学出版社，2010：151.

如今，"努力学习"不再局限于教室，学习可以发生在任一时间、任一地点。这潜移默化地影响着大学生的思维和学习方式，改变了大学生迷惘、无效的学习状态，进而改善了大学的教育质量。鉴于此，大学生有必要重视来自实际生活的非正式学习。探究大学生的非正式学习实际上就是为大学生自我素质的提升寻找路径。传统的教学与教育强调学习的统一性，忽视大学生的个体性和主动性，而非正式学习强调大学生的个体性和主动性，关注大学生学习方式和学习行为的多样性。这种学习方式的转变会加速提升大学生的道德素质、专业素质，从而提升高等教育的质量，推进高等教育的发展。

目前，我国高等教育在不同区域间发展失衡，西部地区的高等教育水平整体低于中东部地区，且西部地区的教育创新手段也难以满足培养拔尖创新人才的需要。因此，我们有必要为西部大学生创设新的学习方式和手段，以此提高西部高校的教育质量，践行西部教育的可持续发展理念，同时在"一带一路"倡议视域下，为实现西部高等教育的对外开放提供路径。

（三）研究大学生非正式学习是推进大学生个体发展的需要

当今时代是一个信息爆炸的时代，是知识快速更新、科技飞速发展的时代，过去的青年由于信息闭塞和新旧思潮冲突对本我产生了迷茫，对社会、时代产生了困惑，这种根植于内心深处的迷茫与困惑似乎并没有随着时代的发展而消散，而是以另一种形态存在于当今青年的心中。目前，良好的物质条件与可选择的精神财富无疑进一步加深了青年一代对于自身发展的探讨与思索。

学习是大学生认识自我的途径，学习方式影响着大学生对生活、社会乃至世界的认知。大学生的自我认识是一个持续发展的过程，是一个不断深化的过程。非正式学习对大学生的专业发展有一定的促进作用，同时，非正式学习因关注大学生学习的适切性而愈发重要。非正式学习的实践形式多样，大学生可借此增长自身的智慧，满足自己精神上的追求和人格完善方面的内在诉求，最终完成自我实现的目标。此外，非正式学习改变了大学生学习与生活相分离的状态，决定了大学生的学习、日常生活及行为的密切相关性，使大学生能在日常生活中通过学习认识自我、完善自我。非正式学习不仅是大学生的一种学习方式，而且是他们的一种生存方式，体现了大学生学习的人本价值，激发了大学生的学习欲望与激情，对大学生的发展产生了潜移默化的影响。因此，我们有必要探究大学生的非正式学习，让大学生通过非正式学习为自己的成长夯实基础，以实现自身的蜕变。

二、研究意义

在 21 世纪的今天，学习不再是一个阶段性的任务，而是伴随人们一生的活动。在某种程度上，非正式学习是大学生生活的方式，与大学生的实践密切联结。因此，探究大学生非正式学习有着深远的理论与现实意义。

（一）理论意义

首先，研究大学生的非正式学习有助于丰富与大学生学习相关的理论。通过大量查阅有关大学生学习的文献，笔者发现，虽然针对大学生学习、大学生专业培养与发展的文献日益增多，但是对大学生学习的研究多从心理学的层面出发，很少对大学生学习方式的外显行为——非正式学习进行系统的实证与探究。笔者认为，非正式学习研究有助于对相关理论进行补充，可以为实现大学生的多样化学习提供理论指导，对完善大学生学习理论有积极意义。

其次，研究大学生的非正式学习实际上是从理论层面加深对非正式学习的认识与研究。在构建学习型社会趋势的引领下，本研究将早期运用于企业培训的非正式学习引入大学生学习及专业发展的领域，无疑扩大了非正式学习的研究范畴，提升了非正式学习的研究价值。

再次，笔者试图将以分析大学生非正式学习的文献和调查当前部分大学生非正式学习现状为基础的"描写"上升为以中外大学生非正式学习的比较为基础的"解释"，以加深对非正式学习的理论研究，并且在一定程度上完善其研究体系。

最后，笔者有意构建富有西北地区高校本土特征的非正式学习模式，使大学生的知识、能力等与外在的环境有机结合，在一定程度上能够为大学生的非正式学习提供途径与规范，帮助大学生实现有效的非正式学习。

总之，非正式学习的理念对大学生的学习有重要的宏观指导作用。非正式学习可以唤起大学生的学习热情，将来有可能成为大学生学习与发展的重要方向。

（二）现实意义

大学生的非正式学习贴近大学生的生活，对大学生的发展有着潜移默化、不可替代的作用。

首先，非正式学习研究可以为大学生个性化的日常学习提供指导。本研究属于实证研究，最终目的是推动大学生培养中现实问题的解决。从当前我国大学生发展的现状来看，基于泛在学习环境的存在、终身学习理念的深化，大学生的个体发展与大学生的学习变得息息相关，而大学生学习方式的优化可以为个体发展提供支持。非正式学习作为一种学习理念，强调大学生在日常生活中的学习。非正式学习源于实践，服务于实践，能满足大学生的学习需求，打造个性化的学习，促进大学生的个体发展。本研究立足于大学生的非正式学习，以大学生为调查对象，重点讨论其非正式学习现状并反思现状中存在的现实问题。这就意味着本研究可以在某种程度上帮助大学生解决学习中的实际问题，为大学生提供有效进行非正式学习的方法。

其次，非正式学习研究可以为大学生的正式学习策略提供参考。长期以来，为了提升大学生的专业素质，我国不断进行教学改革，并取得了一定成效，但学校的正式教育依然不能满足大学生专业发展的需要。大学生在正式学习中"重理论、轻实践"和"重群体、轻个体"等问题提醒我们有必要探究新的教学模式与学习模式。非正式学习是正式学习的强化剂。因此，我们应该将大学生非正式学习的特点与正式学习的特点结合起来，寻找适合大学生个体发展的模式，帮助大学生提高主动学习的能力。

最后，非正式学习研究可以为西北地区高校大学生的个体发展提供均等的学习机会，有利于实现社会和谐。2006年，国务院常务会议审议并通过的《西部大开发"十一五"规划》强调，西部在着力改善基本公共服务方面应优先发展教育。因此，西部地区高校要用创新的教育理念引导大学生，培养创新人才。但目前来看，"西部由于自身发展起点太低，无论从办学规模、硬件设施上比较，还是从教学质量、师资配备上分析，与东部地区的差距还是很大"[①]。西北地区的教育更是落后于全国。为了在一定程度上实现东西部教育的均衡发展，大学生可以依靠这种源于生活、自下而上式的非正式学习实现个体的发展与自我能力的提升。这种非正式学习有助于大学生实现终身学习，可以为大学生提供均等的学习机会。大学生依靠日常化的学习可以弥补西北地区正式教育的短板，有利于实现社会的和谐发展。

总之，在实践层面上，探究大学生的非正式学习是从大学生自身的利益出发，以满足大学生的需求为目标，有助于实现大学生的人生价值和社会价值。

第二节　概念界定与辨析

本研究是针对大学生非正式学习所开展的系统研究，大学生非正式学习是本研究的核心要素，为了确保研究目标明确，有必要对相关概念（如非正式学习、学生非正式学习、大学生非正式学习）进行界定，有必要对非正式学习与正

---

① 冯菊香，郝琦.高考加分政策对西部教育发展的负效应[J].教育纵横，2009（8）：65.

式学习、学生非正式学习与学生正式学习、大学生非正式学习与大学生正式学习进行辨析。

一、非正式学习与正式学习及其辨析

为了使本研究中的核心概念——非正式学习、大学生非正式学习清晰化，笔者认为有必要对非正式学习、学生非正式学习、大学生非正式学习进行概念界定，同时，通过对非正式学习与正式学习、大学生非正式学习与大学生正式学习的辨析，明确非正式学习、大学生非正式学习的内涵与外延。笔者通过对文献的梳理获知，国内外研究者对正式学习及非正式学习概念的界定呈现出多样化的现象，他们从不同的视角，基于不同的维度对正式学习和非正式学习的概念进行了阐释。为了使读者对这些核心概念有清晰的认识，本研究有必要对其进行再界定。

（一）非正式学习

在20世纪40年代联合国教科文组织提出"非正式教育"这一概念之后，"非正式学习"也随之出现，并受到许多国内外研究者的关注。经过对文献综述的整理，笔者发现，国内外对非正式学习没有统一的界定。国外多数研究者还是基于正式学习的特征对非正式学习进行界定，认为非正式学习是非结构化的学习（如 Muhammad Syahir Abdul Wahab et al，2014[①]；Sackey et al，

---

① Muhammad Syahir Abdul Wahab, Ram Al Jaffri Saad, Mohamad Hisyam Selamat. A survey of work environment inhibitors to informal workplace learning activities amongst Malaysian accountants[J]. Procedia—Social and Behavioral Sciences, 2014,164 (11): 409-414.

2015①），是不在教室环境下发生的（Bear et al, 2008②；Tannenbaum et al, 2010③）、由学习者控制的（Falk and Dierking，2002④；Donnie et al，2015⑤）学习方法。在国内，对于非正式学习的研究还处于初步探索阶段，多数研究者也是借鉴国外研究者的观点，将非正式学习与正式学习进行比较，对非正式学习进行界定。多数研究者借鉴余胜泉和毛芳（2005）的观点，认为非正式学习是"相对正规学校教育或继续教育而言的，指在工作、生活、社交等非正式学习时间和地点接受新知的学习形式，主要指做中学、玩中学、游中学，如沙龙、读书、聚会、打球等"⑥。另一部分研究者，如陈乃林和孙孔懿（1997）⑦基于对终身学习的划分、非正式学习的界定及正规学习和非正规学习的界定，认为非正规学习是指教育体制以外的有组织的学习活动，非正式学习就是学习者自觉进行的学习活动。

由此可见，目前国内研究者对非正式学习的界定也大相径庭。有的研究者将学习分为正式学习与非正式学习，有的研究者将学习分为正规学习与非

① Sackey D J, Minh-Tam N, Grabill J T. Constructing learning spaces: What we can learn from studies of informal learning online[J]. Computers and Composition, 2015, 35 (1): 112-124.

② Bear D J, Tompson H B, Morrison C L, et al. Tapping the potential of informal learning. An ASTD research study [M]. Alexandria, VA: American Society for Training and Development, 2008.

③ Tannenbaum S I, Beard R, McNall L A, et al. Informal learning and development in organizations[M]. In S. W. J. Kozlowski, & E. Salas (Eds.). Learning, training, and development in organizations. New York, NY: Routledge, 2010: 303–332.

④ Falk J H, Dierking L D. Lessons without limit: How free-choice learning is transforming education[M]. Walnut Creek CA: AltaMira Press, 2002.

⑤ Donnie Johnson Sackey, Minh-Tam Nguyen, Jeffery T. Grabill.Constructing learning spaces: What we can learn from studies of informal learning online[J].Computers and Composition, 2015，35 (1)：112-124.

⑥ 余胜泉，毛芳.非正式学习：e-Learning 研究与实践的新领域[J].电化教育研究，2005（10）：18.

⑦ 陈乃林，孙孔懿.终身学习论略[J].江苏高教，1997（6）：5.

正规学习，还有的研究者将学习分为正式学习、非正式学习及非正规学习。

当前，部分研究者将 informal 译为"非正式的"或"非正规的"，还有研究者将 informal 译为"非正式的"，将 non-formal 译为"非正规的"，或者将 informal 译为"非正规的"，将 non-formal 译为"非正式的"。informal 和 non-formal 是两个不同的概念，但根据当前的多数研究来看，人们普遍认为 informal 应译为"非正式的"，non-formal 应译为"非正规的"。为了追溯本译，笔者先从词源上对"非正式的""非正规的"等相似译法进行辨析。

首先，从词源上看，informal 和 non-formal 具有相同的词根、不同的词缀。in-和 non-都是词的前缀，意思为"否定""不"，但 in-可加在形容词、副词或名词前，non-主要用于名词前，构成名词，少数时候也可用于形容词前，构成形容词。①可见，在使用范围上，in-的使用范围明显大于 non-的使用范围。其次，从语气上来说，in-强调的语气比 non-强。②《牛津英语词源词典》也显示，non-是 normally unstressed（无强调）。③从语言学的角度出发，笔者认为，in-偏上义而 non-偏下义，因此，在研究中，笔者使用的是 informal learning（非正式学习），而非 non-formal learning（非正规学习）。同时，在研究中，笔者将非正规学习归为正式学习的一种，只区分正式学习与非正式学习。非正式学习是一种零散的学习，它不受时空的限制，研究者不应把场域或学习结果作为断定一种学习是否为非正式学习的标准。非正式学习可发生在教室内，也可发生在教室外，它的学习结果呈现为零文凭、零证书，但不能就此说明在有文凭、有证书的学习中没有非正式学习。

在以往的界定中，研究者单一强调学习者的自主性或视场域、实物为划分正式学习与非正式学习的标准，而忽视了学习者的学习需求及学习者与学习情境的交互性。笔者对非正式学习的界定如下：非正式学习是非官方的，是

---

① 英国柯林斯公司. 柯林斯高阶英汉双解词典[M].北京：商务印书馆，2008：1113.

② Eric Partridge. Origins: A Short Etymological Dictionary of Modern English[M]. Routledge: Taylor & Francis Group, 2006: 3912.

③ 哈德.牛津英语词源词典[M].上海：上海外语教育出版社，2000：332.

学习者在自己与日常生活情境交互的基础上根据自身实际需要进行的有目的的、连续性的学习，如读书、上网、社交、听讲座等。非正式学习强调学习者的学习意图，并且这种意图是在具体的情境中实现的。

（二）正式学习

正式学习是代表学校传统教育的一种学习方式。早在 1974 年，菲利普·H. 库姆斯（Philip H. Coombs）等人就曾指出，正式学习存在于结构化、组织化及历时性的教育体系中，从小学到大学，它都作为主导性的学习方式而存在[①]。因而，正式学习也相应地具有高度结构化、组织化及历时性的特征。杰伊·克罗斯（Jay Cross）在 2006 年进一步强调，正式学习是在"学校、课程、教室、工作场所的背景下完成的，是官方的、有计划的"[②]。莎拉·伊莱恩·伊顿（Sarah Elaine Eaton）在 2010 年曾提出，"正式学习是一种有组织、有结构的学习，它是由教育部门安排的，且是以课程大纲或其他正规教育项目为导向的学习"[③]。

国内研究者对正式学习与非正式学习的研究起步晚于国外研究者。在国内，陈乃林和孙孔懿（1997）最早提出"正式学习"（正规学习）的概念，认为正式学习（正规学习）是"在正规教育体制中的学习活动"，是"在教师引导下有目的、有计划、有组织地进行的学习"。[④]杨晓平（2015）认为，正式学习"是指相关部门或他人为学习者组织、决定、安排的自上而下的学习活

---

① Coombs, P H, Ahmed M. Attacking Rural Poverty: How non-formal education can help[M]. Baltimore: John Hopkins University Press, 1974.

② Cross J. Informal Learning: Rediscovering the Natural Pathways That Inspire Innovation and Performance[M]. San Francisco: Jossey-Bass, 2006.

③ Sarah Elaine Eaton. Formal, non-formal and informal learning: The case of literacy, essential skills, and language learning in Canada[M]. Eaton International Consulting, 2010: 9.

④ 陈乃林，孙孔懿. 终身学习论略[J]. 江苏高教，1997（6）：5.

动。包括学历教育范畴内的学习和非学历教育范畴内的培训、进修、讲座、报告、研讨会等"①。具体而言，正式学习是"学校范围内的学习"②，且它的学习形式"主要依靠教师讲授学生接受这种僵化单一的形式"③。由此可见，正式学习是由教育官方组织，按照教学大纲统一安排的学习，且是以教师传授书本知识为主导，发生在教室内的学习。此外，正式学习发生在正规教育中，它有清晰的评价标准，如考试成绩、文凭及证书等。④

总之，正式学习是一种强制性的、学习动力主要来自外部且学习内容已规划好的学习，也是一种结构性、系统性、组织性的学习。

（三）非正式学习与正式学习辨析

概念辨析是为了深入理解概念及其深层意义。为了弄清楚非正式学习的内涵，我们有必要将其与正式学习进行对比，以此了解非正式学习的特点。

早在 1982 年，就有研究者指出了正式教育与非正式教育的不同，他们认为正式教育由教师、课程、清晰的教学方法组成，缺少日常化情境，是通过口头交流和口头讲授进行的教育，而不是由学习者自己负责的一种日常化教育，非正式教育则是一种蕴含于日常生活中的教育。正式教育与非正式教育的区别如表 1-1 所示。

表 1-1　正式教育与非正式教育的区别

特征	正式教育	非正式教育
教育环境	缺少日常化情境	蕴含于日常生活中
教学模式	教师传授知识	学习者自主学习

① 杨晓平.正式学习与非正式学习之概念辨析[J].贵州师范学院学报，2015（5）：81.
② 葛善勤.打通"生活—符号的"通道：正式学习与非正式学习双向迁移的实践探究[J].江西教育，2017（2）：76.
③ 高原，吴长城.透视非正式学习：基于非正式学习与正式学习对比的视角[J].当代继续教育，2018（201）：60.
④ 刘卫琴.非正式学习初探[J].新课程研究，2014（7）：34.

续表

特征	正式教育	非正式教育
教师身份	多为外人	多为亲属
教学方法	口头交流、口头讲授	观察、模仿

注：Jennifer A. Engaging young people: learning in informal contexts[J]. Review of Research in Education, 2006 (1): 239-278.

随后，萨利·安妮（Sally Anne）在 20 世纪 90 年代指出了个体在工作时进行非正式学习与正式学习所用的时间及学习内容的不同。她通过调查发现，企业员工利用 75%的时间进行非正式学习——这种学习帮助员工提高实践操作技能，利用 25%的时间进行正式学习——通过正式学习，他们只学到了基础知识。

可见，国外研究者在探讨正式学习与非正式学习的差异时，也肯定了非正式学习在人们日常生活中的积极价值。余胜泉和毛芳（2005）从学习内容的划分上入手，认为学习分为正式学习与非正式学习，且正式学习包含正规学习与非正规学习。为了明辨正式学习与非正式学习的差异，笔者基于相关文献，从不同的维度对正式学习与非正式学习进行了对比，如表 1-2 所示。

表 1-2　正式学习与非正式学习之间的比较

维度	正式学习	非正式学习
学习时间	有限制	有弹性
学习场所	有固定场所，如教室、讲堂	不受固定场所限制，随时随地学习
学习机制	以外驱为主	以内驱为主
学习动机	外在的"要我学"	内在的"我要学"
学习过程	系统的、有组织的	自发的、自然发生的
学习目的	明确、详细	由自身需要和情境驱使
学习内容	统一组织、安排；预设性的	学习者自行组织；生成性的
学习周期	有课时、学期、学年限制	无限制
学习形式	单一化途径	多样化途径

维度	正式学习	非正式学习
学习成果	增加知识；获得文凭、证书	增加知识，满足个性化需求
学习评价	有评价标准、评价体系	自评
知识结构	规范的课程体系	零散、宽泛的知识
学习情境	人为设定	人为选择或自然设定
学习主办方	学校与培训机构	日常工作、家庭和休闲活动
学习持续性	非持续性的	持续性的

正式学习与非正式学习虽然有明显的差异，但其本质都是学习。在人类的学习过程中，二者相互补充，体现了学习的完整性。

二、学生非正式学习与学生正式学习及其辨析

以学生为学习主体，探究非正式学习、正式学习及二者之间的区别，就是为了能进一步阐释大学生非正式学习的内涵及特点，并以此为基础开展对我国西北地区高校大学生非正式学习的研究。

（一）学生非正式学习

通过以上对非正式学习的分析，笔者认为，学生非正式学习就是指学生是非正式学习的主体，且具备一定的自主学习能力，在自己与日常生活情境交互的基础上，在常规课堂教学以外的任何时间、任何地点根据自身学习和个性发展需要进行的有目的、连续性的学习。

（二）学生正式学习

本研究认为，学生正式学习是传统校园教育的体现，它并非学生在自身与日常生活情境交互的基础之上进行的学习，而是在相关部门安排下、抽离

于学生日常生活、以接受知识为目的且发生在课堂上的学习。

（三）学生非正式学习与学生正式学习辨析

非正式学习与正式学习有着本质的区别，以学生为学习主体的学生非正式学习与学生正式学习也迥然不同。国内研究者尚未对学生非正式学习进行统一的界定。2008 年，侯英从学习时间和地点的角度出发，提出学生非正式学习是"发生在正式学习（由学习机构发起、基于课堂的、组织严密的培养人的活动）之外，在工作、生活、社交等非正式学习的时间和地点，由学习者自我发起、自我调控、自我负责的学习"[①]。换句话说，学生非正式学习是学生自我汲取知识的途径和方法，是学生根据一定的意图进行的一种学习。此外，学生非正式学习贯穿学生课前、课后的学习、生活，是一种连续性的学习。

对于学生正式学习，目前大部分研究者认为它包含正规教育系统与非正规教育系统的学习，基础义务教育及高等教育系统属于正规教育系统，企业及培训机构则属于非正规教育系统，但学生在它们中的学习均属于正式学习[②]。学生正式学习与学生非正式学习的关系如图 1-1 所示。

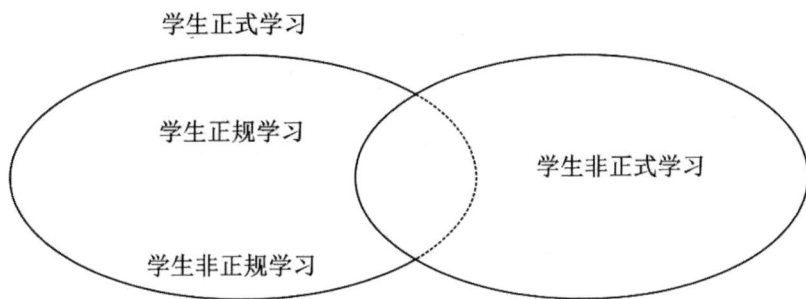

图 1-1 学生正式学习与学生非正式学习的关系

---

① 侯英.基于 Web2.0 环境的大学生非正式学习研究[D].桂林：广西师范大学，2008：6.
② 高淮微.非正式学习分析与设计：教学设计研究与实践的新领域[J].浙江教育学院学报，2009.

本研究认为，学生正式学习与学生非正式学习相互联系，二者共同构成了学生的学习方式。

三、大学生非正式学习与大学生正式学习及其辨析

探究大学生非正式学习与大学生正式学习及二者之间的联系与区别，是为了使大学生非正式学习的内涵更加清晰，以帮助人们了解大学生的学习状态。

（一）大学生非正式学习

大学生学习的专业性决定了大学生是一个专业化的群体。基于这种身份特征，大学生非正式学习的目标追求具有多层次性。本研究对大学生非正式学习的界定如下：大学生非正式学习是大学生在自己与日常生活情境交互的基础上，在常规课堂教学以外的任何时间、任何地点，以解决实际问题、努力提升专业素养、完善个性发展为目的而进行的连续性学习，如创建学生学习共同体、建立辩论社等。

（二）大学生正式学习

本研究认为，从学习过程的角度出发，大学生正式学习与学生正式学习有着相同的特质，即大学生正式学习是高等教育传统教学的一种体现，它是在相关部门安排下，抽离于大学生日常生活的学习，是发生在常规课堂上，以接受知识为目的的学习。

（三）大学生非正式学习与大学生正式学习辨析

以大学生为学习主体的大学生非正式学习与大学生正式学习有着显著的区别。首先，从学习机制来看，大学生非正式学习是大学生根据自身的学习需要和学习兴趣进行的学习，而大学生正式学习则是大学生在课程教学大纲统

一编排下进行的学习。其次，从学习安排来看，大学生非正式学习可以发生在任意时间和任意地点，而大学生正式学习是受课时、学期及学年限制且发生在固定场所内的学习。最后，从学习成果来看，大学生非正式学习与大学生正式学习都是帮助大学生实现知识积累的过程，但具体而言，大学生非正式学习主要帮助大学生解决现实问题、提升专业素养、满足个性化需求，而大学生正式学习则主要帮助大学生获取专业知识技能、获得文凭等。大学生非正式学习与大学生正式学习具有相同的学习主体，虽然它们具有不同的特点，但它们并非处于分割状态，而是相互促进的。刘素方（2013）以大学生为研究对象，提出"大学生非正式学习是非官方的，是大学生自我发起的、有目的的学习活动，它是不受学习场所限制并能弥补课堂学习不足的一种学习"[①]。她认为，大学生非正式学习是正式学习的补充，是完善大学生正式学习的方式。同样，大学生正式学习的内容、方法也可以完善大学生非正式学习，二者相辅相成，共同构成了大学生的学习。

第三节　文献综述

　　该部分对非正式学习、学生非正式学习及大学生非正式学习的相关研究进行了回顾和反思，旨在审视国内外非正式学习的研究现状，梳理其研究脉络，把握其研究范畴，为本研究的视角和方向奠定基础。此外，该部分还对非正式学习及学生非正式学习相关研究的现状进行了评析，总结了其中的不足，在批判地继承中创新，使本研究可以在已有研究的基础上进行更宽广的理论与实证研究。

---

　　① 刘素方. 网络对大学生非正式学习的影响及应对策略研究[D]. 芜湖：安徽师范大学，2013：18-19.

一、国外相关研究评述

联合国教科文组织于 1947 年提出了"非正式教育"。1950 年，马尔科姆·S. 诺尔斯（Malcolm S. Knowles）在其《成人的非正式教育——管理者、领导者和教师的指南》一书中首次提出"非正式学习"。随后，国外研究者拉开了非正式学习研究的序幕，非正式学习逐渐成为一个受研究者重视的研究领域。20 世纪 80 年代，国外掀起了非正式学习研究的热潮。国外研究者对非正式学习的研究涉及方方面面，包括非正式学习的内涵、特点、理论基础、价值等。笔者通过文献整理发现，国外的非正式学习研究倾向于非正式学习在不同情境下的实用性研究。

（一）国外对非正式学习的研究

非正式学习很受国外研究者的重视，很多研究者都对其进行了研究（如 Colley et al，2002①；Enos et al，2003②；Lohman，2006③；Yi，2008④；Tews et al，2017⑤）。Marilyn 等人（1998）提出个体的非正式学习会对组织学习产生

---

① Colley H, Hodkinson P, Malcom J. Non-formal learning: Mapping the conceptual terrain, A consultation report[M]. University of Leeds Life learning Institute, 2002.

② Enos M D, Kehrhahn M T, Bell A. Informal learning and the transfer of learning: How managers develop proficiency[J]. Human Resource Development Quarterly, 2003, 14 (4): 368-387.

③ Lohman M C. Factors influencing teachers' engagement in informal learning activities[J]. Journal of Workplace Learning, 2006, 18 (3): 141-156.

④ Yi S. Understanding informal learning: A case study of K bank. The Korea Educational Review, 2008, 14 (1): 271-299.

⑤ Tews M J, Michel J W, Noe R A. Does fun promote learning? The relationship between fun in the workplace and informal learning[J]. Journal of Vocational Behavior, 2017 (98): 46-55.

一定的影响。① 2000 年，Leona M. English 提出非正式学习可以为成人提供精神上的扶持。② Punie 等（2006）认为非正式学习是未来学习的重要组成部分。③非正式学习是有利于学习者终身学习的学习（Coffield，2000④；Cross，2006⑤）。Gerber 等（2001）强调非正式学习会使学生的学习方式发生根本性转变，即从过去的教室学习转向个体日常学习。据统计，学生有 86.7%的时间被用于课堂之外。⑥非正式学习价值的凸显使研究者倾向于对其开展理论探析。

1.非正式学习的理论研究

Marsick 和 Watkins（2001）⑦指出，非正式学习是经验性的、情境化的、由学习者控制的学习。在对非正式学习的研究中，多数研究者基于正式学习与非正式学习的差异，探究了非正式学习的内涵和特点，提出了自己的观点

---

① Marilyn M, Beattie R S. The missing link? Understanding the relationship between individual and organizational learning[J]. International Journal of Training and Development, 1998, 2 (4): 288-299.

② English L M. Spiritual dimensions of informal learning[J]. New Directions for Adult and Contunuing, 2000 (85): 29-38.

③ Punie Y, Cabrera M, Bogdanowicz M, et al. The future of ICT and learning in the knowledge society. Report on a Joint DG JRC-DGEAC Workshop Held in Seville[M]. Luxembourg: Office for Official Publications of the European Communities, 2006.

④ Coffield F. The Necessity of Informal Learning[M]. Bristol: The Policy Press, 2000.

⑤ Cross J. Informal Learning: Rediscovering the Natural Pathways That Inspire Innovation and Performance[M]. San Francisco: Jossey-Bass, 2006.

⑥ Gerber B L, Cavallo M L, Edmund A M. Relationships among informal learning environments, teaching procedures and scientific reasoning ability[J]. International Journal of Science Education, 2001, 23 (5): 535-549.

⑦ Marsick V J, Watkins K E. Informal and incidental learning[J]. New Directions for Adult and Continuing Education, 2001 (89): 25-34.

（如 Marsick and Volpe，1999[①]；Feiman-Nemser，2001[②]；Eraut，2004[③]；Aown，2011[④]）。研究者从不同的维度对正式学习与非正式学习进行了辨析，一些研究者强调正式学习是结构化的学习，而非正式学习是非结构化的学习（如 Falk and Dierking，2002[⑤]；Wahab et al，2014[⑥]；Sackey et al，2015[⑦]；Galanis et al，2016[⑧]）。部分研究者根据正式学习与非正式学习外在环境的差异性，对非正式学习进行了界定，如 Hager 和 Halliday（2006）[⑨]提出非正式学习是没有课程（Thacker，2015）[⑩]、没有教师评价的学习，正式学习则与之相反。Feiman-Nemser

---

① Marsick V J, Volpe M. The nature and need for informal learning[J]. Advances in Developing Human Resources, 1999, 1 (3): 1-9.

② Feiman-Nemser S. From preparation to practice: designing a curriculum to strengthen and sustain teaching[J]. Teachers College Record, 2001 (103): 1013-1055.

③ Eraut M. Informal learning in the workplace[J]. Studies in Continuing Education, 2004 (26): 247-273.

④ Aown N M. A place for informal learning in teaching about religion: The story of an experienced non-Muslim teacher and her learning about Islam[J]. Teaching and Teacher Education, 2011, 27 (7): 1255-1264.

⑤ Falk J H, Dierking L D. Lessons without limit: How free-choice learning is transforming education[M]. Walnut Creek CA: AltaMira Press, 2002.

⑥ Wahab M S A, Saada R A J, Selamat M H. A survey of work environment inhibitors to informal workplace learning activities amongst Malaysian accountants[J]. Procedia-Social and Behavioral Sciences, 2014, 164 (11): 409-414.

⑦ Sackey D J, Minh-Tam N, Grabill J T. Constructing learning spaces: What we can learn from studies of informal learning online[J]. Computers and Composition, 2015, 35 (1): 112-124.

⑧ Galanis N, Mayol E, Alier M, et al. Support, evaluating and validating informal learning. A social approach[J]. Computers in Human Behavior, 2016, 55 (8): 596-603.

⑨ Hager P J, Halliday J. Recovering informal learning: Wisdom, judgment, and community[M]. Dordrecht: Springer, 2006.

⑩ Thacker E S. "PD is where teachers are learning!" high school social studies teachers' formal and informal professional learning[J]. The Journal of Social Studies Research, 2015, 10 (1): 1-16.

（2001）指出，"非正式学习是在无计划的环境下进行的过程[①]"。非正式学习是家庭和工作中日常的、社会化的交互过程（如 Dunn and Shriner，1999[②]；Blacker，2001[③]；Lohman and Woolf，2001[④]；Schulz and Manduzk，2005[⑤]），它不在教室环境下发生（Bear et al，2008[⑥]；Tannenbaum et al，2010[⑦]）。一些研究者（如 Parise and Spillane，2009[⑧]；Jurasaite-Harbison and Rex，2010[⑨]；Richter et al，2011[⑩]；

① Feiman-Nemser S. From preparation to practice: designing a curriculum to strengthen and sustain teaching[J]. Teachers College Record, 2001 (103): 1013-1055.

② Dunn T G, Shriner C. Deliberate practice in teaching: what teachers do for self-improvement[J]. Teaching and Teacher Education, 1999, 15 (6): 631-651.

③ Blacker H. Learning from experience. In L. Deer Richardson, & M. Wolfe (Eds.), Principles and practice of informal education： Learning through life[M]. London: Routledge Falmer, 2001.

④ Lohman M, Woolf N. Self-initiated learning activities of experienced public school teachers: methods, sources, and relevant organizational influences[J]. Teachers and Teaching: Theory and Practice, 2001 (7): 59-74.

⑤ Schulz R, Manduzk D. Learning to teach, learning to inquire: a 3-year study of teacher candidates' experiences[J].Teaching and Teacher Education, 2005 (21): 315-331.

⑥ Bear D J, Tompson H B, Morrison C L, et al. Tapping the potential of informal learning. An ASTD research study[M]. Alexandria, VA: American Society for Training and Development, 2008.

⑦ Tannenbaum S I, Beard R, McNall L A, et al. Informal learning and development in organizations[M]. In S. W. J. Kozlowski, & E. Salas (Eds.), Learning, training, and development in organizations. New York, NY: Routledge. 2010: 303–332.

⑧ Parise M L, Spillane J P. Teacher learning and instructional change: How formal and on-the-job learning opportunities predict change in elementary school teachers' practice[J]. The Elementary School Journal, 2010, 110 (3).

⑨ Jurasaite-Harbison E, Rex L A. School cultures as contexts for informal teacher learning[J]. Teaching and Teacher Education: An International Journal of Research and Studies, 2010, 26 (2): 267-277.

⑩ Richter D, Kunter M, Klusmann U, et al.Professional development across the teaching career: teachers'uptake of formal and informal learning opportunities[J].Teaching and Teacher Education, 2011, 27 (1): 116-126.

Thacker，2015①）从专业学习的角度出发，把学习分为正式专业学习与非正式专业学习。非正式专业学习不限定具体的情境，正式专业学习则是像本科课程一样的学习。还有研究者从在职学习的角度，将学习分为正式学习与非正式学习（Cofer，2000②；Merriam et al，2007③），指出非正式学习是职场中非系统化的学习。④一些研究者（如 Mazanah and Carter，2000⑤）基于"学习是获取知识和技能的过程"，认为"非正式学习是指在工作场所由员工所发起的可获得知识和技能的学习活动"⑥。少数研究者从学习结果的视角出发，认为可以获取证书的学习为正式学习，无法获取证书的学习为非正式学习（Francisco José García-Peñalvo et al，2014⑦）。此外，一些研究者（如 Schauble et al，1997⑧；

①　Thacker E S. "PD is where teachers are learning!" high school social studies teachers' formal and informal professional learning[J]. The Journal of Social Studies Research, 2015, 10 (1): 1-16.

②　Cofer D A. Informal Workplace Learning (Practical Application Brief No.10)［M］. Columbus, OH: Center of Education and Training for Employment, 2000.

③　Merriam S M, Caffarella R S, Baumgartner L M. Learning in adulthood: A comprehensive guide［M］. 3rd ed.San Francisco: Jossey-Bass, 2007.

④　Hoekstra A, Brekelmans M, Beijaard D, et al.Experienced teachers' informal learning: Learning activities and changes in behavior and cognition［J］. Teaching and Teacher Education, 2009 (25): 663-673.

⑤　Muhamad M, Carter G L. Prinsip Pembelajaran Orang Dewasa［M］. Kuala Lumpur: Utusan Publication & Distribution Sdn Bhd, 2000.

⑥　Wahab M S A, Saada R A J, Selamat M H. A survey of work environment inhibitors to informal workplace learning activities amongst Malaysian accountants［J］. Procedia-Social and Behavioral Sciences, 2014, 164 (11): 409-414.

⑦　García-Peñalvo F J, Johnson M, Alves G R, et al. Informal learning recognition through a cloud ecosystem［J］. Future Generation Computer Systems, 2014, 32 (8): 282-294.

⑧　Schauble L, Leinhardt G, Martin L. A framework for organizing a cumulative research agenda in informal learning contexts［J］. Journal of Museum Education, 1997, 22 (2-3): 3-8.

Falk and Dierking，2002[①]；Sackey et al，2015[②]）从学习者的需求和兴趣出发，认为非正式学习是由学习者控制的一种学习，而正式学习是不以学习者为中心的学习。还有一些研究者（Eshach，2007[③]；Laurillard，2009[④]）认为，非正式学习是自我导向的、基于学习者兴趣的一种有目的的学习。Noe 等人（2013）[⑤]进一步强调了非正式学习是以学习者为中心的学习，是学习者根据自身需要自发组织的学习。

除二分法定义之外，少数研究者（如 Merriam and Baumgartner，2007[⑥]；Basera et al，2010[⑦]；Kayabaş et al，2015[⑧]）从终身学习和学习经历的角度出发，将学习分为正式学习、非正式学习及非正规学习，认为非正式学习是"隐藏式学习""偶然性学习"及"自我导向学习"。此外，个别研究者还从三分法定义模糊转向二分法定义。Galanis 等人（2016）[⑨]首先从终身学习的角度对

① Falk J H, Dierking L D. Lessons without limit: How free-choice learning is transforming education[M]. Walnut Creek CA: AltaMira Press, 2002.

② Sackey D J, Minh-Tam N, Grabill J T. Constructing learning spaces: What we can learn from studies of informal learning online[J]. Computers and Composition, 2015, 35 (1): 112-124.

③ Eshach H. Bridging In-school and Out-of-school Learning: Formal, Non-Formal, and Informal Education [J]. Journal of Science Education and Technology, 2007, 16 (2): 171-190.

④ Laurillard D. The pedagogical challenges to collaborative technologies[J]. International Journal of Computer-Supported Collaborative Learning, 2009, 4 (1): 5-20.

⑤ Noe R A, Tews M J, Marand A D. Individual differences and informal learning in the workplace[J]. Journal of Vocational Behavior, 2013, 83 (6): 327-335.

⑥ Merriam S M, Caffarella R S, Baumgartner L M. Learning in adulthood: A comprehensive guide[M]. 3rd ed. San Francisco: Jossey-Bass, 2007.

⑦ Basera J A, Buntat Y. Informal Learning among Engineering Technology Teachers[J]. Procedia Social and Behavioral Sciences, 2010, 7 (10): 336-344.

⑧ Kayabaş i, Mutlu M E. Obtainment and Management of Informal Learning Experiences Among Saved Life Experiences via a Life Logging System: An Observation of a Software Developer[J]. Procedia: Social and Behavioral Sciences, 2015, 174 (1): 1111-1116.

⑨ Galanis N, Mayol E, Alier M, et al. Support, evaluating and validating informal learning. A social approach[J]. Computers in Human Behavior, 2016, 55 (8): 596-603.

非正式学习进行了界定，认为终身学习包括正式学习、非正式学习及非正规学习，并以举例的方式对它们进行了分析，认为正式学习是正规教育中心认定并颁发证书的学习（Lohman，2009[①]；Marsick and Watkins，1990[②]）；非正式学习是在家观看如何烹饪的视频一类的学习；非正规学习是参加各种培训的学习。非正式学习与非正规学习具有相同的特征，因此有研究者将非正规学习归为非正式学习。

另外，一些研究者认为不应该将学习分为正式学习和非正式学习，而应将它们合并在一起（Colley et al，2003[③]；Griffiths，2016[④]）。部分研究者基于自己的研究视角，探究非正式学习的内涵及特点，如研究者 Lin 等人（2012）从幸福感的角度出发，认为非正式学习是"日常生活经历的成果，且这种学习是'无学分的、闲暇的和短暂性的'学习"[⑤]。他们同时强调非正式学习是自主的、非顺序的学习。Eraut（2004）认为，非正式学习既是一种个体学习，也是一种合作型学习。[⑥]另一些研究者基于网络界定非正式学习。Tan 和 Norhalimah

---

① Lohman M C. A survey of factors influencing the engagement of information technology professionals in informal workplace learning activities[J]. Information Technology, Learning, and Performance Journal, 2009, 25 (1): 43-53.

② Marsick V J, Watkins K E. Informal and incidental learning in the workplace[M]. London: Routledge, 1990.

③ Colley H, Hodkinson P, Malcolm J. I nformality and formality in learning: A report for the learning and skills research centre[M]. London: University of Leeds, 2003.

④ Griffiths D. Informal learning recognition and management[J]. Computers in Human Behavior, 2016 (55): 501-503.

⑤ Lin A C H, Fernandez W D, Gregor S. Understanding web enjoyment experiences and informal learning: A study in a museum context[J]. Decision Support Systems, 2012, 53 (5): 847.

⑥ Eraut M. Informal learning in the workplace[J]. Studies in Continuing Education, 2004 (26): 247-273.

（2015）认为，非正式学习是一种"在线互动的学习方式"①。Mills 等人（2014）基于信息技术探究非正式学习的过程，认为非正式学习的过程包括信息选择、信息搜集、信息加工、信息呈现及信息评价。②一些研究者也在探析非正式学习的策略，如网络学习、社会学习、导师制学习、从错误中学习及自我导向学习等（Leslie et al，1998③；Cheetham and Chivers，2005④）。最后，还有一些研究者，如 Patterson 和 Pharm（2016）⑤，从理论层面分析影响非正式学习的因素，认为影响非正式学习的因素有学习动机、学习的适应性、学习的创造性、学习热情、学生的智力等。总之，国外研究者比较重视对非正式学习的理论研究。

2.非正式学习在不同领域的应用研究

国外研究者也非常重视对非正式学习在不同领域中应用的研究，比如非正式学习在企业、医学、教育及网络技术等领域中的应用。他们强调工作经验是进行学习、发展自己的起点（Guile and Griffiths，2001）⑥，工作领域的学习也促进了人们工作经验的生成，而非正式学习是人们在工作中最常用的学

---

① Tan S H, Norhalimah I. "Hit-the-road-running" and reflect: A qualitative study of women managers' informal learning strategies using feminist principles[J]. Procedia-Social and Behavioral Sciences. 2015 (211): 1081-1088.

② Mills L A, Knezek G, Khaddage F. Information Seeking, Information Sharing, and going mobile: Three bridges to informal learning[J]. Computers in Human Behavior, 2014, 32 (8):324-334.

③ Leslie B, Aring M K, Brand B. Informal learning: The new frontier of employee development and organizational development[J]. Economic Development Review. 1998, 15(4):12-18.

④ Cheetham G, Chivers G. Professions, Competence and Informal Learning[M]. Cheltenham: Edward Elgar Publishing, 2005.

⑤ Patterson B J, Pharm D. Informal learning processes in support of clinical service delivery in a service-oriented community pharmacy[J]. Research in Social & Administrative Pharmacy, 2016 (1): 1-9.

⑥ Guile D, Griffiths T. Learning Through Work Experience[J]. Journal of Education and Work, 2001, 14 (1): 113-131.

习方式（Skule and Reichborn，2002①；Hicks et al，2007②）。

首先，非正式学习可以用于医学领域。Pimmer 等人（2014）利用访谈的方式，探究了护士群体中的非正式的移动学习。③ Patterson 和 Pharm（2016）以美国艾奥瓦州的一个社区诊所为例，证实了医护人员可通过非正式学习提高医护专业能力。④可见，非正式学习结合实践可以促进医护人员专业能力的提升。

其次，非正式学习可以用于网络技术领域。当今时代是信息技术飞速发展的时代，学习离不开网络技术，离不开软件。新技术的研发促进了学习环境的改变。Galanis 等人（2016）认为，软件工具可以使非正式学习者以同伴互动、同伴互评的方式进行学习，而无须借助专家进行学习评价。⑤网络化的非正式学习促使研究者努力开发软件，以此促进非正式学习。Kayabaş 等人（2015）通过对一个软件开发者的个案研究，讨论生活日志软件（如 SkyDrive，AllMyListsLE）对人们非正式学习的作用。⑥ Guo 等人（2012）探讨了数据资

---

① Skule S, Reichborn A N. Learning-conducive work: A survey of learning conditions in Norwegian workplaces［M］. Luxembourg: Office for Official Publications of the European Communities, 2002.

② Hicks E, Bagg R, Doyle W, et al. Canadian accountants: examining workplace learning［J］. Journal of Workplace Learning, 2007 (19): 61-77.

③ Pimmer C, Brysiewicz P, Linxen S, et al. Informal mobile learning in nurse education and practice in remote areas: A case study from rural South Africa［J］. Nurse Education Today, 2014, 34 (3): 1398-1404.

④ Patterson B J, Pharm D. Informal learning processes in support of clinical service delivery in a service-oriented community pharmacy［J］. Research in Social & Administrative Pharmacy, 2016 (1): 1-9.

⑤ Galanis N, Mayol E, Alier M, et al. Support, evaluating and validating informal learning. A social approach［J］. Computers in Human Behavior, 2016, 55 (8): 596-603.

⑥ Kayabaş i, Mutlu M E. Obtainment and Management of Informal Learning Experiences Among Saved Life Experiences via a Life Logging System: An Observation of a Software Developer［J］. Procedia: Social and Behavioral Sciences, 2015, 174 (1): 1111-1116.

源在在线非正式学习中的应用，认为非正式学习的数据资源可来自微博、博客、微信及邮件等，数据资源使用者可以借助软件（如聊天工具等）进行学习。[①]在线浏览网页也可以促进非正式学习，使人从中获得幸福感。Lin 等人（2012）探析了人的幸福感与在线非正式学习的关系，他们以浏览博物馆网页为例，说明浏览网页是非正式学习中可以让人获得幸福感的活动。[②]非正式学习还可用于网络学习空间的建构，可以促进网络非正式学习环境的建构（García-Peñalvo et al，2014[③]；Sackey et al，2015[④]）。

网络技术下的非正式学习还可以促进学习者在语言学方面的学习（Dong and Blommaert，2015），有助于学习者了解语言学词汇。在全球化背景下，学习者通过非正式的网络对话，能够从社会语言学的角度辨别他人的社会地位、身份等。[⑤]Cole（2016）认为，利用语料库可实现非正式英语学习。[⑥]非正式学习与网络技术的结合为学习者开辟了新的学习道路，是现代人学习的便利途径。

另外，非正式学习在企业领域也有着广泛的应用。非正式学习的运用为

---

① Guo Y, Zhang B, Zhang C L. The application of date provenance in online informal learning environment[J]. Procedia-IERI, 2012 (2): 83-88.

② Lin A C H, Fernandez W D, Gregor S. Understanding web enjoyment experiences and informal learning: A study in a museum context[J]. Decision Support Systems, 2012, 53 (5): 846-858.

③ García-Peñalvo F J, Johnson M, Alves G R, et al. Informal learning recognition through a cloud ecosystem[J]. Future Generation Computer Systems, 2014, 32 (8): 282-294.

④ Sackey D J, Minh-Tam N, Grabill J T. Constructing learning spaces: What we can learn from studies of informal learning online[J]. Computers and Composition, 2015, 35 (1): 112-124.

⑤ Dong J, Blommaert J. Global informal learning environments and the making of Chinese middle class[J]. Linguistics and Education, 2015, 8 (3):1-14.

⑥ Cole J. Book review of The Online Informal Learning of English[J]. System, 2016 (1): 1-3.

企业带来了许多利益（Bratton，2001[①]；Billett，2003[②]；Briscoe et al，2005[③]），它的应用体现在企业经营的各个方面，如企业管理、企业决策及员工在职培训等。Noe 等人（2013）从心理学的角度研究了企业员工的个性差异与其非正式学习的状况，研究结果显示，非正式学习与员工和他人交往的选择、意愿息息相关，与员工自身的学习动机、学习热情及五因素人格（情绪稳定、亲和乐群、外向实践、勤勉审慎及经验开放）有关，其中学习热情是影响非正式学习的关键。[④] Tan 和 Norhalimah（2015）以质性研究的方法之一——深度访谈的形式探讨了马来西亚 15 名女性企业经理非正式学习的情况，并为其提出了进行非正式学习的策略，如自学、对工作经验进行反思等。通过这些学习策略，女性企业经理能够提高其工作能力及工作成效。[⑤]除企业经理外，企业员工也离不开非正式学习。Destré 等人（2008）指出，参加在职培训的企业员工有96%是以非正式学习的方式来学习的。[⑥]除了探究企业经理、企业员工等主体对象，一些研究者还从比较的角度，探索了企业员工非正式学习场域的差异。Mamaqi（2015）以西班牙 935 名员工为调研对象，分析了学习场所为教室的非正式学习、基于网络的非正式学习及基于工作场域的非正式学习之间

---

① Bratton J A. Why workers are reluctant learners: The case of the Canadian pulp and paper industry[J]. Journal of Workplace Learning, 2001, 13 (7/8): 333-343.

② Billett S. Workplace mentors: Demands and benefits[J]. Journal of Workplace Learning, 2003, 15 (3): 105-113.

③ Briscoe J P, Hall D T, DeMuth R L F. Protean and boundaryless careers: An empirical exploration[J]. Journal of Vocational Behavior, 2005, 69 (1):30-47.

④ Noe R A, Tews M J, Marand A D. Individual differences and informal learning in the workplace[J]. Journal of Vocational Behavior, 2013, 83 (6): 327-335.

⑤ Tan S H, Norhalimah I. "Hit-the-road-running" and reflect: A qualitative study of women managers' informal learning strategies using feminist principles[J]. Procedia-Social and Behavioral Sciences. 2015 (211): 1081-1088.

⑥ Destré G, Lévy-Garboua L, Sollogoub M. Learning from experience or learning from others? Inferring informal training from a human capital earnings function with matched employer-employee data[J]. The Journal of Socio-Economics, 2008 (37): 919-938.

的关系并总结了它们的差异性。研究结果表明，这三种场域的学习之间的差异主要来自工种的差异，三者应相互补充与互动。①此外，研究者还将非正式学习应用于企业决策（García-Peñalvo，2014）②。非正式学习应用于企业可从整体上提升企业效益。

再次，非正式学习可与会计行业结合。一些研究者探究了非正式学习在会计领域中的应用（如 Watkins and Cervero，2000③；Hicks et al，2007④）。Wahab 等人（2014）通过对马来西亚会计人员的问卷调查，发现繁重的工作以及他人援助的缺失等会使会计人员的非正式学习受到限制，为了解决这一问题，人们有必要重视会计群体的学习。⑤

最后，非正式学习还可用于教育领域。首先，非正式学习可用于大学教育领域。Orian 等人（2013）以大学课程"人种学""民俗学"为切入点，认为创设非正式学习的情境能够激发学习者学习经验的再现。⑥除了用于课程设置，非正式学习还可用于教学。Azizinezhad 和 Darvishi（2011）以伊朗哈马丹省的英语教学为例，对英语教学语境中的非正式学习进行了研究，将学校的英语教学视为正式英语教学语境，将课外的英语教学视为非正式英语教学语境。

---

① Mamaqi X. The efficiency of different ways of informal learning on firm performance: A comparison between, classroom, web 2 and workplace training[J]. Computers in Human Behavior, 2015 (51): 812-820.

② Garc í a-Peñalvo F J, Conde-Conz lez M .Using informal learning for business decision making and knowledge management[J]. Journal of Business Research, 2014, 67 (11):686-691.

③ Watkins K E, Cervero R M. Organizations as contexts for learning: A case study in certified public accountancy[J]. Journal of Workplace Learning, 2000, 12 (5): 187-194.

④ Hicks E, Bagg R, Doyle W, et al. Canadian accountants: examining workplace learning[J]. Journal of Workplace Learning, 2007 (19): 61-77.

⑤ Wahab M S A, Saada R A J, Selamat M H. A survey of work environment inhibitors to informal workplace learning activities amongst Malaysian accountants[J]. Procedia-Social and Behavioral Sciences, 2014, 164 (11): 409-414.

⑥ Orian G, Jucan D. Learning situations within an informal context: Case study[J]. Procedia-Social and Behavioral Sciences, 2013, 76 (4): 575-580.

他们还在此基础上分析了教师在不同语境中的教学态度。[①]非正式学习也可应用于教师专业发展（Thacker，2015）[②]和学校个体学习环境的建构。Dabbagh等人（2011）指出，借助社会媒介可以有效建构适合非正式学习的个体自主学习环境，社会媒介是学习者进行学习时不可或缺的因素。[③]Ibrahim 等人（2013）以调查问卷的方式调查了 225 名大学生的非正式学习活动及校园空间的利用情况，调查结果显示，大学的规划者、建筑师及设计者都应根据合作型学习及自我个性化学习的需要建构大学校园环境。[④]

非正式学习还可用于社区管理环境的建构。Aramo-Immonen 等人（2016）以芬兰一个社区管理员对社区管理的分析为中心，探究了管理员是如何利用社会媒介创建社区的非正式化管理的。[⑤]非正式学习涉及家庭领域。Sheri-Lynn等人（2014）通过探究家庭的正式和非正式学习活动，揭示了影响儿童早期算数与识字能力发展的因素。[⑥]非正式学习涉及成人学习。Lee 等人（2013）以新加坡管理学院的成人学习为例，对成人的非正式学习进行了研究，认为社

① Azizinezhad M, Darvishi S. The investigation of instructors' attitudes with respect to formal verses informal English teaching/learning contexts in Hamedan province[J]. Procedia-Social and Behavioral Sciences, 2001, 30 (10): 2099-2103.

② Thacker E S. "PD is where teachers are learning!" high school social studies teachers' formal and informal professional learning[J]. The Journal of Social Studies Research, 2015, 10 (1): 1-16.

③ Dabbagh N, Kitsantas A. Personal Learning Environments, social media, and self-regulated learning: A natural formula for connecting formal and informal learning[J]. Internet and Higher Education, 2011 (15): 3-8.

④ Ibrahim N, Fadzil N H. Informal Setting for Learning on Campus: Usage and preference[J]. Procedia-Social and Behavioral Sciences, 2013, 105 (11): 344-351.

⑤ Aramo-Immonen H, Kärkkäinen H, Jussila J, et al. Visualizing informal learning behavior from conference participants' Twitter data with the Ostinato Model[J]. Computers in Human Behavior, 2016 (55): 584-595.

⑥ Sheri-Lynn S, Sowinski C, Jo-Anne L F. Formal and informal home learning activities in relation to children's early numeracy and literacy skills: The development of a home numeracy model[J]. Journal of Experimental Child Psychology, 2014 (121): 63-84.

会媒介是成人进行非正式学习的良好平台，为成人提供了学习资源，满足了成人的学习需求，帮助成人完成了学习目标。[①] Kral 和 Heath（2013）从人类学的视角，利用三年的时间探究了澳大利亚西部土著居民中的青少年（男性）是如何通过观察、模仿、合作及实践等非正式学习成为自编自唱的音乐人的。[②] Rose 和 A. Jones Bartoli 等人（2018）以 275 名音乐家为例，探究了性别不同、专业特长不同的音乐家差异化的非正式学习。[③]

非正式学习还可用于立法辩论（Ruiz et al，2016）[④]、烹饪（Hanhonen et al，2018）[⑤]等领域。

此外，一些国外研究者（如 Falk and Dierking，2000）重视对博物馆等场域中非正式学习的研究，认为各种馆所的情境化特征可以激发学习者的学习兴趣，这种非正式环境下的学习是有效的。[⑥]

总而言之，国外对非正式学习的研究领域较广，研究者从多视角、多学科角度运用多种方法对非正式学习进行了研究。

---

① Lee B, Sing S A. Social media as an informal learning platform: Case study on adult learning at SIM University, Singapore[J]. Procedia-Social and Behavioral Sciences, 2013, 93 (10): 1158-1161.

② Kral I, Heath S B. The world with us:Sight and sound in the "cultural flows" ofinformal learning. An Indigenous Australian case[J]. Learning, Culture and Social Interaction, 2013, 2 (7): 227-237.

③ Rose D, Jones B A, Heaton P. Personality and Individual Differences. 2018. https://doi.org/10.1016/j.paid.2018.07.015

④ Ruiz A D G, Ramer R, Schram A. Formal versus informal legislative bargaining[J]. Games and Economic Behavior, 2016, 96 (1):1-17.

⑤ Hanhonen K, Torkkeli K, Makela J. Informal learning and food sense in home cooking[J]. Appetite, 2018 (130): 190-198.

⑥ Falk J H, Dierking L D. Learning from Museums: Visitor Experience and the Making of Meaning[M]. Walnut Creek CA: Alta Mira Press, 2000.

（二）国外对学生非正式学习的研究

在 20 世纪 90 年代，美国的两位学者——维多利亚·J. 马席克（Victoria J. Marsick）与卡伦·E. 沃特金斯（Karen E. Watkins）第一次将"非正式学习"引入教育领域。此后，非正式学习在教育领域的研究受到了广泛的重视。非正式学习的教育价值不仅体现在与课程、教学、管理及校园环境建构的结合应用上（Jurasaite-Harbison，2009[1]；Lohman，2009[2]），还体现在对学生学习的促进上。早在 1980 年，Pascarella（1980）就从师生关系的角度，提出了学生与教师的非正式课下联系对学生自我发展的促进作用。[3]研究者对学生非正式学习和学生正式学习一样持肯定态度，认为学生的学习离不开非正式学习。Eshach（2007）提出应在正式教育和非正式教育背景下建立校内与校外的学习关系，认为学生的学习是正式学习与非正式学习的统一。[4] Vadeboncoeur（2006）针对年轻人在非正式语境下的学习进行了一次漫谈，旨在进一步强调 Haim Eshach 所提到的非正式学习对学生接受正规教育的重要性。[5]Linda（2016）具体谈到了学生在教室之外进行科学课程的非正式学习的重要性，认为非正式学习是正式学习的有益补充。[6]

---

① Jurasaite-Harbison E. Teachers' workplace learning within informal contexts of school cultures in the United States and Lithuania[J]. Journal of Workplace Learning, 2009, 21 (4): 299-321.

② Lohman M C. A survey of factors influencing the engagement of information technology professionals in informal workplace learning activities[J]. Information Technology, Learning, and Performance Journal, 2009, 25 (1): 43-53.

③ Pascarella E T. Student-Faculty Informal Contact and College Outcomes[J]. Review of Educational Research, 1980, 50 (4): 545-595.

④ Eshach H. Bridging In-school and Out-of-school Learning: Formal, Non-Formal, and Informal Education [J]. Journal of Science Education and Technology, 2007, 16 (2): 171-190.

⑤ Vadeboncoeur J A. Chapter 7: Engaging Young People: Learning in Informal Contexts[J]. Review of Research in Education, 2006, 30 (1): 239-278.

⑥ Linda，R G. Learning science beyond the classroom[J]. The Elementary School Journal, 2016 (4): 433-450.

此外，研究者也对学生的非正式学习环境进行了探究。Piqueras 等（2008）从认识论的角度，以实景模型的学习为例，探究了学生在博物馆环境下的非正式学习。① Cameron 等（2015）以美国加利福尼亚州的数学、工程及科学研究专业的大学生群体为研究对象，以质性访谈的方法探究了建构非正式学习环境的有效因素，如时间管理、自我成就感等。②

另外，部分研究者也探究了学生非正式学习的手段，探究了网络、电子设备等的使用对学生非正式学习的促进作用。Lai 等（2013）提出学生对电子设备的使用水平会影响学生非正式学习的过程及结果，同时认为使用电子设备进行非正式学习也是对学生正式学习的补充。③

研究者还从不同视角，以各个年龄段的学生为研究对象（如以小学生、中学生、大学生等为研究对象）进行了相关研究。研究者重视小学生非正式学习的环境。Mi 等（2014）以一个来自新加坡患有自闭症的 10 岁小学生为研究对象，以参加学校非正式保龄球队为媒介，分析了这种非正式学习给小学生健康带来的影响。④除研究非正式学习的环境之外，研究者也探究了非正式学习的过程及方式。Green（2008）探讨了小学生音乐课上非正式学习过程中

① Piqueras J, Hamza K M, Edvall S. The Practical Epistemologies in the Museum: A Study of Students' Learning in Encounters with Dioramas［J］. The Journal of Museum Education, 2008, 33 (2): 153-164.

② Cameron D D, Chandra A S, Daniel L H. Benefts of informal learning environments: a focused examination of STEM-based program environments［J］. Journal of STEM Education, 2015, 16 (1): 11-15.

③ Lai K W, Khaddage F, Knezek G. Blending student technology experiences in formal and informal learning［J］. Journal of Computer Assisted Learning, 2013, 29 (5): 414-425.

④ Mi S K, Wei L D H, Azilawati B J, et al. Expanding "within context" to "across contexts" learning: a case study of informal and formal activities［J］. Interactive Learning Environments, 2014, 22 (6):704-720.

的小组合作学习及其对音乐学习的重要性。①Simon 和 Johnson 等人（2012）探讨了在小学生科学学习的过程中，非正式学习（此处主要强调生生互动）对学科学习的重要性。②Ulrich 和 Katharina（2015）以小学生具体学科的学习——对天主教建筑的认识为媒介，探究了非正式学习对知识掌握的重要性，以及非正式学习中文化适应及学习社会化的过程。③对于中学生非正式学习，一方面，研究者探究了非正式学习的实践形式，如非正式团体的建设。Lu 和 Carroll（2007）以中学生为研究对象，以计算机技术非正式学习团体为例，对中学生的非正式学习进行了研究，证明了这种非正式学习团体的建设是正式计算机技术学习的必要补充。④另一方面，研究者从非正式学习的地点和环境入手，探索了非正式学习对学生学习的意义。Simon（2011）认为，学生在科技馆的非正式学习对学生在校的科学学习有着极其重要的作用。⑤对于大学生非正式学习，研究者应重视对非正式学习空间和环境的建构、不同专业的非正式学习，以及针对不同学科的非正式学习手段的差异等的研究。

综上所述，国外研究者关于学生非正式学习的研究在方法上注重质性研究及量性研究等实证性方法的运用。在研究内容的选择上，国外研究者倾向于探究非正式学习的环境、学习方式、学习实践过程等多样性研究，以此证明非正式学习不仅是学生在校学习不可忽略的一部分，而且是学生进行有效学

---

① Green L. Group cooperation, inclusion and disaffected pupils: some responses to informal learning in the music classroom[J]. Music Education Research, 2008, 10 (2): 177-192.

② Simon S, Johnson S, Cavell S, et al. Promoting argumentation in primary science contexts:an analysis of students' interactions informal and informal learning environments[J]. Journal of Computer Assisted Learning, 2012, 28 (5): 440-453.

③ Ulrich R, Katharina K. Tracing informal religious learning[J]. I J P T, 2015, 19 (1):122-137.

④ Lu X, Carroll J M. Fostering an informal learning community of computer technologies at schools[J]. Behaviour & Information Technology, 2007, 26 (1): 23-36.

⑤ Simon S. Analysis of students'interactions[M]. Blackwell Publishing Ltd, 2011: 444-453.

习不可或缺的内容，这是值得国内研究者借鉴的地方。

（三）国外对大学生非正式学习的研究

国外研究者重视成人非正式学习（Taylor，2006[1]；Boeren，2011[2]；Peeters et al，2014[3]），关注发生在社会各个领域中的成人非正式学习，如医生的非正式学习（Sinclair，1997[4]；Burford 等，2013[5]）等。同样，研究者也关注教育领域的成人非正式学习，如教师、大学生的非正式学习等。Backer 等人（2014）对 15 名大学生及 2 名教师进行了深度访谈，以此揭示了成人在正规教育环境下非正式学习的方式及特点等。[6]

在对成人非正式学习进行研究的基础上，研究者展开了对大学生非正式学习的细节研究。首先，研究者探究了大学生的学习空间，如 Graham 等（2013）以大学图书馆为例，对大学生非正式学习空间进行了研究，认为图书馆是大学生进行非正式学习的良好空间之一[7]。其次，研究者以不同学科专业的学生为研究对象，对非正式学习进行了探讨，Martin（2004）总结了对工程设计专

---

① Taylor M C. Informal adult learning and everyday literacy practices [J]. Journal of Adolescent & Adult Literacy, 2006, 49 (6): 500-510.

② Boeren E. Gender differences in formal, non-formal and informal adult learning [J]. Studies in Continuing Education, 2011, 33 (3): 333-346.

③ Peeters J, Backer F, Buffel T, et al. Adult Learners' Informal Learning Experiences in Formal Education Setting [J]. Journal of Adult Development, 2014, 21 (3): 181-192.

④ Sinclair S. Making doctosrs: An institutional apprenticeship [M]. Oxford: Berg, 1997.

⑤ Burford B, Morrow G, Morrison J, et al. Newly qualified doctors' perceptions of informal learning from nurses: implications for interprofessional education and practice [J]. Journal of Interprofessional Care, 2013, 27 (5): 394-400.

⑥ Peeters J, Backer F, Buffel T, et al. Adult Learners' Informal Learning Experiences in Formal Education Setting [J]. Journal of Adult Development, 2014, 21 (3): 181-192.

⑦ Graham W, Graham M. Evaluating university's informal learning spaces: role of the university library? [J]. New Review of Academic Librarianship, 2013 (19): 1-4.

业学生发展有利的非正式学习的环境因素，如时间分配、团队合作等。[1]2004年，Cameron 和 Matthew 等人（2015）对工程设计专业的学生进行了一周的户外非正式夏令营统测，认为非正式学习是正规教育必不可少的一部分。[2] Lohman（2009）以 143 名信息技术专业的学生为调查对象，探究了非正式学习活动对专业学习的影响，结果显示，信息共享等活动可以促进专业学习。[3] 除工科类专业的学生外，研究者还以医学专业的学生为研究对象对非正式学习进行了探究。Richards 和 Tangney（2008）以德国都柏林大学医学专业的学生为研究对象，探究了非正式在线学习社团对学生专业学习的必要性。[4]Colin 等（2013）对英国管理学院的 17 名医学本科生进行了深度访谈，并在此基础上探究了非正式网络学习的意义及方法等。[5] Hommes 等人（2014）以荷兰马斯特里赫特大学医学专业的本科生为研究对象，揭示了非正式感知小组学习的重要性。[6]

另外，研究者也从不同学科学习的角度出发，探究了非正式学习对学科学习的意义。Krohn 等（2014）以挪威卑尔根大学医学专业的学生为研究对象，探究

---

① Martin L M W. An emerging research framework for studying informal learning and schools[J]. Science Education, 2004, 88 (1): 71-82.

② Cameron D, Matthew L. Value of informal learning environments for students engaged in engineering design[J]. The Journal of Technology Studies, 2015, 41 (1): 40-46.

③ Lohman M C. A survey of factors influencing the engagement of information technology professionals in informal workplace learning activities[J]. Information Technology, Learning, and Performance Journal, 2009, 25 (1): 43-53.

④ Richards D, Tangney B. An informal online learning community for student mental health at university: a preliminary investigation[J]. British Journal of Guidance & Counselling, 2007, 36 (1): 81-97.

⑤ Colin P, Gaynor L, David D. Leveraging value in doctoral student networks through social capital[J]. Studies in Higher Education, 2013, 38 (10): 1472-1489.

⑥ Hommes J, Arah O A, Grave D W, et al. Medical students perceive better group learning processes when large classes are made to seem small[J]. PloS one, 2014, 9 (4): 1-11.

了非正式的眼底彩图配对对学生检眼镜检查学习的作用。① Walter（2015）在其博士论文中以大学开设的吉他课程为例，探讨了正式学习和非正式学习。② Lonie 和 Dickens（2016）认为，大学生在非正式学习氛围中学习音乐的效果更好。③Hattikudur 等（2016）以来自美国中西部公立大学的 112 名大学生为研究对象，探究了以非正式学习为手段解决数学学科问题的关键因素。④非正式学习对英语语言的学习也起着重要作用（Black，2006⑤；Kuure，2011⑥）。Jason 和 Robert（2016）认为，英语学习也可以通过非正式学习（如自主在线学习）的路径来完成。⑦

此外，少数研究者也从大学生的写作课程出发，对非正式学习进行了探讨，如 Michael（2014）将非正式学习引入大一写作课程，提出了非正式学习有助于学生掌握写作主题的论点，阐述了非正式学习对学生写作的重要性。⑧

① Krohn J, Kjersem B, H vding G. Matching fundus photographs of classmates. An informal competition to promote learning and practice of direct ophthalmoscopy among medical students[J]. Journal of Visual Communication in Medicine, 2014 (37): 13-18.

② Walter L B. Bring it all together: formal and informal learning in a university guitar class[M]. AnnArbor: ProQuest LLC, 2015.

③ Lonie D, Dickens L. Becoming musicians: situating young people's experiences of musical learning between formal, informal and non-formal spheres[J]. Cultural Geographies, 2016, 23 (1): 87-101.

④ Hattikudur S, Sidney P G, Alibali M W. Does comparing informal and formal procedures promote mathematics learning? The benefts of bridging depend on attitudes toward mathematics[J]. Journal of Problem Solving, 2016 (9): 13-27.

⑤ Black R. Language, culture, and identity in online fanfiction[J]. E-learning, 2006, 2 (2): 170-184.

⑥ Kuure L. Places for Learning: Technology-mediated Language Learning Practices Beyond the Classroom[M]. Beyond the language classroom, 2011: 35-46.

⑦ Jason C, Robert V. Comparing autonomous and class-based learners in Brazil: Evidence for the present-day advantages of informal, out-of-class learning[J]. System, 2016 (61): 31-42.

⑧ Michael B. Kitchens. Word clouds: an informal assessment of student learning[J]. College Teaching, 2014, 62: 113-114.

最后，个别研究者还探究了大学生非正式学习的观念。例如，Gillian 等人（2000）以来自澳大利亚昆士兰州托雷斯海峡岛民大学的 22 位大学生为研究对象，探究了他们对非正式学习的认识与理解，结果显示，非正式学习与学生对学习的理解程度、学生的学习策略及生活经历等有关。[①]

总体来说，国外关于大学生非正式学习的研究文献相对较少。通过对文献的梳理，笔者发现，在大学生非正式学习研究领域，国外研究者偏向于具体专业学科的非正式学习现状及与非正式学习相关因素的研究，缺少对大学生非正式学习共性的研究。

二、国内相关研究评述

我国关于非正式学习的思想有着数千年的历史。这种思想早在孔孟时期就已出现，如在《论语》中就有"吾日三省吾身""敏而好学，不耻下问""三人行，必有我师焉"等非正式学习思想。战国后期的《礼记·学记》中有"独学而无友，则孤陋而寡闻""不学操缦，不能安弦；不学博依，不能安诗；不学杂服，不能安礼；不兴其艺，不能乐学。故君子之于学也，藏焉修焉，息焉游焉"等非正式学习思想。这些思想是对学习的归纳与概括，同时印证了非正式学习的存在价值与可研究性。

笔者根据非正式学习的研究现状对我国近年来的非正式学习研究做了总结和分析。笔者在中国知网（CNKI）学术搜索引擎中把"非正式学习"及其相关表达（如"非正规学习""非正规教育"等词）作为检索主题词，对 2007 年 1 月 1 日至 2018 年 9 月 21 日的论文进行了检索，共检索到文献 1 484 篇（其中以"非正式学习"为主题的文献有 1 038 篇，以"非正规学习"为主题

[①] Gillian M B, Ference M, David C L, et al. Aborginal and Torres Strait Islander university students' conceptions of formal learning and experiences of informal learning[J]. Higher Education, 2000, 39: 469-488.

的文献有 42 篇，以"非正规教育"为主题的文献有 404 篇）。笔者进一步对文献进行了筛选和统计，结果如下：标题中出现"非正式学习"的文献共有447 篇，其中博/硕士学位论文有 90 篇（博士学位论文有 3 篇，硕士学位论文有 87 篇），期刊论文有 339 篇，报纸上的文章有 3 篇，会议论文有 15 篇；以"学生非正式学习"为主题词的学术文献有 54 篇，其中硕士学位论文有 12篇，期刊论文有 40 篇，会议论文有 2 篇。

在我国，非正式学习的相关研究从 2002 年开始出现，但直到 2008 年才得到学术界的关注。2008 年，关于"大学生非正式学习""学生非正式学习"的第一篇硕士论文出现了，即侯英撰写的《基于 Web2.0 环境的大学生非正式学习研究》[①]。自此，与非正式学习有关的文献数量迅速增加，2011 年有了第一篇关于非正式学习的博士论文。近几年，学生非正式学习的研究者将焦点放在了基于网络环境、网络技术的非正式学习上，对大学生非正式学习的共性关注较少，无相关深度性论文发表（相关博士学位论文为 0 篇）。2007—2018年关于非正式学习的学术发展情况如图 1-2 和图 1-3 所示。

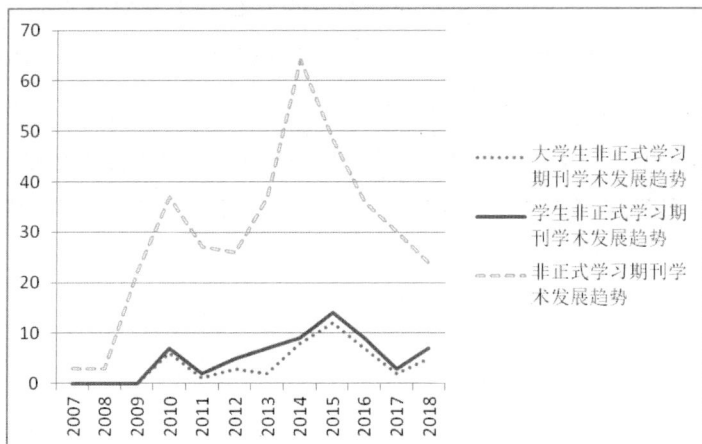

图 1-2　2007—2018 年非正式学习的期刊学术发展趋势图

---

① 侯英. 基于 Web2.0 环境的大学生非正式学习研究[D]. 桂林：广西师范大学，2008（5）.

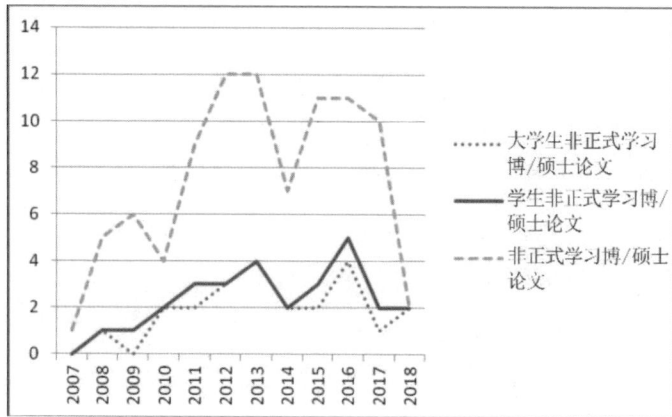

图 1-3　2007—2018 年非正式学习的博/硕士论文发展趋势图

由图 1-2 和图 1-3 可知，近年来，非正式学习逐渐成为学术界关注的热点，核心研究对象是大学生，但总体呈现出不稳定的发展趋势。本研究以大学生非正式学习为视角，结合实证研究，旨在还原大学生非正式学习的现状，并以此为基础挖掘其独特之处。

此外，从大学生非正式学习的研究主题来看，多数研究者都探讨了基于网络及信息技术的大学生非正式学习。表 1-3 展示的是 2008—2018 年关于大学生非正式学习的硕士论文的相关情况。

表 1-3　2008—2018 年关于大学生非正式学习的硕士论文的相关情况

时间	硕士论文篇数	作者	论文题目
2008 年	1	侯英	《基于 Web2.0 环境的大学生非正式学习研究》
2010 年	2	殷晓宇	《基于社会性软件的大学生非正式学习现状与对策研究》
		曲秀芬	《基于 UC 和 Blog 的大学生非正式学习共同体的应用研究》
2011 年	2	宣曼一	《基于网络的大学生非正式学习研究》
		王立国	《基于 Web2.0 的大学生非正式学习社区研究》

续表

时间	硕士论文篇数	作者	论文题目
2012 年	3	马莉娟	《大学生非正式学习的调查研究》
		刘新鸽	《基于网络环境的大学生非正式学习研究》
		任杰	《大学生非正式学习及其在高校教学中的整合策略研究》
2013 年	4	刘素方	《网络对大学生非正式学习的影响及应对策略研究》
		刘朋	《信息技术环境下大学生非正式学习现状与分析》
		李丽美	《基于社会性软件促进大学生非正式学习的课程设计与开发》
		毕芳艳	《基于 SNS 的大学生非正式学习模型研究》
2014 年	2	陈燕	《基于网络的学习环境下大学生非正式学习研究》
		朱美娟	《基于网络的西部大学生非正式学习现状与对策研究》
2015 年	2	戎红艳	《基于微博虚拟社群的大学生非正式学习特点与机制研究》
		孙红莉	《网络环境下南昌大学在校生非正式学习现状调查与分析》
2016 年	4	王学	《网络时代大学生非正式学习的现状与对策研究》
		巍颖	《教育类 App 在大学生非正式学习中的调查研究》
		王然	《基于微信的大学生非正式学习模式研究》
		李康	移动互联网环境下大学生非正式学习现状调查与分析
2017 年	1	王璇	《音乐专业大学生的非正式学习研究——某音乐学院的个案研究》
2018 年	2	李欢欢	《基于微信的大学生非正式学习模式和应用研究》
		王勉	《移动设备对高校学生非正式学习影响的调查研究》

　　由表 1-3 可知，自 2008 年有了第一篇关于大学生非正式学习的硕士论文以来，关于大学生非正式学习的研究多以网络、技术为基础，较少探讨大学生非正式学习的共性及差异。因此，本研究试图对西北地区高校大学生非正式

学习进行探究，同时以中外大学生非正式学习的对比为基础，对大学生非正式学习进行探析。

在对国内相关文献进行梳理的过程中，笔者将以递进的方式对非正式学习、学生非正式学习及大学生非正式学习的相关研究一一进行阐述。

（一）国内对非正式学习的研究

该部分重点梳理国内非正式学习的相关文献，厘清研究现状，以此明确本研究的方向并使之具体化。

1.非正式学习的界定及特点的研究

当前，国内外对非正式学习的概念没有统一的界定。非正式学习的研究在我国还处于初步探索与研究的阶段，对其核心概念的界定及内涵的诠释还存在争议。大多数研究者通过探讨正式学习的含义及特点来研究非正式学习，如在我国首次系统地介绍非正式学习的余胜泉和毛芳（2005）[1]，以及其他一些研究者（岳宏伟，2009[2]；邱昭良，2013[3]；陆蓉蓉，2013[4]；刘卫琴，2014[5]等）。纵观文献我们不难发现，学术界对非正式学习概念的界定及特点的描述是从四个方面展开的。首先是为大众所接受的二分法定义，它强调非正式学习与正式学习的差异，从差异中找到非正式学习自身的特点等。其次是三分法定义，三分法主要借鉴了联合国教科文组织和国际上部分研究者基于终身学习的概念采用的分类法，认为终身学习包括正规学习、非正规学习和非正式

---

① 余胜泉，毛芳.非正式学习：e-Learning 研究与实践的新领域[J].电化教育研究，2005（10）：20.

② 岳宏伟.非正式学习视角下中小学教师教育技术能力发展研究[D].西安：陕西师范大学，2009.

③ 邱昭良.非正式学习不容易管理与控制[J].现代企业教育，2013（11）：78-80.

④ 陆蓉蓉.校园非正式学习空间研究[D].上海：华东师范大学，2013.

⑤ 刘卫琴.非正式学习初探[J].新课程研究，2014（7）：34-35.

学习。认同这种分类法的研究者有陈乃林和孙孔懿（1997）[①]、冯巍（2003）[②]、黄富顺（2009）[③]、章鹏远（2015）[④]等。再次，有些研究者（如朱琳，2001[⑤]；陈福祥，2007[⑥]；汪莉园，2011[⑦]等）从不同的视角出发研究非正式学习，形成了多样化的含义界定。最后，有些研究者还按照四分法对非正式学习的概念进行了界定。

（1）关于非正式学习二分法定义的描述

国内研究者对非正式学习的界定是以国外研究者的研究为基础的。从字面上看，基于二分法，有的研究者把学习分为正式学习与非正式学习，如闫丽云和欧阳忠明（2010）[⑧]，张潇和孙晋（2014）[⑨]，胡亚慧（2014）[⑩]及张菊荣（2015）[⑪]等。有的研究者将学习分为正规学习与非正规学习，如刘文利（2007）[⑫]等。从汉语用词的差异方面来看，"正规""正式""非正规"及"非正式"实际上都来自英语中的 formal（正规的、正式的）和 informal（非正规的、非正式的），只是采用了不同的译法，但大多数认同二分法定义的研究者

① 陈乃林，孙孔懿.终身学习论略[J].江苏高教，1997（6）：5-9.

② 冯巍.OECD 国家终身学习政策与实践分析[J].比较教育研究，2003（1）：72-76.

③ 黄富顺.台湾地区非正规学习成就的实施与展望[J].成人教育，2009（1）：9-14.

④ 章鹏远.欧盟国家非正规与非正式职业学习认证概述[J].职教论坛，2015（19）：59-61.

⑤ 朱琳.学习化社区的构建策略及政策措施[J].教育发展研究，2001（10）：44-46.

⑥ 陈福祥.论教师专业发展：基于非正式学习的视角[J].现代教育论丛，2007（10）：65-68.

⑦ 汪莉园.基于非正式学习的教师专业化发展策略研究[J].中小学电教，2011（7）：28-30.

⑧ 闫丽云，欧阳忠明.国外教师继续专业开发研究：基于非正式学习视角[J].继续教育研究，2010（8）：11.

⑨ 张潇，孙晋.谈非正式学习对促进教师专业发展的研究[J].科技资讯，2014（8）：188.

⑩ 胡亚慧.构建和谐教师非正式学习文化，促进教师专业发展[J].考试周刊，2014（25）：13.

⑪ 张菊荣.呼唤"非正式学习"[J].江苏教育研究，2015（26）：74.

⑫ 刘文利.科学教育的重要途径：非正规学习[J].教育科学，2007（1）：41.

都更容易认同"正式的"与"非正式的"的译法。

　　从概念内涵上看，国内研究者对非正式学习的界定主要吸收了美国学者马奇·L. 康纳（Marcia L. Conner）等人关于"网络学习应用于企业培训"的研究成果，将学习分为正式学习和非正式学习。在我国，非正式学习的概念主要源于教育技术领域，其代表人物是余胜泉和毛芳，他们认为"正式学习主要是指在学校的学历教育和参加工作后的继续教育（岗位学习、文件学习、听报告讲座、参加培训等这种以单项为主的学习）；而非正式学习主要是指在非正式学习时间和场所发生的、通过非教学性质的社会交往来传递和渗透知识的学习。它是由学习者自我发起、自我调控、自我负责的学习，主要指做中学、玩中学、游中学，如沙龙、读书、聚会、打球等"（余胜泉和毛芳，2005）[①]。他们强调正式学习与非正式学习在时间、地点、具体学习形式上的差异，认为非正式学习是学习者自我负责的一种学习。这个概念的提出，为后来从事非正式学习研究的研究者提供了理论上的支撑和依靠。鉴于此，后来的研究者或多或少以他们的定义为依据，认为非正式学习的主动权掌握在学习者手中，学习的形式多样，且发生在日常生活实践的非正式场所中，或以他们的定义为基础对非正式学习的定义进行"修补"，如焦峰（2010）提出的"非正式学习可以被定义为个人不在正规教室和没有教师出现的情况下，所从事的一切学习活动"[②]（他也将地点和外在环境作为划分正式学习与非正式学习的标准）。祁玉娟和陈梦稀（2009）[③]也认为非正式学习是在非正式环境中发生的，是通过非教学性质的社会交往来获取新知的学习形式。

　　除着重指明非正式学习发生在非正式的场所之外，一些研究者还强调非

---

① 余胜泉，毛芳.非正式学习：e-Learning 研究与实践的新领域[J].电化教育研究，2005（10）：18.

② 焦峰.教师非正式学习的特征及环境构建[J].中国教育学刊，2010（2）：84.

③ 祁玉娟，陈梦稀.非正式学习与教师专业发展[J].湖南第一师范学院学报，2009（6）：65-67.

正式学习是学习者带有意图的学习，如曾李红和高志敏（2006）[①]，汪莉园（2011）[②]，付丽丽（2011）[③]及李劭珊和吴凯玥（2015）[④]等。陆蓉蓉（2013）将非正式学习的意图具体化，认为非正式学习的目的是解决实际生活中的问题。[⑤]岳宏伟（2009）强调，非正式学习不仅可以解决当前的问题，而且可以改进工作绩效。[⑥]还有一些研究者认为，非正式学习既可以有明确的目的，也可以是偶然性的，如陈福祥（2007）[⑦]和郭安宁等（2018）[⑧]。此外，祝智庭等（2008）认为非正式学习"可能是有目的的行为"[⑨]。王金金（2014）认为非正式学习没有学习目的，属于"偶然、附带、次要或无规则的学习"。[⑩]鉴于此，国内对非正式学习的学习者是否有学习目的这一问题仍存在一定的争议。一些研究者在余胜泉等人对正式学习与非正式学习方式比较的基础上，又增设了新的比对项目，如宋权华（2009）从学习者汲取知识的方法这一角度出发，认为学习可以分为正式学习和非正式学习。他从学习者的角度出发，重点对比了正式学习与非正式学习的学习动机、学习周期、学习方式和学习内容，认为非正

---

① 曾李红，高志敏.非正式学习与偶发性学习初探：基于马席克与瓦特金斯的研究[J].成人教育，2006（3）：3.

② 汪莉园.基于非正式学习的教师专业化发展策略研究[J].中小学电教，2011（7）：28.

③ 付丽丽.农村成人非正式学习探究[J].河北大学成人教育学院学报，2011（36）：36.

④ 李劭珊，吴凯玥.外语专业学生非正式学习途径及效率研究[J].才智，2015（26）：42.

⑤ 陆蓉蓉.校园非正式学习空间研究[D].上海：华东师范大学，2013：8.

⑥ 岳宏伟.非正式学习视角下中小学教师教育技术能力发展研究[D].西安：陕西师范大学，2009：9.

⑦ 陈福祥.论教师专业发展：基于非正式学习的视角[J].现代教育论丛，2007（10）：65.

⑧ 郭安宁，孙倩，孙仕军.大学生网络非正式学习的迷失与理性回归[J].沈阳农业大学学报（社会科学版），2018（2）：202-205.

⑨ 祝智庭，张浩，顾小清.微型学习：非正式学习的实用模式[J].中国电化教育，2008（2）：10.

⑩ 王金金.关于非正式学习成果认证标准的相关研究[J].山东农业工程学院学报，2014（2）：111.

式学习是满足学习者自我需求的学习，其目的是依据学习者需求动态随机变化的，其周期是根据学习者的不同变化的，其方式是学习者自主安排的，其内容是学习者自行组织的；正式学习则与之相反。①陆蓉蓉（2013）从学习资源与学习目标的角度对比了正式学习与非正式学习，认为正式学习的学习资源主要来源于教师，且由教师精心设定，学习目标明确；非正式学习的学习资源主要来源于生活和周围的人，且是学习者根据需要自由选择的，学习目标由兴趣和情境决定。岳宏伟（2009）除在学习时间、学习场所、学习内容、学习方式方面对正式学习和非正式学习进行了对比之外，还从知识结构和学习功效两方面对正式学习和非正式学习进行了对比。他强调非正式学习是松散的、知识模块容量小的学习，是解决当前问题、改进工作绩效的学习；而正式学习则是系统的、有规范课程体系的学习，是增加知识、提高技能的学习。刘卫琴（2014）从学习评价的角度对比了正式学习与非正式学习，认为非正式学习没有专门的评测系统，以自评为主；正式学习有具体的、清晰的评价标准，如考试成绩、文凭及证书等。②杨晓平（2015）从学习者的角度出发，具体对比了正式学习与非正式学习的学习取向、学习意识、学习角色及学习情境等内容，突出了非正式学习是内生的、从无意识到有意识的、在自然性的学习情境中产生的学习。③从以上阐述我们可以看出，关于非正式学习的研究一直处于发展中，争议较大的仍是非正式学习的学习意图或目的。

（2）关于非正式学习三分法定义的描述

首先，非正式学习的界定与正规学习、非正规学习的界定是相互联系的。在我国，较早提出这种三分法定义的研究者是陈乃林和孙孔懿（1997）④。他们认为，正规学习是指学习者在正规教育体制里的学习，是一种有组织、有计划、有教师引导的学习；非正规学习是指教育体制以外的有组织的学习活动，

---

① 宋权华.基于长尾理论的网络非正式学习模式研究[D].长春：东北师范大学，2009：7.
② 刘卫琴.非正式学习初探[J].新课程研究，2014（7）：34.
③ 杨晓平.正式学习与非正式学习之概念辨析[J].贵州师范学院学报，2015（5）：83.
④ 陈乃林，孙孔懿.终身学习论略[J].江苏高教，1997（6）：5.

可以分为幼儿在家长指导下的启蒙学习和学习者参加的各种进修（如岗位培训、自学考试等）；非正式学习是指学习者为了实现自己的目标自觉进行的学习活动。由此可以看出，他们把非正式学习等同于自学，认为非正式学习是完全由学习者掌控的学习，忽略了非正式学习与外在环境的相互影响。联合国教科文组织终身学习研究所（2012）强调，非正式学习是学习与生活的有机结合。①欧盟相关部门也强调非正式学习是由日常生活经历引起的学习。可见，外在的环境也是界定非正式学习的关键因素之一。黄富顺（2009）在划分三种学习的基础上强调了非正式学习的依附性，认为非正式学习是伴随另一种主要活动而发生的。②张艳红、钟大鹏等（2012）从学习场所，学习是否结构化、是否颁发资格证，以及学习目的出发，分析了三种学习的差异。③任杰（2012）认为，非正式学习是学习者从日常生活经验或环境的影响中获得知识、技能、态度与价值的途径和方法。④章鹏远（2015）从学习目的出发，认为正规学习具有明确的学习计划，有"正规的承认"，如毕业证或文凭；非正规学习没有明确的学习计划，但学习者有学习目的或意向；非正式学习是一种无意中的学习，与劳动、家庭或休闲密切联系。⑤

总而言之，国内研究者比较偏向于研究正式学习与非正式学习这种二分法，对于三分法的研究则全部基于国外研究者对终身学习的分类。

其次，国内研究者根据不同的视角，基于不同的维度，给出了关于非正式

---

① 联合国教科文组织.非正规和非正式学习成果的识别、验证与认证指南[J].开放教育研究，2012，（6）：109-110.

② 黄富顺.台湾地区非正规学习成就的实施与展望[J].成人教育，2009（1）：9-14.

③ 张艳红，钟大鹏，梁新艳.非正式学习与非正规学习辨析[J].电化教育研究，2012（3）：26.

④ 任杰.大学生非正式学习及其在高校教学中的整合策略研究[D].金华：浙江师范大学，2012：9.

⑤ 章鹏远.欧盟国家非正规与非正式职业学习认证概述[J].职教论坛，2015（19）：59.

学习的异质化定义。朱琳（2001）从非正式学习的作用和功能的角度出发，认为非正式学习赋予各项活动与工作学习以内涵，使参与者在活动与工作的同时，也能学到科技知识或受到先进理念的熏陶。①非正式学习可以帮助学习者在工作或闲暇时间获得更多的知识。汪莉园（2011）认为，非正式学习能在社会实践中获得有利于个人成长的各种知识。②祝智庭等（2008）认为非正式学习是非官方的学习，是一种行为——人可在马上、厕上、枕上进行学习。③与此相似的定义有：非正式学习是个体或团体的学习活动，如听报告、参加研讨会等（胡亚慧，2014④；张菊荣，2015⑤）。这些研究者强调非正式学习是一种动态的、从事具体学习活动的行为。由此可以看出，非正式学习既可以是获得知识的手段，也可以是行为。

再次，有个别研究者认为，非正式学习属"阴"，正式学习属"阳"，它们是阴阳关系，相互依存（邱昭良，2013）⑥。一些研究者称非正式学习为"自由选择学习"（许谷渊，2007⑦；张宝辉，2010⑧），认为非正式学习通过这种自由选择，使学习变得越来越普遍，使生活中处处有课堂；另一些研究者将非正式学习与偶发性学习进行对比，认为非正式学习具有意图性，如曾李红和高

---

① 朱琳.学习化社区的构建策略及政策措施[J]. 教育发展研究，2001（10）：45.

② 汪莉园.基于非正式学习的教师专业化发展策略研究[J].中小学电教，2011（7）：28.

③ 祝智庭，张浩，顾小清.微型学习：非正式学习的实用模式[J].中国电化教育，2008（2）：11.

④ 胡亚慧.构建和谐教师非正式学习文化，促进教师专业发展[J].考试周刊，2014（25）：13.

⑤ 张菊荣.呼唤"非正式学习"[J].江苏教育研究，2015（26）：74.

⑥ 邱昭良.非正式学习不容易管理与控制[J].现代企业教育，2013（11）：80.

⑦ 许谷渊."自由选择学习"：一种新的非正式教育模式[J].世界科学，2007（6）：44.

⑧ 张宝辉.非正式科学学习研究的最新进展及对我国科学教育的启示[J].全球教育展望，2010（9）：91.

志敏（2006）①、米占敏（2008）②等。除此之外，一部分研究者从网络入手对非正式学习进行界定，如宋权华（2009）认为，非正式学习是学习者利用网络等传播媒介，在正规学校、培训机构的课堂之外自发进行的学习③。他从学习者获取知识的手段和形式这一角度给出了非正式学习的定义，将非正式学习与网络技术相联结，强调网络技术是非正式学习的媒介与手段。

最后，个别研究者在非正式学习三分法定义的基础上进行了四分法定义。章鹏远和蓝建（2002）区分了正规教育、非正规教育、非正式教育与非正式学习，认为正规教育是指发生在学校和教育机构中、按年龄编班的教育，非正规教育是指发生在校外的有组织的教育，非正式教育是指在特殊背景下的非正式学习所创造的教育，非正式学习是自我决定的学习。④教育的本质是指导学习，不同类型的学习必然产生不同的学习方式。非正式教育下的非正式学习是一种自我主导的学习。由以上分析可知，学术界对非正式学习的界定呈现出多样化、混杂的状态。

除对非正式学习本身进行界定之外，研究者也在积极探讨非正式学习的特点。早在 1997 年，陈乃林和孙孔懿就提出学习者的完全自主性是非正式学习的主要特点⑤。余胜泉和毛芳（2005）⑥、闫丽云和欧阳忠明（2010）⑦也从学

---

① 曾李红，高志敏.非正式学习与偶发性学习初探[J].成人教育，2006（3）：6.

② 米占敏.非正式和偶发学习理论对成人教育教学改革的启示[J].广东广播电视大学学报，2008（2）：74.

③ 宋权华.基于长尾理论的网络非正式学习模式研究[D].长春：东北师范大学，2009：9.

④ 章鹏远，蓝建.非正式学习及其社会作用[J].教育革新，2002（1）：8.

⑤ 陈乃林，孙孔懿.终身学习论略[J].江苏高教，1997（6）：5-9.

⑥ 余胜泉，毛芳.非正式学习：e-Learning 研究与实践的新领域[J].电化教育研究，2005（10）：19.

⑦ 闫丽云，欧阳忠明.国外教师继续专业开发研究：基于非正式学习视角[J].继续教育研究，2010（8）：11.

习者的角度出发，强调非正式学习是学习者自我发起、自我调控、自我负责的学习；他们还从学习形式的角度强调非正式学习是多样性的、注重协作的学习，认为从学习目的上看，非正式学习可以有明确的目的，也可以是偶然的。

以前人的研究成果为基础，一些研究者又对非正式学习的特点进行了补充。陈福祥（2007）[①]、尚茹（2007）[②]、宋权华（2009）[③]及焦峰（2010）[④]认为非正式学习的知识获取途径是多元化的，因此具有多元性特点；认为非正式学习的主动权掌握在学习者手中，因此是自我导向的学习。另一部分研究者强调非正式学习的情境性特点，认为非正式学习是在一定的情境中产生的，如宣曼一（2011）[⑤]、赵健（2011）[⑥]、陆蓉蓉（2013）[⑦]、李保玉（2014）[⑧]、应建芬（2015）[⑨]等。刘卫琴（2014）除强调非正式学习具有自主性、情境性之外，还认为非正式学习具有随意性[⑩]，即非正式学习不受时空的限制，只要学习者愿意学习，非正式学习就能发生。

综上所述，研究者认为非正式学习是自主性的、情境性的、协作性的、多元性的，与学习者的日常生活密切相关，是受学习者支配且在一定的情境中发生的学习。

---

① 陈福祥.论教师专业发展：基于非正式学习的视角[J].现代教育论丛，2007（10）：65.

② 尚茹.非正式学习与中小学教师成长[D].开封：河南大学，2007：10.

③ 宋权华.基于长尾理论的网络非正式学习模式研究[D].长春：东北师范大学，2009：7.

④ 焦峰.教师非正式学习的特征及环境构建[J].中国教育学刊，2010（2）：84.

⑤ 宣曼一.基于网络的大学生非正式学习研究[D].大连：辽宁师范大学，2011：15.

⑥ 赵健.创建多姿多彩的学习生态：美国非正式学习领域的发展情况与案例分析[J].世界教育信息.2011（7）：31.

⑦ 陆蓉蓉.校园非正式学习空间研究[D].上海：华东师范大学，2013：8.

⑧ 李保玉.非正式学习与大学教师学术创新[J].内江师范学院学报，2014（7）：118.

⑨ 应建芬.大学英语教师非正式学习的现状探究[J].大学英语（学术版），2015（1）：33.

⑩ 刘卫琴.非正式学习初探[J].新课程研究，2014（7）：34.

2.非正式学习的理论研究

研究者在探讨非正式学习本身的同时，也在为非正式学习的研究寻找理论依据。首先，人们倾向于将非正式学习归根于人本主义。人本主义强调人的意义与价值，提倡个性解放。非正式学习的目的是通过赋予学习多层面的诠释来促进个体的全面发展，而非获取各种证书。非正式学习是学习者生命意义的体现，符合人本主义的观点。因此，一些研究者，如尚茹（2007）①、殷晓宇（2010）②、岳宏伟（2009）③及宋权华（2009）④等，都认为人本主义是非正式学习研究的理论基础之一。

终身学习理论也是非正式学习研究的理论依据之一。1965 年，法国教育家保罗·朗格朗（Paul Lengrand）提出了"终身教育"的概念。终身教育主张教育跨越时空的限制，伴随人的一生。随着终身教育理论的发展，人们又提出了"终身学习"的概念。终身学习理论认为，人的一生是通过持续不断地学习来获得知识、能力及修养的。终身学习的实现程度与学习者的学习方式、学习能力及学习需求有关。非正式学习在终身学习中占有不可取代的位置。人们通过非正式学习，以自我主导的方式获取学习上的满足，以此实现终身学习的目标。一些研究者（尚茹，2007⑤；殷晓宇，2010⑥；张潇和孙晋，2014⑦等）

① 尚茹.非正式学习与中小学教师成长［D］.开封：河南大学，2007：13.

② 殷晓宇.基于社会性软件的大学生非正式学习现状与对策研究［D］.长春：东北师范大学，2010：10.

③ 岳宏伟.非正式学习视角下中小学教师教育技术能力发展研究［D］.西安：陕西师范大学，2009：12.

④ 宋权华.基于长尾理论的网络非正式学习模式研究［D］.长春：东北师范大学，2009：10.

⑤ 尚茹.非正式学习与中小学教师成长［D］.开封：河南大学，2007：13.

⑥ 殷晓宇.基于社会性软件的大学生非正式学习现状与对策研究［D］.长春：东北师范大学，2010：10.

⑦ 张潇，孙晋.谈非正式学习对促进教师专业发展的研究［J］.科技教育，2014（8）：188.

鉴于非正式学习的目标取向与实现终身学习的内源性相统一的现实，强调终身学习理论是开展非正式学习研究的基础。从非正式学习与终身学习之间的关系来看，终身学习是非正式学习未来要实现的目标，非正式学习是终身学习的具体化。

从非正式学习的内容来看，非正式学习源于知识管理理论。知识管理理论从知识外在的具体形态出发，将知识分为显性知识和隐性知识，并强调二者能相互转化。显性知识是指结构化的知识，是人们通过书本、教师及课堂掌握的知识，如文字、符号等；隐性知识又称为"缄默知识"，是一种非结构化的、零散的知识，无法用文字、符号等表达。在许多研究者（如余胜泉和毛芳，2005[①]；李悦，2008[②]；岳宏伟，2009[③]；宋权华，2009[④]；张潇和孙晋，2014[⑤]等）看来，知识管理理论属于非正式学习的领域，非正式学习帮助学习者沟通了显性知识和隐性知识。他们提到了知识管理中显性知识与隐性知识的转化，但没具体分析非正式学习活动是如何基于这种转化在生活实践中开展的。还有少数研究者只强调隐性知识，认为基于隐性知识获取的路径特征，可以确定非正式学习是主要的获取隐性知识的途径。他们不主张显性知识与隐性知识的转化与非正式学习有关（祁玉娟，2008）[⑥]。祁玉娟在她的硕士论文中还

---

① 余胜泉，毛芳.非正式学习：e-Learning 研究与实践的新领域[J].电化教育研究，2005（10）：20.

② 李悦.Web2.0 时代的非正式学习研究：一个新兴的社会学习型组织"益学会"个案调查[D].上海：上海师范大学，2008：12.

③ 岳宏伟.非正式学习视角下中小学教师教育技术能力发展研究[D].西安：陕西师范大学，2009：12.

④ 宋权华.基于长尾理论的网络非正式学习模式研究[D]：东北师范大学硕士学位论文.长春：东北师范大学，2009：10.

⑤ 张潇，孙晋.谈非正式学习对促进教师专业发展的研究[J].科技教育，2014（8）：188.

⑥ 祁玉娟.基于教师专业发展的教师非正式学习研究[D].湘潭：湖南科技大学，2008：18.

提到了非正式学习主要基于成人学习理论。她认为成人学习以问题为中心，成人具有较强的独立性和自主性，成人学习理论可以指导非正式学习。

除此之外，多数研究者（如冯俐，2009）[①]；殷晓宇，2010[②]；马莉娟，2012[③]；张潇和孙晋，2014[④]；刘卫琴，2014[⑤]等）认为建构主义学习理论对非正式学习有指导作用。建构主义学习理论认为，学习是学习者个体主动建构的过程，非正式学习正是这种互动的反应过程及结果。

除研究非正式学习的学习者的主体建构外，部分研究者还将目光放在了外在知识获取的环境上，强调学习是一个社会参与的过程，学习者只有在多样、动态的环境中才能对知识进行建构。因此，宋权华（2009）、马莉娟（2012）等研究者认为，非正式学习离不开情境学习理论的支撑。情境学习理论认为学习是一个社会过程，只能在一定的情境中产生，学习者的学习与情境中真实的社会场景相联系，并在联系中实现对知识的应用性吸收与正迁移。非正式学习是实践性的学习，它的产生必然与一定的情境相联系，它是建立在情境基础上的一种学习。

从非正式学习的手段出发，少数研究者（如宋权华，2009[⑥]；李保玉和张桂明，2014[⑦]等）提出了非正式学习与经济学中的长尾理论相关的观点。长尾理论注重技术，认为技术可以帮助人们节约经济成本。有些研究者认为，非正

① 冯俐.基于社会性软件的非正式学习环境模型构建研究[D].重庆：西南大学，2009：15.

② 殷晓宇.基于社会性软件的大学生非正式学习现状与对策研究[D].长春：东北师范大学，2010：11.

③ 马莉娟.大学生非正式学习的调查研究[D].扬州：扬州大学，2012：21.

④ 张潇，孙晋.谈非正式学习对促进教师专业发展的研究[J].科技教育，2014（8）：188.

⑤ 刘卫琴.非正式学习初探[J].新课程研究，2014（7）：35.

⑥ 宋权华.基于长尾理论的网络非正式学习模式研究[D]:东北师范大学硕士学位论文.长春：东北师范大学，2009：10.

⑦ 李保玉，张桂明.国内外非正式学习行为研究述评[J].乐山师范学院学报，2014（5）：83.

式学习应将网络技术作为学习的手段和媒介，以此提高学习效率。还有少数研究者（如冯俐，2009[①]等）基于网络技术提出了六度分隔理论与 150 法则、群体动力学理论、对话理论等，这些理论和法则着重强调学习者在非正式学习中与网络环境的互动性。

从非正式学习的学习者的个体及环境差异性出发，一些研究者（如尚茹，2007[②]等）认为非正式学习符合后现代主义的要旨。后现代主义认同差异的存在，且认为差异无法根除。正式学习强调统一的、无差别的学习个体及学习环境，非正式学习则关注个体的多样性。

最后，一些研究者（如马莉娟，2012[③]）认为，有些心理学理论也对非正式学习有指导作用。例如，分布式认知理论强调认知分布在个体、媒介及情境脉络中，这种理论可以在某种程度上指导非正式学习。

综上，多数研究者从主体性、学习内容、学习环境、人与环境的互动等维度对非正式学习的理论基础进行了讨论。同时，研究者注重网络技术在非正式学习中的应用价值，故从网络技术的视角，对非正式学习的理论基础进行了探讨。

3.非正式学习的意义、价值研究

从个体层面上看，非正式学习与成人的个体发展有关；从国家、社会层面上看，非正式学习与社会人的终身学习及学习型社会的构建密切相关。因此，国内研究者对非正式学习的意义、价值的研究主要是针对以上两个层面进行的。

---

① 冯俐.基于社会性软件的非正式学习环境模型构建研究[D]. 重庆:西南大学,2009:15-16.

② 尚茹.非正式学习与中小学教师成长[D].开封：河南大学，2007：16.

③ 马莉娟.大学生非正式学习的调查研究[D].扬州：扬州大学，2012：21.

　　首先，一些研究者（如高原，2014①；刘卫琴，2014②；张菊荣，2015③等）强调，非正式学习可以促进人的完整性及持续性发展，认为非正式学习重视人在社会中与社会的互动并使人在互动中"滋养个性、润泽情感、生长思想"。

　　其次，多数研究者（如蔡秀美，2000④；章鹏远和蓝建，2002⑤；冯巍，2003⑥；汪尧坤，2003⑦；胡海云，2004⑧；孙玫璐，2005⑨；赵健，2011⑩等）将非正式学习与终身学习、学习型社会联系在一起，认为终身学习包括正规教育、非正规教育及非正式学习。非正式学习在人一生的学习过程中意义重大，它可以使学习者不受时空的限制，满足"每个人在本性上都想求知"的需求。同时，它所蕴藏的多样化学习可能性是对正规教育和非正规教育的强化，可以促进个体的终身学习。

　　最后，部分研究者（如林丽惠，2004⑪；蔡玲玲，2011⑫等）更进一步强调非正式学习的认证可以促进终身学习体系的建构。在此基础上，有些研究

① 高原.非正式学习之价值考查[J].西北成人教育学报，2014（1）：1.

② 刘卫琴.非正式学习初探[J].新课程研究，2014（7）：35.

③ 张菊荣.呼唤"非正式学习"[J].江苏教育研究，2015（26）：75.

④ 蔡秀美.终身学习理念与政策探讨[J].开放教育研究，2000（4）：24.

⑤ 章鹏远，蓝建.非正式学习及其社会作用[J].教育革新，2002（1）：8.

⑥ 冯巍.OECD国家终身学习政策与实践分析[J].比较教育研究，2003（9）：72.

⑦ 汪尧坤.把脉终身学习　管窥社区教育[J].社区教育，2003（3）：79.

⑧ 胡海云.终身教育理念与成人教育管理机制创新[J].陕西师范大学继续教育学院学报，2004（1）：17.

⑨ 孙玫璐.成人生活史：一个终身学习的研究视角：奥尔森教授成人学习研究综述[J].教育发展研究，2005（13）：84.

⑩ 赵健.创建多姿多彩的学习生态：美国非正式学习领域的发展情况与案例分析[J].世界教育信息.2011（7）：30.

⑪ 林丽惠.欧洲对于非正规和非正式学习认证的共同原则[J].成人及终身教育，2004（1）.

⑫ 蔡玲玲.欧盟非正规与非正式学习认证的特征及趋势[J].职教通讯，2011（3）：56.

者认为非正式学习促进了学习型社会的建设（高原，2014①；李保玉和张桂明，2014②）。

总之，非正式学习可以在促进成人发展的基础上，完善终身学习并促进学习型社会的建设。

4.非正式学习的应用研究

首先，非正式学习的应用源于国外企业对员工的培训。企业中的正式培训不能满足员工成长及企业自身发展的需要，因此管理者愈发重视员工培训中的非正式学习，认为非正式学习就像一个"真正的生态系统"（邱昭良，2013）③。在我国，部分研究者也将企业培训与非正式学习相结合（如余小艳，2006④；杨晓辉，2007⑤；丁辉和任建华，2012⑥等），提出了非正式学习应用于企业培训的策略及路径。王银环和袁晓斌（2009）⑦通过对奇瑞汽车股份有限公司企业培训现状的调查，提出了促进企业员工进行非正式学习的策略，如开展经验技术交流会等。

其次，非正式学习可用于微型学习及虚拟网络空间的学习。早在 2005 年，余胜泉和毛芳⑧就提出了非正式学习可用于网络学习的观点，认为通过网络获取知识是非正式学习的主要途径之一。随后，一些研究者（如祝智庭等，

---

① 高原.非正式学习之价值考查[J].西北成人教育学报，2014（1）：1.

② 李保玉，张桂明.国内外非正式学习行为研究述评[J].乐山师范学院学报，2014（5）：83.

③ 邱昭良.非正式学习不容易管理与控制[J].现代企业教育，2013（11）：78.

④ 余小艳.基于 e-Learning 的企业培训研究[D].上海：华东师范大学，2006：6.

⑤ 杨晓辉.非正式学习与企业在线培训[J].商场现代化，2007（34）：265.

⑥ 丁辉，任建华.国外非正式培训理念及其启示[J].重庆科技学院学报（社会科学版），2012（4）：180.

⑦ 王银环，袁晓斌.非正式学习在企业培训中的应用[J].现代远程教育研究，2009（3）：63.

⑧ 余胜泉，毛芳.非正式学习：e-Learning 研究与实践的新领域[J].电化教育研究，2005（10）：18.

2008①；顾凤佳等，2008②；张浩，2009③等）基于新的媒介环境的生成，将非正式学习与微型学习结合在一起，提出了实现微型学习的设计原则等。在新技术环境下，特别是在 Web2.0 时代背景下，对非正式学习的研究呈上升趋势。汤富源（2006）首次将 Web2.0 和非正式学习联系了起来。④李悦（2008）⑤认为，在 Web2.0 背景下非正式学习可分为个人学习环境和虚拟学习社区，并以"益学会"为案例，提出非正式学习的虚拟学习社区应具备人、工具和活动三大要素。许多研究者纷纷将非正式学习与网络学习结合起来对非正式学习进行研究，如宋权华（2009）⑥、冯俐（2009）⑦、戴德宝和刘蕾（2013）⑧及余德军和邹军华（2016）⑨等。他们对网络环境下非正式学习的探讨主要集中在各类软件（如微博、博客、邮件等）在非正式学习中的应用方面。

最后，非正式学习的应用研究还体现在成人的发展和学习等方面，其中成人包括教师、本科生及研究生等特定群体。2007 年，尚茹从中小学教师成长的视角出发，探讨了中小学教师非正式学习的内涵、特征等，并就中小学

---

① 祝智庭，张浩，顾小清.微型学习：非正式学习的实用模式[J].中国电化教育，2008（2）：10.

② 顾凤佳，李舒愫，顾小清.微型学习现状调查与分析[J].开放教育研究，2008（6）：94.

③ 张浩.微型学习：理念、环境与资源[J].现代教育技术，2009（4）：50.

④ 汤富源.基于 Web2.0 技术的非正式学习研究[D].广州：中山大学，2006.

⑤ 李悦.Web2.0 时代的非正式学习研究：一个新兴的社会学习型组织"益学会"个案调查[D].上海：上海师范大学，2008：25.

⑥ 宋权华.基于长尾理论的网络非正式学习模式研究[D].长春：东北师范大学，2009：16.

⑦ 冯俐.基于社会性软件的非正式学习环境模型构建研究[D].重庆：西南大学，2009：8.

⑧ 戴德宝，刘蕾.基于 AMOS 技术的"微博群"非正式学习模式研究[J].开放教育研究，2013（6）：108.

⑨ 余德军，邹军华.基于 Web 视频文本轨道技术的英语学习平台开发与应用研究：非正式学习的视角[J].中国电化教育，2016（3）：82.

教师在非正式学习活动中的问题提出了建议。[①]2008 年，米占敏以辨别非正式和偶发性学习为前提，提出了提高成人学习效率的途径。[②]邢蕾（2010）[③]、刘文丽（2011）[④]介绍了英国的成人非正式学习运动，分析了中国成人非正式学习的现状，对成人学习提供了相关建议。邢蕾于 2011 年发表了博士论文《成人非正式学习的研究》[⑤]，她在论文中分析了成人学习的特点及成人非正式学习的方案等。除了关注成人学习，研究者还从不同视角关注不同领域成人发展的各个方面，如关注成人的职业发展等。陈珂（2009）认为，非正式学习可以促进成人职业生涯的发展。[⑥]付丽丽（2011）关注农村的成人发展，认为"非正式学习适应农村成人的生活习惯"，利用闲暇时间学习是农村成人非正式学习的主要方式。[⑦]此外，汪学均等（2010）探讨了基于网络技术的成人的非正式学习，认为成人可通过网络技术以便捷的方式获取知识。[⑧]

　　除研究成人的学习特征、学习场域外，研究者还将焦点放在了成人中的特殊群体——大学生身上。许多研究者（如殷晓宇，2010[⑨]；曲秀芬，2010[⑩]；

---

① 尚茹.非正式学习与中小学教师成长[D].开封：河南大学，2007.

② 米占敏.非正式和偶发学习理论对成人教育教学改革的启示[J].广东广播电视大学学报，2008（2）：76.

③ 邢蕾.学习的革命：英国成人非正式学习运动及启示[J].教育发展研究，2010（19）：71-75.

④ 刘文丽.英国成人非正式学习政策研究：以《学习革命》白皮书为例[D].北京：首都师范大学，2011：8.

⑤ 邢蕾.成人非正式学习的研究[D].上海：华东师范大学，2011：71.

⑥ 陈珂.职业生涯发展中的非正式学习[D].上海：华东师范大学，2009：122.

⑦ 付丽丽.农村成人非正式学习探究[J].河北大学成人教育学院学报，2011（3）：38.

⑧ 汪学均，雷体南等.基于 QQ 群聊的成人非正式学习研究[Z].中国湖北武汉：2010（7）：478.

⑨ 殷晓宇.基于社会性软件的大学生非正式学习现状与对策研究[D].长春：东北师范大学，2010.

⑩ 曲秀芬.基于 UC 和 Blog 的大学生非正式学习共同体的应用研究[D].大连：辽宁师范大学，2010.

柴阳丽，2011①；王立国，2011②；宣曼一，2011③等）在网络技术环境下探讨大学生的非正式学习，研究非正式学习的影响因素、大学生非正式学习共同体等。他们探讨了在 Web2.0 环境下大学生非正式学习的现状，提出了改善大学生非正式学习习惯的策略，同时对具体软件应用下的大学生非正式学习的现状及对策进行了研究。少数研究者（如马莉娟，2012④）从大学生整体发展的角度出发，对大学生非正式学习进行了调查研究，认为大学生的学习具有自主性，大学生应通过非正式学习来满足自我发展的需要。除探究大学生个体的非正式学习之外，研究者（如任杰，2012⑤）还将大学生非正式学习与高校教学相整合，提出了提高大学生学习效率及改善高校教学效果的策略。一些研究者（如王芮，2011⑥；赵俊雅和王轩 2013⑦等）还将焦点放在了研究生身上，对他们的学习行为及学习现状进行了调查研究，并提出了相应的学习策略。有些研究者认为非正式学习的应用与高职生的学习行为密切相关（赵启芝，2010）⑧。也有研究者探讨了外语专业学生的非正式学习（李劭珊和吴

---

① 柴阳丽.Web2.0 环境下大学生非正式学习现状调查与对策研究[J].电化教育研究，2011（12）：63-68.

② 王立国.基于 Web2.0 的大学生非正式学习社区研究[D].重庆：西南大学，2011.

③ 宣曼一.基于网络的大学生非正式学习研究[D].大连：辽宁师范大学，2011.

④ 马莉娟.大学生非正式学习的调查研究[D].扬州：扬州大学，2012.

⑤ 任杰.大学生非正式学习及其在高校教学中的整合策略研究[D].金华：浙江师范大学，2012.

⑥ 王芮.研究生的非正式学习行为调查研究[D].上海：上海师范大学，2011.

⑦ 赵俊雅，王轩.研究生非正式学习现状调查与对策研究[J].软件导刊（教育技术），2013（9）：32-34.

⑧ 赵启芝.高职生顶岗实习中的学习行为研究：基于非正式学习理论的视角[J].顺德职业技术学院学报，2010（2）：40.

凯玥，2015）[①]。张宝辉（2010）[②]将非正式学习与科学教育联系起来，提出了利用非正式科学学习的机会及相关资源促进我国科学教育发展的设想。陆蓉蓉（2013）[③]提出了将非正式学习应用于校园学习空间设计的想法，并对非正式学习空间的类型、特征及应用现状等进行了研究。

综上，研究者对非正式学习的应用研究主要聚焦在企业培训、虚拟网络、成人学习及成人发展方面。非正式学习在成人学习中的应用研究忽略了具有更强自主性的博士群体，也忽略了婴幼儿及中学生群体。总体而言，当前非正式学习的应用研究范围整体狭窄，今后应拓宽其研究范围。

5.非正式学习成果认证的研究

近年来，随着终身学习理念的发展和继续教育的延伸，人们逐渐开始重视对非正式学习成果认证的研究。非正式学习成果也被称为"先前学习成果"，是相对于正式学习成果而言的。徐国庆和石伟平（2000）[④]首次探讨了国外的非正式学习成果认证及其对我国的启示。随后，研究者尝试对非正式学习成果认证进行理论探索。蔡玲玲（2011）[⑤]、张艳红等（2012）[⑥]以对欧盟非正式学习认证的特点进行的探讨为基础，揭示了我国进行非正式学习成果认证的必要性及可行性，提出了把非正式学习认证放入我国的职业资格认证体系中，建立适合终身学习的学习认证和学分互认制度等建议。宋孝宗（2012）[⑦]研究了国外非正式学习认证的实施情况，并以此为基础对我国的非

---

① 李劭珊，吴凯玥.外语专业学生非正式学习途径及效率研究[J].才智，2015（26）：42.

② 张宝辉.非正式科学学习研究的最新进展及对我国科学教育的启示[J].全球教育展望，2010（9）：90.

③ 陆蓉蓉.校园非正式学习空间研究[D].上海：华东师范大学，2013.

④ 徐国庆，石伟平.APL 的理论与实践及其对我国教育的启示[J].外国教育资料，2000（1）：75.

⑤ 蔡玲玲.欧盟非正规与非正式学习认证的特征及趋势[J].职教通讯，2011（3）：53.

⑥ 张艳红，钟大鹏，等.非正式学习与非正规学习辨析[J].电化教育研究，2012（3）：24.

⑦ 宋孝宗.发达国家先前学习认证的理论与实践[J].教育学术月刊，2012（6）：9.

正式学习认证提出了建议。王迎（2012）①提出了非正式学习成果认证需要注意的四个问题——评价标准的制定、评估责任的明确、监督机制的健全及监督机制的成果转化。李林曙等（2013）②、高洁等（2014）③及王金金（2014）④都提出了非正式学习成果认证的原则，如公平公正、质量第一、公开透明及同步监控等原则。在此基础上，章鹏远（2015）⑤提出了非正式职业学习认证的方法，包括考试、申报、答辩、观测及模拟测试等。王丹（2018）也从理论的角度探究了非正式学习成果认证体系的四个核心要素——认证目标、认证过程、认证方法及认证主体。⑥在实践层面上，吴莎莎等（2018）以"开放教育资源大学的实践"为案例，探究了具体的在线非正式学习成果认证模式，认为我国应建立在线有效学习成果认证制度，创建与各高校联盟的资源共享机制等。⑦黄娥（2018）在指出非正式学习成果认证的具体困境的基础上，提出了建设路径，如厘清非正式学习成果标准体系逻辑等。⑧

总之，我国对非正式学习成果的认证还处在实践探索阶段，并未全面展开。

---

① 王迎.非正式学习成果认定的研究与实践[J].中国电化教育，2012（1）：37.

② 李林曙，高洁，付建军.非正式学习成果认证的原则与方法研究[J].天津电大学报，2013（2）：7.

③ 高洁，付建军，孙旭.非正式学习成果认证探析[J].远程教育杂志，2014，32（4）：93-98.

④ 王金金.关于非正式学习成果认证标准的相关研究[J].山东农业工程学院学报，2014（2）：111.

⑤ 章鹏远.欧盟国家非正规与非正式职业学习认证概述[J].职教论坛，2015（19）：60.

⑥ 王丹.德国非正式学习成果认证对现代学徒制评价体系的启示[J].职业教育研究，2018（9）：92-96.

⑦ 吴莎莎，刘永权，张春华，等.探索在线非正式学习成果认证新模式：以开放教育资源大学（OERu）的实践为个案[J].现代远程教育研究，2018（5）：49-58.

⑧ 黄娥.非正规与非正式学习成果认证的现实困境和路径选择[J].成人教育，2018（9）：1-4.

（二）国内对学生非正式学习的研究

近年来，非正式学习引起了我国研究者的重视。研究者从理论和实践层面探讨了非正式学习的内涵、理论基础、价值及应用环境等。随着对非正式学习研究的不断深化，研究者开始对学生群体的非正式学习进行研究。从近年来的研究趋势来看，我国对非正式学习的研究呈上升趋势，而对学生非正式学习的研究呈缓慢上升及下降交替的趋势。侯英（2008）发表的硕士论文《基于 Web2.0 环境的大学生非正式学习研究》①表明我国研究者开始关注学生群体的非正式学习。她在论文中阐释了大学生非正式学习的特点，认为学生的非正式学习有着自发性、自控性、情境性和灵活性的特点；同时，她简单提出了大学生非正式学习的策略。

在有关学生群体非正式学习的探讨中，大学生群体是研究者研究的主要对象，但除了大学生，一些研究者也对其他学生群体进行了探究，如王芮（2011）②、赵蒙成（2012）③、赵俊雅和王轩（2013）④等，以研究生群体为研究对象，认为培养研究生应从非正式学习的视角出发采取相应的策略，如建立学习共同体、培养研究生的自我效能感等。袁旭霞（2009）探究了中小学生非正式学习培养策略，如激发学生的学习兴趣，培养其协作和交流能力等。⑤邓凌月（2015）研究了社交网络环境下的中学生非正式学习策略，如创

---

① 侯英.基于 Web2.0 环境的大学生非正式学习研究[D].桂林：广西师范大学，2008.

② 王芮.研究生的非正式学习行为调查研究[D].上海：上海师范大学，2011.

③ 赵蒙成.论硕士生培养模式改革：非正式学习的视角[J].扬州大学学报（高教研究版），2012（1）：64-67.

④ 赵俊雅，王轩.研究生非正式学习现状调查与对策研究[J].软件导刊（教育技术），2013（9）：32-34.

⑤ 袁旭霞.基于 1：1 数字化学习环境的中小学生非正式学习培养策略研究[D].上海：上海师范大学，2009.

设学习环境、转变教育理念及强化知识管理等。[①]王吉萍等（2018）对中学生通过网络进行非正式学习的现状进行了调查。[②]洪勤宝等（2018）对中学生的非正式学习能力进行了探索。[③]潘颖（2013）探究了高中生非正式科学学习的现状、影响因素等，以揭示高中生非正式学习的原貌。[④]

此外，研究者还关注高职学生群体。夏天（2014）探究了高职学生的非正式学习路径，认为建立非正式学习共同体可以破解目前高职学生的学习困境，实现由"就业型"教育向"发展型"教育的转变。[⑤]

除探讨不同学生群体的非正式学习之外，有些研究者还研究了促进学生非正式学习的积极因素。邓冬梅等（2018）[⑥]就在这方面进行了相关研究，但他们研究的核心内容是软件、电子设备对非正式学习的促进作用。黄龙翔（2012）以新加坡小学五年级的学生为研究对象，研究了非正式学习环境下的移动语言学习（如用手机拍照、造句等），认为移动技术丰富了学生的生活情境，成了学生的"学习中枢"，促进了学生的非正式学习。[⑦]陈萍（2014）

---

① 邓凌月.社交网络环境下中学生非正式学习策略研究[D].济南：山东师范大学，2015.

② 王吉萍，张江燕，朱碧琼.中学生运用网络进行非正式学习的现状调查分析报告[J].电脑知识与技术，2018（2）：101-102.

③ 洪勤宝，朱玲，刘正义.中学生非正式学习能力问题研究与原因分析[J].科教导刊，2018（4）：179-180.

④ 潘颖.高中生非正式科学学习的现状调查与促进策略研究[D].长春：东北师范大学，2013.

⑤ 夏天.高职学生非正式学习共同体的建构研究[J].天津职业大学学报，2014（1）：31-34.

⑥ 邓冬梅，洪勤宝，刘正义.网络环境下中学生非正式学习平台的建设与管理[J].科教导刊，2018（13）：140-141.

⑦ 黄龙翔.非正式学习环境下移动语言学习研究[J].实践研究，2012（2）：67-72.

对移动英语学习进行了研究。①韦国（2014）提出让 iPad 走进课堂，利用 iPad 录音、录像功能帮助学生实现个性化学习的建议。②

研究者也探讨了非正式学习自身的重要性。何红娟（2013）探讨了隐性知识与非正式学习的关系，得出了非正式学习是获得隐性知识的手段，是培养学生创新能力的重要途径的结论。③此外，研究者的研究还涉及非正式学习对具体学科学习的重要性。李劭珊和吴凯玥（2014）认为，非正式学习对外语学习有积极影响。④钱亚萍（2015）认为非正式学习"自由、轻松、愉悦"，对学校音乐教育有补充和辅助作用，教师可以推荐学生收看"CCTV 青年歌手电视大奖赛"，引导学生收看奥运会、亚运会开幕式表演等，以此实现非正式学习的"远程介入"。⑤总体来说，研究者重视对学生非正式学习的研究，但研究主题不够宽泛，缺少深入的理性思考。

（三）国内对大学生非正式学习的研究

在国内，学生非正式学习的研究重点集中于大学生非正式学习。自从 2008 年出现了首篇关于大学生非正式学习的硕士学位论文以来，研究者陆续探究了大学生非正式学习在学生生涯中的重要性、大学生非正式学习的影响因素，以及当代社会非正式学习中存在的问题等。研究者重视将大学生非正式学习与网络、技术及新媒体等结合起来，对相关问题进行研究。

---

① 陈萍.基于移动学习终端的高职移动英语学习现状研究[J].湖北工业职业技术学院学报，2014（12）：102-103.

② 韦国.iPad 促进学生个性化学习的实践与思考[J].中国教育技术装备，2014（17）：40-41.

③ 何红娟.基于隐性知识理论审视非正式学习对学生创新能力的培养[J].陕西教育·高教，2013（12）：49-50.

④ 李劭珊，吴凯玥.外语专业学生非正式学习途径及效率研究[J].才智，2014，42-43.

⑤ 钱亚萍.非正式学习：音乐教育的新时空[J].江苏教育研究，2015（9）：49-51.

首先，研究者在研究中将非正式学习与大学生生涯能力、创业能力结合起来。黄文军（2013）探究了非正式学习视角下大学生生涯能力的提升，认为非正式学习与大学生生涯能力的提升有高度的一致性。①陈广正和陈钧（2016）探讨了大学生非正式学习与大学生创业能力培养的一致性，并以非正式学习的特点为基础，探究了大学生创业能力的培养路径。②

其次，大学生非正式学习的影响因素受到一些研究者的关注。刘素方（2013）讨论了网络环境及资源因素对大学生非正式学习的影响，认为应将网络环境与学生课外的学习环境相结合，强化对网络资源的配置，以此推动大学生的终身学习。③谭丽琼（2015）探讨了包括微博、微信及论坛等在内的新媒体对大学生非正式学习的影响。④朱志勇（2015）谈论了校园论坛对大学生非正式学习的影响，认为校园论坛培养了大学生非正式学习的信息能力。⑤

最后，除具体探讨大学生非正式学习的影响因素外，多数研究者重视大学生非正式学习与网络、技术及新媒体等环境的结合（殷晓宇，2010⑥；朱哲和甄

---

① 黄文军.非正式学习视角下大学生生涯能力的提升[J].江苏高教，2013（4）：115-117.

② 陈广正，陈钧.试论非正式学习视野下大学生创新创业能力的培养途径[J].教育与职业，2016（5）：84-86.

③ 刘素方.网络对大学生非正式学习的影响及应对策略研究[D].芜湖：安徽师范大学，2013.

④ 谭丽琼.新媒体对大学生非正式学习效率影响因素及提升策略[J].求知导刊，2015（2）：123-124.

⑤ 朱志勇.校园论坛对大学生非正式学习的影响分析[J].软件导刊·教育技术，2015（8）：56-58.

⑥ 殷晓宇.基于社会性软件的大学生非正式学习现状与对策研究[D].长春：东北师范大学，2010.

静波，2010①；曲秀芬，2010②；宣曼一，2011③；柴阳丽，2011④；刘新鸽，2012⑤；任福兵和贾雷雷，2018⑥等）。具体而言，朱丽镕等（2015）重视互联网时代下的大学生非正式学习，认为互联网对大学生非正式学习具有重要作用。⑦郭红霞（2015）基于网易公开课探究了大学生非正式学习，发现了大学生缺乏对非正式学习的理性认知且学习方式单一等问题。⑧戎红艳等（2015）⑨及梁瑞仪（2016）⑩基于微博和微博虚拟社群探究了大学生非正式学习。此外，张明勇（2015）基于移动技术探讨了大学生非正式英语学习，认为移动技术的共享性及互动性可以让学生实现即时学习。⑪刘翠敏和张瑀宸（2017）探究了新媒体语境下的大学生非正式学习，强调利用网络实现知识共享，以此促进大学

---

① 朱哲，甄静波.基于社会性软件的大学生非正式学习模式构建[J].电化教育研究，2010（2）：84-87.

② 曲秀芬.基于 UC 和 Blog 的大学生非正式学习共同体的应用研究[D].大连：辽宁师范大学，2010.

③ 宣曼一.基于网络的大学生非正式学习研究[D].大连：辽宁师范大学，2011.

④ 柴阳丽.Web2.0 环境下大学生非正式学习现状调查与对策研究[J].电化教育研究，2011（12）：63-68.

⑤ 刘新鸽.基于网络环境的大学生非正式学习研究[D].宁波：宁波大学，2012.

⑥ 任福兵，贾雷雷.碎片传播视域下大学生网络非正式学习研究[J].厦门城市职业学院学报，2018（1）：68-73.

⑦ 朱丽镕，谢智昆，毕柱兰，等.互联网时代大学生非正式学习策略探究[J].软件导刊（教育技术），2015（5）：38-40.

⑧ 郭红霞.基于网易公开课的大学生非正式学习现状调查与思考[J].周口师范学院学报，2015（1）：126-129.

⑨ 戎红艳，王海燕，徐建东.基于微博虚拟社群的大学生非正式学习互动特征分析[J].中国教育信息化，2015（13）：27-32.

⑩ 梁瑞仪.基于微博的大学生非正式学习研究[J].教学研究，2016（2）：15-20.

⑪ 张明勇.基于移动技术的大学生英语非正式学习研究[J].武汉冶金管理干部学院学报，2015（3）：59-61.

生非正式学习。①

　　在探究网络环境中的非正式学习的基础上，一些研究者关注不同高校大学生的非正式学习。张秋菊（2014）以地方高校大学生为研究对象，强调地方高校大学生应重视非正式学习，且提出了具体的学习方法，如网络课程学习、设立大学生学业导师等，希望可以以此增强地方高校大学生自主学习的实效性。②朱美娟（2014）以西北师范大学的大学生为例，探究了网络环境下西部大学生的非正式学习。本研究强调运用网络创设与非正式学习有关的校园文化，借助网络环境提高资源利用率。③付丽萍（2015）以地方高校新建本科院校的大学生为调研对象，进一步探讨了大学生利用网络进行非正式学习的方法。④魏华和张宏佳以民办高校大学生为研究重点，探讨了大学生利用社会性软件进行非正式学习的相关问题。⑤

　　研究者不仅关注大学生非正式学习的外延，还关注非正式学习中大学生主体性的完善，如吴伟和王维维（2018）就提出了构建满足大学生非正式学习需求的精准服务体系、建设促进非正式学习的基础设施等建议⑥。

　　总之，一些研究者虽重点关注地方高校、民办高校及西部某些高校的大学生非正式学习，但始终将非正式学习与网络相联系，探究基于网络平台的大学生非正式学习。在本研究中，笔者将具体探究西北地区高校大学生的非正式学

---

　　① 刘翠敏，张瑶宸.新媒体语境下大学生非正式学习的对策研究：以广州三所高校为例[J].艺术科技，2017，29（4）：14-15.

　　② 张秋菊.地方高校大学生非正式学习的引导策略[J].黑龙江高教研究，2014（3）：7-9.

　　③ 朱美娟.基于网络的西部大学生非正式学习现状与对策研究[D].兰州：西北师范大学，2014.

　　④ 付丽萍.地方新建本科院校大学生网络非正式学习现状分析[J].中国教育信息化，2015（11）：27-30.

　　⑤ 魏华，张宏佳.民办高校大学生运用社会性软件开展非正式学习研究[J].企业技术开发，2015（1）：71-72.

　　⑥ 吴伟，王维维.大学生非正式学习需求的精准服务体系建构：以社团、社会实践和科研需求为例[J].黑龙江教育（理论与实践），2018（4）：26-27.

习现状，对比中外大学生的非正式学习，并以此为基础对大学生非正式学习进行理性思考。

三、对国内外已有文献研究的评析

国外对非正式学习的研究起步较早，主要表现在从不同领域对非正式学习进行研究，且研究主题由理论化研究转向应用化研究。我国对非正式学习的系统研究起步较晚，当前仍处在对非正式学习研究的探索阶段，多数研究仍聚焦在对非正式学习本身的理论研究上，如内涵、特点的阐述和理论基础的探索等方面，在应用研究方面的文献较少，研究者涉足的应用研究领域还不够宽泛。此外，在研究方法上，国外注重实证性研究，国内偏向理论性阐述，且仅有少数相关实证性论文。纵观国内外非正式学习的研究现状，我们可以发现当前非正式学习研究存在如下问题：

①对非正式学习内涵的界定多样、模糊，国内外研究者没有形成统一的认识。目前，国内研究者对"非正式学习""非正规学习"的译法模糊，甚至将其混为一谈，多数研究者对正式学习与非正式学习的界定标准偏向于以场域为基准点。这种以外在标准界定的非正式学习无疑会影响人们对非正式学习的理解，也会影响非正式学习的其他相关研究。

②在理论层面上，国内外研究者对非正式学习的类型、构成因素等本体性问题的研究较少。

③国内外都缺少对不同国家学生非正式学习的比较研究。

④对于大学生非正式学习的研究，国外研究者注重细微领域的研究，国内研究者的研究多与网络相结合，缺少对某类大学生群体的整体性研究。

第四节　理论依据

相关理论是研究现实问题的基础。只有从理论出发，寻找研究问题的切入点，使问题的解决得到理论的支撑和验证，才能使解决方案更有说服力。

一、情境学习理论

20世纪初，著名教育家约翰·杜威（John Dewey）提出了"教育即生长""教育即生活"等重视学习情境性的思想。20世纪80年代以来，情境学习理论作为一种具有建构主义取向的理论，在学校教育与生活情境之间架起了一座桥梁，使人们懂得了学习源于情境、生成于情境的道理。情境学习理论认为，学习者是情境的组成要素，存在于情境之中，且与情境相互作用。学习活动作为互动性的实践活动，是以问题为基础的，真正的学习活动不能与现实的日常需要脱节。[①]这种学习过程被誉为"合法的边缘性参与"。[②]

学习是一个参与的过程，学习者是学习的参与者。学习的自然本性存在于社会中，学习的过程与结果是社会实践活动的产物，它会与情境（如文化情境、社会情境及实践情境等）产生一种有意义的联系。学习源于情境，知识的产生也源于情境。"情境理性"的知识哲学观认为，知识是理性的代表，但普适的理性是不存在的。人类的理性只存在于真实的情境之中。因此，知识、理性的产生是以情境为基础的。这种情境性知识必然是显性知识与隐性知识的总和。

---

① 应万金，高志敏.情境学习理论视野中的成人学习[J].开放教育研究，2007（3）：10.
② 莱夫，温格.情境学习：合法的边缘性参与[M].王文静，译.上海：华东师范大学出版社，2004.

非正式学习源于日常生活，是零散、宽泛的学习。它的特点、实践活动必然是以情境学习理论为依据的，它强调学习的获得是学习者按照自身的学习需要积极主动参与学习过程的结果。依据情境学习理论，我们可以认为非正式学习是学习者在具体情境中自主建构的学习过程。大学生作为一个社会群体，每天生活在班级、宿舍等真实情境中，在不同的情境中扮演着不同的角色，这些不同的生活场域和角色让大学生以自身的学习目的为出发点，在情境中学习，以此实现真正实践意义上的"生活是学习""学习是生活"。

二、人本主义学习理论

人本主义学习理论源于古希腊的人文主义教育精神，它肯定人的意义与价值。普罗泰戈拉（Protagoras）曾提出"人是万物的尺度"。20 世纪 50 年代末 60 年代初，人本主义心理学在美国出现。

人本主义学习理论从人性论出发，强调以人性为本，尊重学习者并挖掘其潜能。人本主义学习理论认为，"教育与教学过程就是要促进学生个体的发展，发挥学生的潜能，培养学生学习的积极性和主动性"。[1]从自我实现论出发，人本主义学习理论"重视学习者高层次学习动机的激发，强调充分发展学习者的潜能和积极向上的自我概念、价值观和态度体系，从而使学习者成为自我充分实现的人"。[2]自我实现不仅体现在学习结果中，而且体现在学习过程中。"人本主义学习理论认为学习过程是学生的一种自我发展、自我重视，是一种生命的活动，而不是为了生存的一种方式。"[3]可见，人本主义学习理论是从学习者本身的立场出发，并且回归学习者主体价值的学习指导思想。

亚伯拉罕·H. 马斯洛（Abraham H. Maslow）认为，以往的学习强调外在

---

① 莫雷.教育心理学[M].北京：教育科学出版社，2007：66.
② 刘晋红.人本主义学习理论述评[J].黑龙江生态工程职业学院学报，2009（5）：110.
③ 刘宣文.人本主义学习理论述评[J].浙江师范大学学报（社会科学版），2002（1）：92.

知识的灌输，忽视学习者的学习需求及内在动力。他主张学习者应依赖其内在驱动力，教师不是知识的灌输者，而是学习的促进者。人本主义学习理论在学习上强调学习者的积极性和主动性，进一步宣扬了人的自主性。

人本主义学习理论关注学习者，强调学习者的地位和意义，尊重学习者的尊严等，因此形成了"以学习者为中心"的思想，达到了满足学习者自我实现需求的目的。非正式学习强调学习者是学习的主体，学习者的学习目的是完善自我，而非获取文凭、证书。

三、诺尔斯成人学习理论

M. S. 诺尔斯（M. S. Knowles）是西方第一位建构成人教育理论的教育家，被誉为"美国成人学习理论之父"。1968 年，他提出自我导向性学习是成人学习理论的基础，并认为社会性是成人学习的本质。此外，他还提出了成人学习固有的特征。

首先，诺尔斯认为成人具有独立的自我概念，对自我有清晰的认识。大学生作为成人，在日常生活中形成了成熟的自我认识。大学生作为学习者，具有较强的学习自主性和独立性，对学习目标及意图有准确的把握。大学生在非正式学习过程中进行自我指导的学习，可以有效地提升自我效能感。

其次，诺尔斯认为成人的个体经验应被关注。成人在社会生活中积累了丰富的个体经验。新知识的获得实际上是新知识与成人已有知识、经验的联结。学生非正式学习建立在学生已有经验之上，其学习结果体现在学生隐性知识的增长上。

再次，诺尔斯提出成人学习基于现实需求和问题的内部驱动。成人学习是一个自我导向的过程，成人要能主动"诊断"自身的学习需求。从成人学习理论的角度来看，大学生非正式学习是一种基于自我学习需求的自主性学习。

最后，成人的学习与自我角色的转变密切相关，成人的学习是社会化的自我学习。为了更好地履行社会责任，成人有必要进行学习。为了展示社会化的自我，大学生需要把非正式学习常态化。同时，大学生非正式学习是一种校园内外的实用性学习，这体现了成人学习的本质。成人学习理论要求大学生以学习目的、学习需要为路径，实现自我发展。

第五节　研究思路与方法

确定研究思路是写作的前提和关键，具体研究目标的确定及研究内容的撰写是在确定了研究思路的基础上进行的。同时，运用合理的研究方法是写作顺利完成的保障。

一、研究目标

通过对我国西北地区高校大学生非正式学习的理论与实证研究，笔者希望达到以下目标：

①完成对非正式学习的内涵拓展，充实非正式学习的理论研究。

②通过实证调查，探究我国西北地区高校大学生非正式学习的现状，为今后大学生进行非正式学习提供可行方案。

③通过与国外大学生非正式学习的比较，找出不同文化中非正式学习的共性，以此为基础，在理论层面上扩充与非正式学习有关的研究，在实践层面上为非正式学习提供一定的借鉴。

二、研究内容

本研究旨在将早期运用于企业管理人员培训中的非正式学习理念引入大学生的学习中，通过开展以西北地区高校大学生为研究对象的实证研究，从三个方面探讨大学生非正式学习，即大学生非正式学习是什么、大学生为什么要开展非正式学习，以及大学生如何实施非正式学习。在此基础上，以访谈的形式，探究国外大学生非正式学习的现状，并对国内外的大学生非正式学习进行对比，提出大学生非正式学习的可行方案。

三、研究方法

总体而言，本研究有理论分析，也有实证研究，综合运用了文献法、问卷调查法、比较研究法等。

①文献法。本研究应用文献法探究了非正式学习及相关概念的内涵和外延，厘清了非正式学习的特点等内容。

②问卷调查法。本研究针对大学生非正式学习设计了不同的调查维度，以问卷的形式开展了对西北地区高校大学生非正式学习现状的调查，揭示了大学生非正式学习的实然状态。

③访谈法。本研究以西北地区部分高校的大学生为研究对象，对他们进行了访谈，进一步揭示了我国高校大学生非正式学习的现状。此外，本研究还通过访谈揭示了国外大学生非正式学习的情况。

④比较研究法。本研究在实证研究的基础上，对大学生非正式学习做了进一步分析，以比较研究的方法探究了中外大学生非正式学习的共性与差异，希望以此推进国内的大学生非正式学习。

⑤文本分析法。本研究在对西北地区高校大学生进行问卷调查及访谈的

基础上，利用文本分析法进一步揭示了大学生的学习及生活，为问卷调查及访谈结果做了进一步的补充说明。

本研究的研究思路及方法如图 1-4 所示。

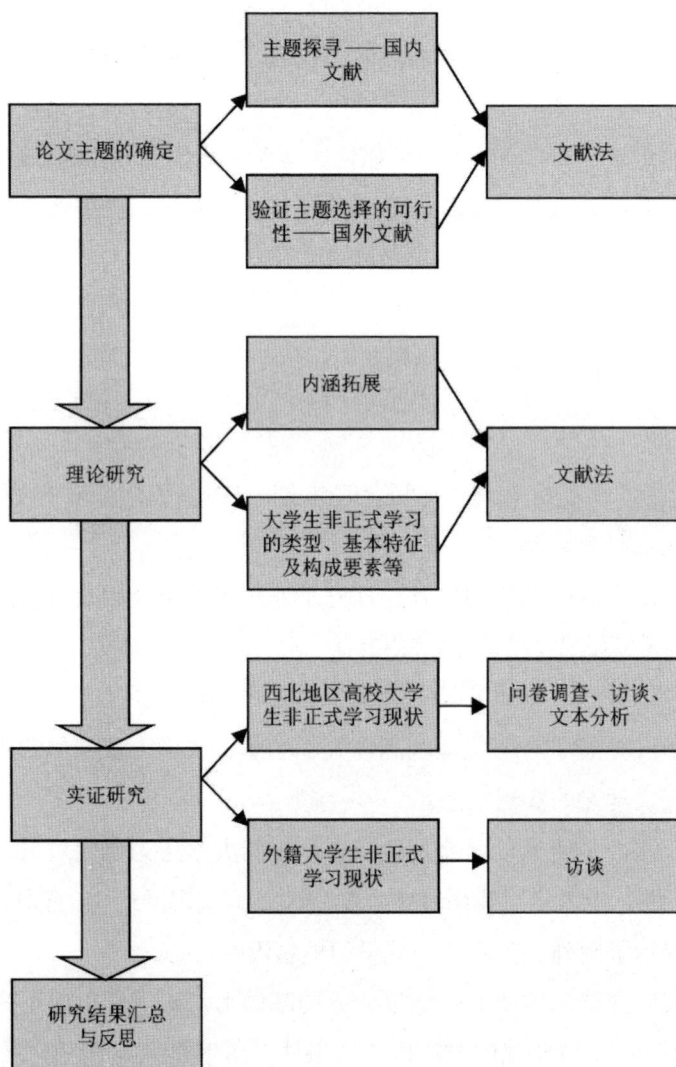

图 1-4　本研究的研究思路及方法

第二章　大学生非正式学习的理论探讨

对大学生非正式学习的相关理论进行探讨是为了进一步加深对大学生非正式学习本质的理解，同时，为了避免"用无知探究未知"，我们必须对大学生非正式学习的相关理论进行探讨，这是促进我国西北地区高校大学生非正式学习现状的调查有序开展的前提。此外，笔者通过对文献的梳理获知，当前国内对大学生非正式学习的理论探讨仍处于初始阶段，还没有形成理论体系。囿于当前大学生非正式学习理论上的短板，非正式学习的优势和作用难以彰显。因此，笔者希望通过对大学生非正式学习的性质、功能、构成要素、培养原则、评估思路、基本特征、主要类型及其与正式学习的关系等的探讨，帮助人们全方位地理解大学生非正式学习。

第一节　大学生非正式学习的基础理论

探究大学生非正式学习的性质、功能、构成要素及培养原则等，是对大学生非正式学习内涵的一种拓展。这种拓展有利于我们完整地理解大学生非正式学习的概念，有利于将大学生非正式学习的精神渗透到大学生的学习活动及其学习养成教育中，有利于提升大学生的学习能力，同时有助于提高高等教育的质量。

一、大学生非正式学习的性质

大学生作为成年人，具有较强的自主学习能力和自我调节、自我监控、自我评价等能力。大学生仅通过正式学习获取知识已无法满足其学习及个人发展的需求。非正式学习是一种强调大学生自主性的学习，通过非正式学习，大学生可以获得正式学习无法提供的学习途径及学习资源。但是，目前人们存在对大学生非正式学习的认识较模糊、对其内涵不了解、对其价值不认同等问题。因此，阐释和把握大学生非正式学习的性质，对于澄清大学生非正式学习的认识和深化非正式学习的实践有着极其重要的意义。非正式学习是所有大学生都应该重视的学习方式，具有重要的教育价值。每个大学生都应该提高自身的非正式学习能力及由其延伸出来的其他能力，而了解大学生非正式学习的性质对于提高这些能力具有重要意义。大学生非正式学习具有如下性质：

首先，大学生非正式学习作为一种学习方式，是"学习性的学习"。从语言结构的角度来看，大学生非正式学习的重心在"学习"，而不在"非正式"。就其实质而言，大学生非正式学习是学习者在自我导向的前提下，依据学习需求进行的学习。它重点追求的是"学习"，"非正式"是"学习"的修饰语，"学习"是非正式学习的核心和基础。换言之，大学生非正式学习是大学生在非正式的条件下进行学习的手段、过程。另外，从大学生的视角来看，"学习不仅是一种本分，更是一种天职"①。学习是大学生的首要、根本任务，将学习性列为大学生非正式学习的性质之一，旨在表明非正式学习的根本价值指向是促进大学生的有效学习，从而突出大学生学习的内在要求，突出大学生学习的主动性及大学生学习活动的丰富性。

---

① 蒋永发，陈树文.习近平学习思想对新时代大学生培养正确学习观的重要意义[J].海南广播电视大学学报，2019，20（2）：65-68.

其次，大学生非正式学习的性质体现在其探究性上。非正式学习是一种与自我、他人及学习资源互动的自主性学习。非正式学习具有内驱式的学习机制，具有"我要学"的学习动机。在这种学习活动中，主动学习是大学生自主发现知识、研究知识的体现，也是大学生自主分析问题、解决问题的表征，即发现与研究是大学生非正式学习固有的属性。大学生进行非正式学习的过程是其发现新知识、认识新知识及研究新知识的过程。现代认识论强调，"认识的过程是主体对客体的能动建构，而不是直观反映"①。大学生在非正式学习过程中，对新知识的能动建构就是发现、获取知识的过程。大学生是非正式学习的主体，他们自主、能动地建构知识的过程也是探究的过程。大学生在非正式学习中通过学习发现解决问题的方案，并通过反思选择最优方案，体现了非正式学习的探究性。探究是一种学习手段、学习方式，也是一种学习行为，探究性是非正式学习固有的性质。

最后，大学生非正式学习具有反思性。从某种意义上说，非正式学习是大学生的自我学习，强调大学生在学习过程中的自我监控及自我评价等。"对自我的谈论不可能脱离反思而存在。"②反思是大学生个体的学习行为，是对自我的理解。在整个非正式学习过程中，大学生通过反思不断研究或改造自己的个体化知识，促进自身知识的重构。反思是大学生自我学习、自我成长的需求和必要途径。此外，大学生非正式学习是一种与他人互动的合作式学习。在此学习过程中，一定的情境意义可以拓展大学生反思的广度。大学生在反思自我的同时，也在认识他人，从而调整与修正自我的学习观，并形成对未来经验的预期。综合而言，大学生非正式学习不能缺少反思，否则，大学生非正式学习就是不完整的学习，并且有可能成为一种碎片化的学习。

综上，笔者认为大学生非正式学习具有学习性、探究性及反思性，且这三

---

① 陈佑清.略论学生学习过程的发现性质[J].教育研究，2000（5）：61.

② 朱梦华.西方视域中的教师反思：内涵、价值与实践路径[J].教师发展研究，2018，2（3）：111-117.

种性质相互依存。大学生学习能力及学习素养的培养就是在非正式学习过程中，实现这三种性质的有机结合，即实现学、思、行的有机结合。

二、大学生非正式学习的功能

充分挖掘并厘定大学生非正式学习的功能对于提高大学生的学习能力、明确我国高等教育的未来发展和改革方向及建设学习型社会具有重要意义。"功能"在《现代汉语词典（第7版）》中的释义为"事物或方法所发挥的有利的作用；效能"①。徐贵权（1995）指出，"功能就是事物因自身的属性而具有的功用、能力，是事物固有的能够满足人的需要的规定性"②。由此可以看出，大学生非正式学习的功能是大学生非正式学习以自身的属性为基础的作用，是大学生非正式学习固有的能够满足人需要的规定性。

大学生非正式学习的功能体现为非正式学习所具备的对大学生发生作用的属性。大学生非正式学习的功能超出了"学生"和"学校"的范畴。大学生非正式学习不仅是大学生个体终身发展的基础，更重要的是能够使大学生更好地适应未来社会的发展变化，能够促进教育公平和资源共享等，进而促进社会的良好发展。

在功能类别的划分上，别敦荣（1995）指出，"正确的教育功能观应当是：教育具有促进社会发展和促进个体发展的双重功能，二者互为条件，互为因果，辩证地统一于教育过程之中"③。张云霞（2011）也指出，"教育功能可以分为教育的个体功能和社会功能"④。根据当前研究者对教育功能的分类，考

---

① 中国社会科学院语言研究所词典编辑室.现代汉语词典[M].7版.北京：商务印书馆，2016：454.

② 徐贵权.德育功能与德育价值之关系[J].教育评论，1995（6）：15.

③ 别敦荣.从高等教育角度简评教育功能争论[J].电力高等教育，1995（2）：17.

④ 张云霞.教育功能的社会学研究[M].武汉：武汉大学出版社，2011：64.

虑到大学生非正式学习也是高等教育的一部分，笔者也将大学生非正式学习的功能划分为个体功能和社会功能。

大学生非正式学习的个体功能是指其促进大学生个性全面发展的功能。具体而言，大学生非正式学习的个体功能主要表现在以下几个方面：首先，它可以促进大学生持续不断地学习。"教育和学习应当扩展到一生，包括所有的技能和知识，利用所有可能的发展，给一切人提供机会以充分发展他们的人格。"[①]人的一生是一个学习的过程，学习是人生存的基础。非正式学习是大学生实现终身学习的途径与手段。其次，它可以完善大学生的知识结构。非正式学习可以为大学生提供知识重构及知识创新的条件，可以完善大学生的知识结构，拓宽大学生的知识面。最后，它可以促进大学生的主体发展。大学生基于多元化的学习兴趣，开展多样化的非正式学习，这无疑是非正式学习注重大学生主体差异性、凸显大学生主体地位的表现。

大学生非正式学习除了具有个体功能，还具有社会功能。社会功能是指大学生非正式学习促进社会政治、文化及教育等发展的功能。大学生非正式学习的社会功能主要表现在以下几个方面：首先，它可以为社会营造终身学习的氛围。大学生非正式学习会引起社会其他群体学习状态的变化，可以使大学生通过非正式学习为社会人提供学习环境和学习动力。其次，它可以实现校内外学习资源、技术的共享。非正式学习以与学习资源互动的方式为大学生和社会提供资源支持，同时随时随地为社会提供学习条件。最后，它可以促进教育公平。非正式学习是一种自主化、不受时空限制的学习。它的这一特点使一些不具有学习条件的社会人有了接受教育及学习的机会，使"人人均可学习"成为可能。

综上，大学生非正式学习具有个体功能和社会功能，且这两种功能相互依存。树立正确的非正式学习功能观对构建正确的大学生非正式学习价值观

---

① 达肯沃尔德，梅里安.成人教育：实践的基础[M].北京：教育科学出版社，1986：56.

具有重大意义。

三、大学生非正式学习的构成要素

大学生非正式学习是由大学生个体作为学习者实行的自我发起、自我调节的一种学习。它强调在各种学习情境下，通过以自我学习或自我与他人沟通、互动的方式，以学习者为中心进行学习。在学习过程中，学习者可以借助学习媒介载体（物质资源）开展一人或多人式学习，有时候，也可以在教师或学校等的引领下进行学习。基于对大学生非正式学习过程的理解，我们一般认为，构成大学生非正式学习的要素包括学习者、学习情境、"他人"、学习媒介载体及学习引领者。其中，学习者、学习情境及"他人"是大学生非正式学习的构成要素，学习媒介载体和学习引领者是可供学习者选择的构成要素。

（一）学习者

在大学生非正式学习活动中，大学生是学习的主体，是学习者。非正式学习的核心要素是学习者。一切非正式学习活动都是围绕学习者展开的。学习者拥有学习的自主权，拥有选择学习媒介载体、学习引领者及与自己互动的"他人"的权利。因此，可以说，没有学习者的参与，就没有非正式学习。

（二）学习情境

非正式学习产生于日常生活情境中。为了便于理解，我们把与非正式学习有关的日常生活中的社会性情境统称为"学习情境"。学习者在各种情境中，只有通过与人的互动才能主动建构知识。学习情境是非正式学习产生的平台。大学生非正式学习发生在多样化的情境之中，如食堂、俱乐部、社区及宿舍等。没有学习情境，大学生非正式学习就无从谈起。

（三）"他人"

"他人"指在大学生非正式学习过程中，与学习者沟通、互动的人。这个"他人"既可以是学习者本人，也可以是教师、同学、朋友及陌生人等。从数量上说，"他人"可以是一人，也可以是多人。在大学生非正式学习中，根据"他人"所指的对象和数量的不同，可以产生多种非正式学习方式。如在没有学习媒介载体及学习引领者的前提下，"他人"如果指学习者本人，非正式学习就是学习者的反思；"他人"如果指的是一个同学、一个老师或多个同学，非正式学习则可能是同学间的讨论、讲座或小组（合作）学习等。

（四）学习媒介载体

学习媒介载体指在大学生非正式学习中，学习者或他人学习时所依赖的一切事物的总和，这里主要指物质资源，如课本、电脑、报纸等。事实上，大学生平日里的非正式学习绝大多数情况下都会依赖物质媒介，只有在独立思考时，不会用到物质媒介。所以，学习媒介载体虽然是选择要素，但它在大学生非正式学习中的作用不容忽视。目前，高校里的各种社团活动、书籍阅读活动及比赛活动等都会不同程度地使用媒介载体来促成大学生非正式学习的开展。

（五）学习引领者

学习引领者是大学生非正式学习的选择要素之一。在非正式学习中，大学生难免会遇到学习目标模糊、学习情绪不佳等问题，此时学习引领者就要帮助大学生克服困难，协助他们完成非正式学习。引领者的作用在于使大学生明确学习目标，使大学生产生情感共鸣，激发其学习热情等。由于大学生绝大部分非正式学习是在学校内完成的，因此，大学生非正式学习的引领者这一角色主要由教师、学校或学习者承担，但不能否认的是，有时学习者的朋友、家人等在某一时间或某一方面也会成为大学生的学习引领者。

要深入理解大学生非正式学习，我们除了要分析大学生非正式学习的构成要素，还应探讨各要素之间的相互关系。瑞士著名的符号学先驱及语言学家弗迪南·德·索绪尔（Ferdinand de Saussure）认为语言是符号的集合，是一个系统，系统内部各要素依据一定的结构产生意义，事物整体的价值由多个共存要素调置而体现出来。索绪尔符号学分析的对象"从最初的语言符号逐步扩大直至人类文化的各个层次，现存的文化中的一切现象、事物均被看作符号及其系统"①。符号及其系统不仅可用于分析语言，而且可用于分析大学生非正式学习各要素间的关系。

符号的横组和纵聚关系是符号学中一对重要且有用的关系。横组关系是指符号系统内部各要素之间在水平方向上的线性互动关系。纵聚关系是指处于相同"地位"的若干要素在垂直方向上的选择或替代关系，因此纵聚关系也叫垂直关系或选择关系，如"他笑了"中的"他"可以由"我"或"我们"等代替。

符号的横组和纵聚关系还可用于描述日常生活中的非正式学习、非正式学习各要素的价值及大学生非正式学习的整体价值。大学生非正式学习过程被视为一个系统，在系统内部，各要素间具有横组和纵聚关系。具体来说，横组关系在大学生非正式学习中表现为学习者、学习情境及"他人"之间的关系。学习者只有在学习情境下，才能与"他人"互动，产生非正式学习。在此关系中，学习媒介载体及学习引领者是在水平方向上可附加的横组要素。纵聚关系在大学生非正式学习中表现为，学习情境可以是任何地方、任何时间产生的情境；"他人"可以是自己，也可以是一个同学或两个朋友等；学习媒介载体可以是手机、课本等；学习引领者可以是教师、朋友及家人等。这些都是可供学习者选择的对象。学习者选择的对象不同，产生的非正式学习的方式、形式及价值就不同。大学生非正式学习构成要素间的关系如图2-1所示。

---

① 杨婧岚.符号学横组合/纵聚合理论及其对广告的运用[J].西南民族学院学报(哲学社会科学版)，2000（8）：79-81.

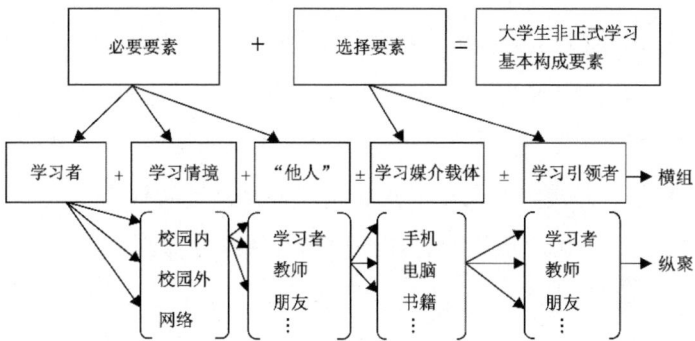

图 2-1　大学生非正式学习构成要素间的关系

由上图可知，大学生非正式学习是学习者在学习情境、"他人"、学习媒介载体及学习引领者四个要素内部任意搭配的关系中显现出来的，不同的搭配可以体现出大学生非正式学习的不同价值。

四、大学生非正式学习能力的培养原则

为了充分发挥大学生非正式学习的优势，培养大学生的终身学习能力，教育者有必要探析大学生非正式学习的培养原则，这不仅关乎大学生自身能力的发展，而且是高校人才培养创新的关键。目前，大学生非正式学习能力培养的实施具有局限性。首先，教育者强调对传统正式学习能力的培养，而对大学生非正式学习能力的培养没有给予足够的重视。其次，学校及教师没有掌握与大学生非正式学习能力的培养相关的理论知识，只能根据现有经验理解并开展各种教学活动。针对大学生非正式学习能力培养各方面存在的问题，教育者应给予足够的重视，以明确大学生非正式学习能力培养的方向及策略。"大学阶段是学生学习形式发生转变的重要时期，即由中小学阶段的以正式学习为主逐渐转向正式学习和非正式学习并重，甚至是以非正式学习为主的学习形式。"①大学生非正式学习能力并非与生俱来的，而是通过后天教育得到发展的知识、能力及价值观等的综合表现。因此，在大学生非正式学习能力的培养方面，教育者应关注培养原则，在遵循培养原则的前提下，引导大学生掌握一定的非正式学习方法，最终实现大学生非正式学习能力的培养。

结合大学生正式学习及非正式学习的特点，笔者提出了四项培养原则，即综合性原则、反思性原则、合作性原则及持续性原则。

第一，综合性原则。非正式学习是蕴含于大学生日常生活中的学习，不受时空等的限制。在学习目标上，非正式学习强调大学生专业素养的提升、学习兴趣的培养及个性发展等多维目标共存；在学习过程中，它具有多元化的学习形式，如自我学习、与他人互动的学习、基于现代信息技术的学习等；同时，其学习结果也呈现多样性——不局限于知识及具体技能的获取，涵盖大学生的价值观、人生观、学习态度及社交能力等。因此，大学生非正式学习目标的定位、学习方式的选择等都有相当大的灵活性，在培养大学生非正式学习能力的过程中，教育者要为大学生的个性发展留出足够的空间。

第二，反思性原则。反思是大学生非正式学习的必要形式。非正式学习是非结构化的自主性的实践学习。大学生非正式学习能力的培养要着眼于大学生自主学习的过程。在自主学习中，反思是大学生完善学习过程、提升学习效果的途径和手段。大学生要反思自身的学习行为及后果，在反思中获得实践经验，在积累经验的过程中，尝试从错误和经验中学习，最终实现自主发展。此外，大学生非正式学习还以合作学习的形式存在。在合作学习中，培养大学生对他人学习行为及学习结果的洞察与反思能力，不仅能帮助大学生提升合作、交流能力，而且能让大学生在与他人的比较中认清自我，发现自我的不足，为完善自我提供无限可能。

第三，合作性原则。合作性学习是大学生非正式学习的基本存在方式之

---

① 周素娜.网络环境下大学生非正式学习能力培养探析[J].周口师范学院学报,2014(3): 143.

一。大学生可以组成两人学习小组或多人学习小组进行学习。为了达到理想的学习效果，实现学生间相互学习、交流经验及共享资源等，大学生非正式学习能力的培养要关注大学生与大学生、大学生与教师及大学生与社会的合作性。合作性不仅对培养大学生本身的社交、合作能力等有重要意义，而且更强调非正式学习的质量与效果。因此，教育者要保证生生、师生间的和谐关系，在不同的学习活动中发展大学生的合作能力。

第四，持续性原则。大学生非正式学习能力的培养不是一朝一夕就能完成的。正式学习在教育中的传统地位，学校、教师及大学生对大学生非正式学习的模糊认识和非正式学习的泛在化，都在某种程度上制约、阻碍着大学生非正式学习能力的培养。因此，大学生非正式学习能力的培养是一个长期且艰巨的任务，它不仅具有阶段性培养特征，而且因大学生的个体发展及终身学习的诉求，具有终身发展性特征。由此看来，大学生非正式学习能力的培养是一个长期的、持续的过程。遵循持续性原则培养大学生非正式学习能力是促进大学生非正式学习发展的保障。

五、大学生非正式学习的评估思路

学习评估是学习者学习过程中不可缺少的重要的反馈调节机制。有效、即时的评估不仅能引导学习者反思自己的学习状态、完善知识结构、增强学习效果、调整学习策略及学习情绪等，而且可以帮助学校及教师调整指导策略。在评估上，大学生非正式学习具有可教、可学的外显部分，同时也存在无形但可知的内隐部分。根据此特点，制定大学生非正式学习评估标准需要坚持定性评价与定量评价相结合的原则。

定性评价是对评价材料做的"质"的分析，是对大学生非正式学习过程及结果的一种描述。这种描述可通过口头表达及书面写作实现，易于操作，具有广泛的适用性。大学生非正式学习中存在的无形但可知的内隐部分，需要用定性式的描述进行评估，这种评估不仅关注大学生的个体化的学习结果，而且关注学习过程及大学生在此过程中的感受，是一种注重大学生非正式学习长远价值的综合考量。定量评价是用数值的形式对大学生非正式学习给予判断。大学生非正式学习中的外显部分会在特定的情境下通过一定的方式表现出来，如大学生参加社团活动的次数，参加各种比赛的成绩等。因此，定量评价应成为大学生非正式学习的评价方式之一。

定性评价与定量评价各有优势，也各有局限性。与定量评价相比，定性评价没有烦琐的评价指标体系，没有评价指标的权重，它的评价标准的制定具有一定程度的主观性和片面性。"主观性，使定性评价极易受到人为因素的影响而流于形式，违背客观公正的评价要求。"[①]教育者由于立场及视角的差异，容易产生主观、片面的评价。定量评价虽然能使评价结果清晰，但有时过于僵化，在大学生非正式学习中，过于依赖定量评价，容易使大学生急功近利，产生浮躁心理，这不利于产生良好的学习效果。因此，为了科学、公正地评估大学生非正式学习，教育者有必要将定性评价与定量评价相结合，制定出合理、客观的评价标准，为大学生非正式学习提供良好的评估环境。

另外，在评估实施方面，教育者应以关注大学生非正式学习中多元化的主体性、学习内容的丰富性及学习行为的多样性为前提，根据大学生非正式学习行为的特点，在评估活动中设计学生自评、同学互评或组评和教师点评等形式。为了促进大学生的全面、长远发展，评价过程应包含观察记录、成长记录及日记撰写等。通过这些评价活动，大学生易于获得即时的评价、即时的信息反馈，并能在评价过程中实现学习策略及学习态度等的积极转变。因此，评估标准的合理制定与评估活动的科学设计在促进大学生非正式学习方面起着重要作用。

---

① 郭必裕.对高校定性绩效考核的探讨[J].理论界，2004（4）：141.

第二节 大学生非正式学习的基本特征

大学生非正式学习的基本特征不同于大学生正式学习，体现了大学生非正式学习的独特之处。

一、专业学习目的与个性发展目的并存

大学生的主要学习任务是获取专业知识和专业技能，这种具有专业性特点的正式学习会影响大学生的非正式学习。大学生课下的非正式学习以复习、巩固专业知识，获取专业资格为主。大学生非正式学习的目的带有专业化属性。此外，大学生是一个情感丰富、个性多元的群体，他们不仅会专注于专业学习，而且会不断强化自我个性。大学生会基于兴趣、爱好及专长参与各种学习活动，不断更新自我，提高自身的生命质量。大学生非正式学习为大学生个性的发展提供了平台。促进自我个性发展的大学生非正式学习是大学生生活与学习的调味剂，同时也是促进大学生自身全面发展的催化剂。大学生在非正式学习过程中，关注专业，重视自我。专业的提升与个性的完善可以帮助大学生成为一个满足社会需要的全面发展的人才。因此，专业学习目的与个性发展学习目的并存的大学生非正式学习对大学生的发展有着重大而深远的意义。

二、学习主体自主性与网络依赖性并存

非正式学习是学习者自我主导、自我监控的学习，它依赖于学习者的主动学习而存在，学习者对非正式学习有着绝对的自主权。作为大学生非正式

学习的主体，在整个学习过程中，大学生可以自主调整学习目标，自主选择学习内容、学习方法、学习场地及学习时间等。大学生正式学习与之相比则更多地强调大学生的学习是由他人发起、他人组织的。大学生正式学习受教育部门、学校及教师等的控制，是基于制度、政策及教室的结构化学习。大学生非正式学习受大学生个体的兴趣、动机及学习观的影响，是一种自我主导的学习。大学生在学习过程中挑战自我，实现自我价值，但同时，大学生的自主性学习受到了网络的较大影响。当前，大学生进行主体性的非正式学习主要依赖网络平台和网络化的手段，如利用手机网络、微信平台搜集数据、浏览文章等。这种依附于网络的非正式学习已成为大学生普遍接受并认可的有效学习。

三、学习过程情境性与学习外延开放性并存

建构主义认为，知识是学习者在一定的社会情境中，通过现实的意义建构而获得的。非正式学习与日常生活情境密切相关。大学生非正式学习发生在校园内及校园外的各种社会情境中，大学生通过与他人交流、互动或参与社会实践活动等获取主动构建的知识。同时，在大学生非正式学习中，学习外延开放性与学习过程情境性共存。首先，大学生基于不同的学习兴趣、偏好等选择多样的学习内容，这些学习内容产生于不同的学习情境，而多元化的学习情境是由大学生多维的学习兴趣及爱好决定的。其次，大学生非正式学习不受时空的限制。大学生非正式学习可以发生在图书馆、操场、社区及街道等地方，可以随时随地进行，这在一定程度上拓展了学习的范围。最后，大学生进行非正式学习的途径是多样化的，如阅读书籍、与朋友和家人讨论、参与小组学习、参加比赛、参与社区学习及社会实践等。这种学习外延的开放性也丰富了学习过程的情境性。学习过程情境性兼学习外延开放性是大学生非正式学习外显的基本特征。

四、个体差异性与知识来源社会性并存

大学生是具有不同个体差异的社会人。大学生非正式学习的主体是大学生个体，个体差异性使学习主体在学习方式、学习方法及学习手段等的选择上具有一定的差异性，且这种差异因学习主体的多样性而长期存在。但是，在不同主体的非正式学习中，知识的来源具有同一社会性特征。非正式学习不同于正式学习，正式学习的知识直接或间接来源于教师，而非正式学习是社会化的学习，它的知识来源具有多元性特征，如大学生可以通过与家人、同学的社会交往获取知识，也可以通过手机、电脑及电视等媒体设备获取知识。这种获取知识的社会性特征不会因大学生的个体差异而改变。

第三节　大学生非正式学习的主要类型

大学生非正式学习的方式及内容等以多样化的形式存在，对其进行探究易趋于零散化。为了避免这种零散化的研究，我们有必要更深入地研究大学生非正式学习，并对其进行分类。本研究依据相关理论知识，根据不同的维度，如学习目的、学习主题及知识获取等，将大学生非正式学习分为八大类型。此次分类只是为了进一步探讨大学生非正式学习，不存在绝对的二元对立关系。

一、工具性的与人文性的大学生非正式学习

依据大学生非正式学习目的的不同，我们可以将大学生非正式学习分为工具性大学生非正式学习与人文性大学生非正式学习。

工具性大学生非正式学习是指大学生以解决问题、获取某种资格等为目的而进行的非正式学习。这样的大学生非正式学习主要源于大学生在生活和学习中遇到的困惑，他们或想通过课余时间的学习获取优异成绩，或想通过学习获取各种就业资格等，其一切学习都是围绕工具性的学习目的而进行的，如备考英语四六级、学习各类软件等。这类大学生具有高度的学习责任感，视学习、成绩、证书及文凭为大学生学习和生活的重要组成部分。

人文性大学生非正式学习是指大学生为了提高自身的人文素养而进行的非正式学习。大学生进行人文性非正式学习的目的是促进自我个性的发展及自我价值的实现等，而不是解决在学习、生活中遇到的困惑或获取某种资格。

二、以正式学习为基础的与以个性发展为基础的大学生非正式学习

依据大学生非正式学习的主题，我们可以将大学生的非正式学习分为以正式学习为基础的大学生非正式学习与以个性发展为基础的大学生非正式学习。

以正式学习为基础的大学生非正式学习是指大学生以正式学习的内容为基础而进行的非正式学习。这种非正式学习是正式学习的延续和补充，其内容主要是与课堂教学有关的专业知识，如课堂作业、课堂 PPT 等。

以个性发展为基础的大学生非正式学习是指大学生以个性发展的内容为

基础而进行的非正式学习。这种大学生非正式学习可能与大学生正式学习无关，如大学生学习驾驶汽车、学习书法、练习琴艺等。

三、专业的与跨学科的大学生非正式学习

依据大学生所学专业的不同，我们可以将大学生的非正式学习分为专业的大学生非正式学习与跨学科的大学生非正式学习。

专业的大学生非正式学习是指大学生通过自我学习或参与学习活动，获取专业知识、专业技能、专业情感或解决专业难题。大学生的学习价值与大学生的专业性有关，人们常用专业性来评价大学生非正式学习的效果，比如英语专业的大学生参加英语演讲比赛，收获了英语会话技巧，积累了英语词汇等。这种与专业相关的知识的获取就是专业的大学生非正式学习。

跨学科的大学生非正式学习是指大学生通过参与一系列非正式学习活动，获取与本专业无关的知识和技能，比如非英语专业的大学生参加英语演讲比赛，收获了英语会话技巧，积累了英语词汇等。这种大学生非正式学习与大学生自身的专业无关，我们不能用专业性评价其效果。

四、主动参与式的与被动参与式的大学生非正式学习

依据大学生参加学习活动的意愿，我们可以将大学生非正式学习分为主动参与式的大学生非正式学习与被动参与式的大学生非正式学习。

主动参与式的大学生非正式学习是指大学生以自愿的心态参与各种学习活动。这种大学生非正式学习是大学生自我发起的一种主动式学习。这类大学生更愿意追求自我，挑战自我，对大学生学习主体的身份更认同，是非正式学习的主动承担者与责任人。

被动参与式的大学生非正式学习是指大学生以不情愿的心态，在外界的强压之下而参加各种学习活动。这种被动参与式的大学生非正式学习是大学生学习目标不明确的体现。这类大学生不认同学习活动与大学生学习主体的身份，是非正式学习的妥协者与逃避者。

第四节　大学生非正式学习与大学生
正式学习的关系

从学理上来说，学习是一个不可分割的统一体，但从学习的具体特性来看，学习又可分为非正式学习与正式学习。克罗斯在 2007 年曾指出，正式学习是在"学校、课程、教室、工作场所的背景下完成的，是官方的，是有计划的，与之相反的是非正式学习"①。非正式学习与正式学习构成了学习的统一体。与大学生正式学习相比，大学生非正式学习的学习背景、学习方式及学习场地等更加多样，但归根结底，大学生非正式学习与大学生正式学习有着密切的关系。认识这种关系对大学生未来的学习有着重要的价值。在该部分，笔者借用英语语言学上的名词首次对大学生非正式学习与大学生正式学习的关系进行概括，提出了三种关系结构，即顺同化关系、逆同化关系、并列关系。

---

① Cross J. Informal Learning: Rediscovering the Natural Pathways That Inspire Innovation and Performance[M]. San Francisco: Pfiffer, 2007.

一、顺同化关系

中国语言学家胡壮麟在《语言学教程》①一书中，就英语发音的规则（两个音相互影响）提出了"同化"（assimilation）的概念，认为如果一个音受到前一个音的影响为"顺同化"，那么后一个音受到前一个音的影响为"逆同化"。"顺同化""逆同化"的含义，能恰当地说明大学生非正式学习与大学生正式学习的关系。根据对相关文献的分析，我们不难发现，大学生非正式学习与大学生正式学习相互影响、互相补充，笔者认为这种关系为同化关系。在此基础上，大学生非正式学习在多方面受到了大学生正式学习的影响，如大学生非正式学习目标的制定、学习内容及时间的选择等。从某种意义上说，大学生正式学习决定了大学生非正式学习的开始。从时间上来看，先有大学生正式学习，然后才有大学生非正式学习，也就是大学生非正式学习受到了大学生正式学习的影响。因此，这两者的关系为顺同化关系。

二、逆同化关系

当经过非正式学习的"洗礼"后，大学生将把在非正式学习中获取的经验、知识等应用在正式学习中，使正式学习受到非正式学习过程或结果的影响，如大学生通过非正式学习对正式学习产生了更大的兴趣，掌握了可以更好地促进正式学习的学习策略等。这些都是大学生非正式学习对大学生正式学习产生影响的体现。从某种意义上说，大学生非正式学习影响并改变着大学生正式学习。此时，大学生非正式学习与大学生正式学习之间又形成了另一种关系，即逆同化关系，这意味着大学生非正式学习对大学生正式学习有反作用。

---

① 胡壮麟.语言学教程[M].北京：北京大学出版社，2006.

三、并列关系

当大学生非正式学习与大学生正式学习处于相互独立的状态且二者不产生交互关系时（如大学生进行正式学习的同时，可以练习书法、琴艺等），它们之间即为并列关系。

第三章　我国西北地区高校大学生
非正式学习的现状调查

美国第一位女性职业天文学家玛丽亚·米切尔（Maria Mitchell）曾经这样告诫她的学生："不要从书本上学习，从实践中学习。"在本章中，为了掌握我国西北地区高校大学生非正式学习的实际状态，笔者以西北三省和两个自治区的高校大学生为研究对象，采用问卷调查、访谈及文本研究的方法对其非正式学习进行了探究。

第一节　调查研究设计

一、调查目的

本研究主要通过问卷调查、访谈和文本分析的方法对西北地区高校大学生非正式学习进行探究，目的是通过量化及质性数据分析了解西北地区高校大学生非正式学习的现状，探究他们在学习中出现的问题，最终提出解决方案，帮助他们提高学习能力。

二、调查对象

本研究中的调查对象是西北三省及两个自治区的高校大学生。具体来说，西北三省即陕西省、甘肃省、青海省，两个自治区是宁夏回族自治区和新疆维吾尔自治区。本研究中的高校大学生包括五个省（区）的普通本科高校的本科生、高职院校的大专生、高等专科学校的学生（除青海省外）及独立学院的本科生。在调查对象的选取上，本研究采取分层抽样法，按照省（区）及学校类型，在每一省（区）抽取不同类型的高校各 1 所，每一省（区）各抽取 4 所高校，共抽取 20 所高校，但青海省当前已无高等专科学校，故实际抽取学校为 19 所，如表 3-1 所示。

表 3-1　调研地区及学校情况

调研地区	学校类型	调研学校
陕西省	普通本科高校	西北大学
	高职院校	咸阳职业技术学院
	高等专科学校	西安医学高等专科学校
	独立学院	西北大学现代学院
甘肃省	普通本科高校	西北师范大学
	高职院校	武威职业学院
	高等专科学校	陇南师范高等专科学校
	独立学院	兰州交通大学博文学院
青海省	普通本科高校	青海师范大学
	高职院校	青海卫生职业技术学院
	独立学院	青海大学昆仑学院
宁夏回族自治区	普通本科高校	宁夏大学
	高职院校	宁夏工商职业技术学院
	高等专科学校	宁夏幼儿师范高等专科学校

续表

调研地区	学校类型	调研学校
宁夏回族自治区	独立学院	宁夏大学新华学院
	普通本科高校	新疆大学
新疆维吾尔自治区	高职院校	新疆科技职业技术学院
	高等专科学校	新疆师范高等专科学校
	独立学院	新疆大学科学技术学院

本研究中的访谈对象是从西北三省及两个自治区的 19 所高校的大学生中选取的，根据年级、专业的不同，笔者在每所高校中随机选取了 2 名大学生作为本研究的访谈对象。此次调研计划访谈 38 名大学生，在实际调研中，由于一些原因，最终参与访谈的对象为 36 人。又由于样本 G41 信息量少，笔者无法对访谈材料进行分析，因此在本研究中，访谈材料只作参考，实际访谈样本数为 35，示例见表 3-2。

表 3-2　访谈对象基本信息示例表

编号	性别	年级	专业类属	就读大学类型	所在省（区）
S11	女	大一	文史类	普通本科	陕西
S21	女	大三	文史类	高职院校	陕西
S41	男	大三	外语类	独立学院	陕西
X11	女	大二	文史类	普通本科	新疆
G11	男	大三	理工类	普通本科	甘肃
G31	女	大一	文史类	高等专科	甘肃
G21	女	大四	理工类	独立学院	甘肃
N11	男	大二	理工类	普通本科	宁夏
N41	女	大四	外语类	独立学院	宁夏
Q11	女	大三	外语类	普通本科	青海

　　注：编号中的字母为省份的首字母，如省份为陕西，则编号中的字母为 S；编号中间的数字代表大学类型；编号最后的数字代表访谈对象。

这些访谈对象是从 19 所高校的大学生中随机抽取的。此次抽取不限数量，越多越好。在实际访谈中，共回收文本 469 份。

三、调查方法

首先，在实证研究中，调查以自编问卷《西北地区高校大学生的非正式学习情况调查问卷》为主，基于问卷星平台向各高校的大学生发放和收集网络问卷。

其次，因为访谈能更深入地了解大学生的学习心理、学习动机等，因此，在调查中，笔者采用半结构式访谈法，并把它作为调研辅助形式。

最后，笔者为了更进一步了解大学生的日常生活及课余学习，以命题的形式要求大学生撰写一篇题目为"大学生活的一天"的文本，让大学生按照时间顺序写出自己的课余生活，包括课余生活的内容、课余活动的时长等方面的信息。

四、调查工具

调查工具包括调查问卷及调查访谈提纲。

（一）调查问卷

由于目前还没有比较成熟的与本研究相关的问卷，所以本次调查问卷采用的是笔者自己编制的问卷。在个别题目的设计上，本次调查问卷参考了杨晓平的博士论文《中小学教师非正式学习研究——基于自我统整的教师发展视角》中问卷的部分题目，其他题目的设计是在以文献分析为指导的前提下，经过 4 位专家的评定、修改完成的。初步问卷共有 56 个题目，但经过信效度检验，问卷最终设计了 54 个题目。问卷由两部分组成，第一部分为大学生个人基本信息（1～5题），题目包括性别、年级、科目类属、就读大学类型及就读大学所在的省份；第二部分为大学生非正式学习情况，共49题。在第二部分中，基于对已有文献的研究，问卷编制参考了以下四个维度及考量维度的二级指标（表3-3），多数题目采用李克特量表的5点计分法，少数题目采用多选的方式。在问卷初测后，笔者再次修改了部分问题，形成了最终的正式问卷。

表3-3　本次问卷调查题目编制的双向细目表

调查维度	维度
维度1：学习观念 题目分布为6～18 共13题	指标1：对非正式学习的整体认识（6、7、8） 指标2：对非正式学习目标、内容及方法的认识 　　　（9～15、17、18） 指标3：对非正式学习与正式学习关系的认识（16）
维度2：学习行为 题目分布为19～29 共11题	指标1：自我学习（19） 指标2：个人-他人式学习（20、21、22） 指标3：个人-媒介式学习（23～29）
维度3：学习价值 题目分布为30～41 共12题	指标1：自我情感、能力方面（30～36） 指标2：自我专业方面（37～39） 指标3：学校及社会方面（40、41）
维度4：学习氛围 题目分布42～54 共13题	指标1：学校是否拥有非正式学习的组织氛围（42～48） 指标2：教师是否拥有学生的非正式学习的情感及行为 　　　（49～51） 指标3：学生群体是否拥有非正式学习文化（52～54）

在本研究中，为了让问卷发挥更有效的作用，笔者先收集了80份试测问卷的数据，然后对其每一维度的信效度进行了检测，其过程如下：

（1）学习观念的信度分析结果（见表3-4和表3-5）

修正后的项与总计相关性高于0.35（最低水平），综合的Alpha值为0.953（介于0.70～0.98之间，均属于高信度），并且每个因子题项删除以后，其值都不会超过目前的因子对应的值。这些调查结果表明学习观念的量表具有较高的信度。

表 3-4 学习观念可靠性统计

Alpha 值	项数
0.953	10

表 3-5 学习观念项总计统计

题目	删除项后的标度平均值	删除项后的标度方差	修正后的项与总计相关性	删除项后的 Alpha 值
Q6	31.96	91.657	0.820	0.947
Q7	32.04	87.404	0.836	0.946
Q8	31.95	86.073	0.849	0.946
Q9	31.94	94.186	0.709	0.951
Q10	31.99	89.202	0.770	0.949
Q11	31.89	89.190	0.825	0.947
Q12	31.94	89.401	0.812	0.947
Q13	32.03	92.708	0.699	0.952
Q14	32.05	89.314	0.778	0.949
Q15	31.95	87.770	0.880	0.944

（2）学习行为的信度分析结果（见表 3-6 和表 3-7）

修正后的项与总计相关性高于 0.35，综合的 Alpha 值为 0.944。Q20 删除之后虽然其信度会提升到 0.960，但是由于整体的信度已经超过 0.9，因此不需要删除题项。这表明学习行为量表具有较高的信度。

表 3-6 学习行为可靠性统计

Alpha 值	项数
0.944	12

表 3-7 学习行为项总计统计

题目	删除项后的标度平均值	删除项后的标度方差	修正后的项与总计相关性	删除项后的 Alpha 值
Q19	31.19	197.420	0.737	0.941
Q20	34.14	155.437	0.712	0.960
Q21	30.86	190.956	0.801	0.939
Q22	30.80	183.630	0.832	0.937
Q23	30.75	187.709	0.829	0.937
Q24	30.86	189.639	0.807	0.938
Q25	30.81	188.483	0.818	0.938
Q26	30.89	195.569	0.668	0.942
Q27	30.83	187.184	0.833	0.937
Q28	30.74	189.183	0.803	0.938
Q29	30.70	186.314	0.831	0.937
Q30	30.61	186.671	0.901	0.936

（3）学习价值的信度分析结果（见表 3-8 和表 3-9）

修正后的项与总计相关性高于 0.35，综合的 Alpha 值为 0.963，并且每个因子题项删除以后，其值都不会超过目前因子对应的值。这表明学习价值的量表具有较高的信度。

表 3-8 学习价值可靠性统计

Alpha 值	项数
0.963	12

表 3-9 学习价值项总计统计

题目	删除项后的标度平均值	删除项后的标度方差	修正后的项与总计相关性	删除项后的 Alpha 值
Q32	38.33	138.627	0.855	0.958
Q33	38.24	140.133	0.796	0.960
Q34	38.08	138.804	0.833	0.959

续表

题目	删除项后的 标度平均值	删除项后的 标度方差	修正后的项与 总计相关性	删除项后的 Alpha 值
Q35	38.18	137.589	0.858	0.958
Q36	38.30	142.466	0.750	0.961
Q37	38.25	141.835	0.770	0.960
Q38	38.30	139.833	0.764	0.961
Q39	38.15	141.724	0.797	0.960
Q40	38.30	141.276	0.779	0.960
Q41	38.24	139.449	0.793	0.960
Q42	38.09	139.397	0.818	0.959
Q43	38.13	137.782	0.897	0.957

（4）学习氛围的信度分析结果（见表 3-10 和表 3-11）

修正后的项与总计相关性高于 0.35，综合的 Alpha 值为 0.966，并且每个因子题项删除以后，其值都不会超过目前因子对应的值。这表明学习氛围的量表具有较高的信度。

表 3-10　学习氛围可靠性统计

Alpha 值	项数
0.966	12

表 3-11　学习氛围项总计统计

题目	删除项后的 标度平均值	删除项后的 标度方差	修正后的项与 总计相关性	删除项后的 Alpha 值
Q44	34.91	165.245	0.857	0.962
Q45	34.95	161.314	0.850	0.962
Q46	34.93	160.020	0.862	0.962
Q47	34.89	165.823	0.806	0.964
Q48	35.13	166.009	0.787	0.964
Q49	34.95	168.782	0.748	0.965

续表

题目	删除项后的标度平均值	删除项后的标度方差	修正后的项与总计相关性	删除项后的 Alpha 值
Q50	34.98	163.215	0.804	0.964
Q51	34.88	167.427	0.793	0.964
Q52	34.93	165.134	0.821	0.963
Q53	34.66	165.897	0.801	0.964
Q54	34.89	163.924	0.853	0.962
Q55	34.89	160.456	0.908	0.961

此外，笔者还对该问卷进行了探索性因子分析，以检验其效度。

本研究采用主成分法提取因子，为确定数据能否进行因子分析，我们要先对数据进行 KMO 检验和巴特利特球形度检验。结果显示（见表 3-12）：$KMO = 0.846$，其值大于 0.8，巴特利特球形度检验近似卡方值为 3 835.786（自由度为 1 035），显著性水平 $P = 0.000$。这说明数据适合进行因子分析。

笔者用凯撒正态化最大方差法进行因子旋转（见表 3-13），最终提取了 5 个因子，方差累积贡献率为 74.623%。从旋转后的载荷值我们可以看出，Q19 和 Q20 在第 3 个因子和第 5 个因子上的载荷值相近，因此笔者将它们删除了。

表 3-12 KMO 检验和巴特利特球形度检验

KMO 取样适切性量数		0.846
巴特利特球形度检验	近似卡方	3 835.786
	自由度	1 035
	显著性	0.000

表 3-13 旋转后的成分矩阵[a]

题目	成分				
	1	2	3	4	5
Q6				0.847	
Q7				0.819	
Q8				0.843	

续表

题目	成分				
	1	2	3	4	5
Q9				0.728	
Q10				0.752	
Q11				0.866	
Q12				0.822	
Q13				0.739	
Q14				0.790	
Q15				0.866	
Q19			0.557		0.652
Q20			0.577		0.630
Q21			0.759		
Q22			0.835		
Q23			0.827		
Q24			0.824		
Q25			0.819		
Q26			0.667		
Q27			0.809		
Q28			0.815		
Q29			0.842		
Q30			0.875		
Q32		0.839			
Q33		0.774			
Q34		0.844			
Q35		0.843			
Q36		0.758			
Q37		0.771			
Q38		0.782			
Q39		0.769			
Q40		0.841			

续表

题目	成分				
	1	2	3	4	5
Q41		0.775			
Q42		0.817			
Q43		0.858			
Q44	0.836				
Q45	0.800				
Q46	0.825				
Q47	0.781				
Q48	0.738				
Q49	0.709				
Q50	0.774				
Q51	0.783				
Q52	0.733				
Q53	0.808				
Q54	0.820				
Q55	0.876				

注：a.旋转在 4 次迭代后已收敛。

　　笔者将 Q19 和 Q20 删除之后进行第二次探索性因子分析，结果显示（见表 3-14）：KMO=0.856，其值大于 0.8，巴特利特球形度检验近似卡方值为 3 633.163（自由度为 946），显著性水平 P=0.000。这说明数据适合进行因子分析。

　　笔者采用主成分法提取因子，用凯撒正态化最大方差法进行因子旋转（见表 3-15），最终提取了 4 个因子，方差累积贡献率 73.308%。

表 3-14　KMO 检验和巴特利特球形度检验

KMO 取样适切性量数		0.856
巴特利特球形度检验	近似卡方	3 633.163
	自由度	946
	显著性	0.000

表 3-15　旋转后的成分矩阵 [a]

题目	成分			
	1	2	3	4
Q6				0.847
Q7				0.820
Q8				0.844
Q9				0.727
Q10				0.752
Q11				0.866
Q12				0.822
Q13				0.739
Q14				0.790
Q15				0.866
Q21			0.761	
Q22			0.844	
Q23			0.832	
Q24			0.812	
Q25			0.810	
Q26			0.673	
Q27			0.806	
Q28			0.809	
Q29			0.847	
Q30			0.877	
Q32		0.843		
Q33		0.778		
Q34		0.842		
Q35		0.846		
Q36		0.756		
Q37		0.774		
Q38		0.779		
Q39		0.770		

续表

题目	成分			
	1	2	3	4
Q40		0.844		
Q41		0.772		
Q42		0.819		
Q43		0.857		
Q44	0.835			
Q45	0.803			
Q46	0.825			
Q47	0.778			
Q48	0.748			
Q49	0.711			
Q50	0.777			
Q51	0.786			
Q52	0.732			
Q53	0.812			
Q54	0.823			
Q55	0.877			

注：a.旋转在4次迭代后已收敛。

笔者将得到的 4 个因子分别命名为学习观念（Q6～Q15，共 10 个题项）、学习行为（Q21～Q30，共 10 个题项）、学习价值（Q32～Q43，共 12 个题项）、学习氛围（Q44～Q55，共 12 个题项），四者相加总共 44 个题项（试测问卷题号），与本问卷设计的维度及题目相符。

删除 Q19 和 Q20 之后的 Alpha 值为 0.964（见表 3-16），大于 0.9，删题之后问卷的信度仍然符合标准。

表 3-16　删题之后可靠性统计

Alpha 值	项数
0.964	44

综上所述，我们可以最终确定修改后量表的信度和效度非常好，即本量表搜集到的数据能够非常好地反映出西北三省及两个自治区大学生非正式学习的情况。

（二）调查访谈提纲

访谈是对问卷调查的补充，访谈提纲包括两部分内容：第一部分为访谈的基本信息，即访谈对象、访谈时间及访谈地点；第二部分为访谈的内容，涉及 5 个方面，共 9 个问题，具体见表 3-17。

表 3-17　访谈内容结构表

维度	主要涉及内容及题目分布
学习观念	对非正式学习的了解程度（内涵、内容等）　　题号：1
学习行为	非正式学习的方式　　题号：2、3
学习价值	非正式学习的效果及评价　　题号：9
学习氛围	学习场域、学校的组织氛围及校园文化氛围等　　题号：4、5、6、7
影响因素	阻碍因素和有利因素　　题号：8

五、调查数据的收集与整理

首先，笔者利用网络平台对问卷进行了发放和收集。正式问卷的发放从 2017 年 6 月初开始，至 2018 年 3 月末结束，历时 8 个月。最终，笔者共收回问卷 4 851 份，其中有效问卷是 4 844 份，问卷有效回收率为 99.8%。此外，笔者还利用软件 SPSS21.0 对数据进行了统计处理。

其次，笔者在宁夏地区采用面对面访谈的形式对相关情况进行了调查，剩余四个地区，即陕西、甘肃、青海及新疆，因距离遥远，笔者就通过电话、QQ 及微信一对一的形式对当地大学生进行了访谈。在访谈过程中，笔者根据需要及个体差异等对访谈提纲做了多次调整，希望能获取更多相关信息。访谈结果以书面记录和录音记录为主。笔者利用软件 F4 对访谈数据进行了转写及整理，利用软件 Nvivo11.0 对数据进行了统计分析。访谈经历了两个阶段：第一个阶段是从 2017 年 10 月初至 2017 年 12 月末，历时 3 个月；第二个阶段是从 2018 年 3 月初至 2018 年 5 月末，历时 3 个月。

最后，为了保证质性研究数据的有效性，笔者采取"多角互证"的数据搜集方式（Danica et al，2007）[①]，围绕同一研究主题，即高校大学生非正式学习，多渠道收集数据进行互证分析。除了访谈，笔者还收集了西北地区高校大学生撰写的文本信息。在调研中，笔者共获取文本 469 篇，相关大学生均以Word 文档格式和电子邮件的形式将文本发送给笔者。

第二节　调查研究结果分析

经过对数据的收集和整理，笔者将调查研究结果进行一些说明。

一、调查问卷结果分析

笔者再次对问卷进行了信度和效度检验，之后，对样本分布状况及大学生非正式学习的现状进行了分析。

---

① Hays D G, Dean J K, Chang C Y. Addressing privilege and oppression in counselor training and practice: A qualitative analysis[J]. Journal of Counseling & Development, 2007, 85(3): 317-324.

（一）正式问卷（大样本）信度和效度检验

1.信度分析

笔者对正式问卷的四个维度进行了信度分析（见表 3-18），结果显示：每个维度的 Alpha 值均大于 0.9，其整体信度为 0.898。这说明最终问卷具有良好的信度。

表 3-18　可靠性检验

维度	Alpha 值	项数
学习观念	0.958	10
学习行为	0.966	10
学习价值	0.969	12
学习氛围	0.959	10

2.效度分析

（1）第一次探索性因子分析

结果显示：$KMO = 0.850$，其值大于 0.8，巴特利特球形度检验近似卡方值为 273 504.594（自由度为 946），显著性水平 $P = 0.000$，其值小于 0.05。这说明原始数据非常适合进行因子分析。具体情况见表 3-19。

表 3-19　KMO 检验和巴特利特球形度检验

KMO 取样适切性量数		0.850
巴特利特球形度检验	近似卡方	273 504.594
	自由度	946
	显著性	0.000

笔者基于以上结果，进一步采用主成分法提取因子，用凯撒正态化最大方差法进行因子旋转，最终提取了 5 个因子，方差累积贡献率为 76.415%。从旋转后的载荷值我们可以看出，Q43 和 Q52 在第 2 个因子和第 5 个因子上的载荷值均大于 0.5，且只有这两题在第 5 个因子上的载荷值大于 0.5，因此笔者将它们删除了。具体情况见表 3-20。

表 3-20 旋转后的成分矩阵 [a]

题目	成分				
	1	2	3	4	5
Q6				0.792	
Q7				0.758	
Q8				0.847	
Q9				0.948	
Q10				0.802	
Q11				0.907	
Q12				0.876	
Q13				0.816	
Q14				0.910	
Q15				0.893	
Q19			0.852		
Q20			0.783		
Q21			0.908		
Q22			0.836		
Q23			0.910		
Q24			0.933		
Q25			0.934		
Q26			0.846		
Q27			0.887		
Q28			0.908		
Q30	0.820				
Q31	0.753				
Q32	0.894				
Q33	0.831				
Q34	0.916				
Q35	0.937				

题目	成分				
	1	2	3	4	5
Q36	0.931				
Q37	0.863				
Q38	0.903				
Q39	0.885				
Q40	0.789				
Q41	0.894				
Q42		0.745			
Q43		0.727			0.576
Q44		0.820			
Q45		0.938			
Q46		0.777			
Q47		0.900			
Q48		0.875			
Q49		0.830			
Q50		0.909			
Q51		0.902			
Q52		0.701			0.578
Q53		0.869			

注：a. 旋转在 4 次迭代后已收敛。

（2）第二次探索性因子分析

笔者在将 Q43 和 Q52 删除之后，进行了第二次探索性因子分析，结果显示：$KMO=0.852$，其值大于 0.8，巴特利特球形度检验近似卡方值为 260 324.182（自由度为 861），显著性水平 $P=0.000$。这说明原始数据适合进行因子分析。具体情况见表 3-21。

表 3-21 KMO 检验和巴特利特球形度检验

KMO 取样适切性量数		0.852
巴特利特球形度检验	近似卡方	260 324.182
	自由度	861
	显著性	0.000

笔者基于以上结果，进一步采用主成分法提取因子，用凯撒正态化最大方差法进行因子旋转，最终提取了 4 个因子，方差累积贡献率为 75.236%，旋转后的载荷值均大于 0.5，符合最低标准。具体情况见表 3-22。

表 3-22 旋转后的成分矩阵 [a]

题目	成分			
	1	2	3	4
Q6				0.792
Q7				0.758
Q8				0.847
Q9				0.948
Q10				0.802
Q11				0.907
Q12				0.877
Q13				0.816
Q14				0.910
Q15				0.893
Q19		0.852		
Q20		0.783		
Q21		0.908		
Q22		0.836		
Q23		0.910		
Q24		0.933		
Q25		0.934		

题目	成分			
	1	2	3	4
Q26		0.846		
Q27		0.887		
Q28		0.908		
Q30	0.820			
Q31	0.753			
Q32	0.894			
Q33	0.831			
Q34	0.916			
Q35	0.937			
Q36	0.931			
Q37	0.863			
Q38	0.903			
Q39	0.885			
Q40	0.789			
Q41	0.894			
Q42			0.739	
Q44			0.820	
Q45			0.934	
Q46			0.785	
Q47			0.902	
Q48			0.883	
Q49			0.834	
Q50			0.901	
Q51			0.904	
Q53			0.880	

注：a.旋转在4次迭代后已收敛。

基于以上运算结果形成的最终问卷包括 4 个因子，总共 42 个题项，具体维度和对应的题项如下：学习观念为 6～15 题（共 10 个题项），学习行为为 19～28 题（共 10 个题项），学习价值为 30～41 题（共 12 个题项），学习氛围为 42、44～51、53 题（共 10 个题项）。

（二）样本分布状况

正式问卷共收回 4 851 份，其中有效问卷 4 844 份，有效回收率为 99.8%。本次调研的 4 844 名大学生中，宁夏的大学生数量最多，有 1 485 人，占比为 30.7%；其次是陕西、青海和新疆的大学生，人数分别是 948 人、851 人和 841 人，占比分别是 19.6%、17.6% 和 17.4%；而甘肃的大学生相对较少，有 719 人，占比为 14.8%。宁夏的大学生虽然明显偏多，但是其余四个省（区）的大学生也都在 300 人以上，因此参与本次调研大学生的区域分布是符合研究要求的。

本次调研的 4 844 名大学生的基本信息状况如表 3-23 所示。

表 3-23　样本的分布状况

基本信息		个案数	百分比
性别	男	2 425	50.1%
	女	2 419	49.9%
年级	大一	1 226	25.3%
	大二	1 203	24.8%
	大三	1 201	24.8%
	大四	1 214	25.1%
专业类属	文史类	2 043	42.2%
	理工类	2 026	41.8%
	外语类	775	16.0%
大学类型	普通本科高校	1 904	39.3%
	高职院校	1 852	38.2%
	高等专科学校	515	10.6%
	独立学院	573	11.8%

从表 3-23 中可以清晰地看到，本次调研的男生占比为 50.1%，略微多于女生；此外，年级分布非常均匀，大一、大二、大三、大四的大学生占比均在 25%左右；从专业类属来看，文史类专业的大学生相对较多，占比为 42.2%，接近半数，其次是理工类专业的大学生，占比为 41.8%，而外语类专业的大学生人数相对较少，占比只有 16.0%；从大学类型来看，77.5%的大学生来自普通本科高校和高职院校，而来自高等专科学校、独立学院的大学生相对较少，总占比不超过 23%。

（三）大学生非正式学习现状分析

通过本次调研的 4 844 份有效问卷，我们可以看出西北地区高校大学生的非正式学习观念、非正式学习行为、非正式学习价值、非正式学习氛围四个方面的现实状况。这四个方面的内容（共 42 个题项）都采用了李克特五级量表进行评分。在李克特五级量表中，3 分表示不确定或者中立，低于 3 分表示否定，高于 3 分则表示肯定。因此本部分选择单样本 t 检验，分别将非正式学习的观念、非正式学习的行为、非正式学习的价值、非正式学习的氛围四个维度的均分和 3 分进行对比，从而得出调查对象对非正式学习四个维度的看法，结果如表 3-24 所示。

表 3-24　大学生非正式学习现状分析

维度	个案数	均值±	标准差	t	显著性（双尾）
学习观念	4 844	2.569±	0.927	−32.399	0.000
学习行为	4 844	3.768±	0.986	54.221	0.000
学习价值	4 844	3.700±	0.979	49.782	0.000
学习氛围	4 844	2.516±	0.914	−36.873	0.000

从以上结果我们可以清晰地看出：在学习观念上，$t=-32.399$（$P=0.000<0.001$），达到了极显著水平，均值为 2.569，这意味着西北地区高校大学生在学习观念上对非正式学习持否定态度；在学习行为上，$t=54.221$（$P=0.000<0.001$），

达到了极显著水平，均值为3.768，这意味着西北地区高校大学生对非正式学习的行为是认可的；在学习价值上，$t=49.782$（$P=0.000<0.001$），达到了极显著水平，均值为3.700，这意味着西北地区的多数大学生认可非正式学习的价值；在学习氛围上，$t=-36.873$（$P=0.000<0.001$），达到了极显著水平，均值为2.516，这意味着西北地区高校大学生对非正式学习的氛围持否定态度。

为了让以上表格的内容一目了然，笔者绘制了相应的柱状图，即图3-1。

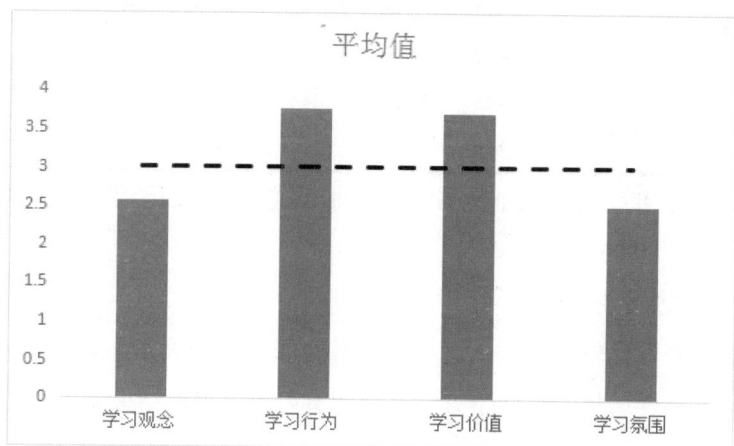

图3-1　西北地区高校大学生非正式学习现状分析

从图3-1我们可以清晰地看出，西北地区高校大学生对非正式学习的行为和价值比较认可，而对非正式学习的观念不是很了解，对目前非正式学习的氛围不满意。

得出以上结论之后，我们还需要进一步探寻不同类型的学生对非正式学习的相关看法的差异。笔者采用差异检验的方法来研究这一问题。

1.性别独立样本t检验

本部分着重比较男生和女生对非正式学习看法的差异，笔者选择的统计学方法是独立样本t检验，检验结果见表3-25。

表 3-25   男生和女生对非正式学习看法的差异

维度	性别	个案数	均值±	标准差	t	显著性
学习观念	男	2 425	2.578±	0.925	0.719	0.472
	女	2 419	2.559±	0.929		
学习行为	男	2 425	3.742±	1.005	−1.861	0.063
	女	2 419	3.794±	0.965		
学习价值	男	2 425	3.688±	0.986	−0.869	0.385
	女	2 419	3.713±	0.972		
学习氛围	男	2 425	2.520±	0.911	0.344	0.731
	女	2 419	2.511±	0.918		

从表 3-25 我们可以清晰地看出，在非正式学习的四个维度上，性别差异均不显著（$P > 0.05$）。

2.专业方差分析

本部分着重比较文史类、理工类、外语类专业的大学生对非正式学习看法的差异，笔者选择的统计学方法是单因素方差分析，结果见表 3-26。

表 3-26   三类专业的大学生对非正式学习看法的差异

维度	专业	个案数	均值±	标准差	F	显著性
学习观念	文史类	2 043	2.584±	0.925	0.522	0.593
	理工类	2 026	2.554±	0.931		
	外语类	775	2.564±	0.924		
	总计	4 844	2.568±	0.927		
学习行为	文史类	2 043	3.777±	0.984	0.995	0.370
	理工类	2 026	3.746±	1.001		
	外语类	775	3.800±	0.948		
	总计	4 844	3.768±	0.986		
学习价值	文史类	2 043	3.696±	0.988	0.092	0.912
	理工类	2 026	3.699±	0.976		

续表

维度	专业	个案数	均值±	标准差	F	显著性
学习价值	外语类	775	3.714±	0.965		
	总计	4 844	3.700±	0.979		
	文史类	2 043	2.552±	0.931	4.766	0.009
学习氛围	理工类	2 026	2.468±	0.892		
	外语类	775	2.544±	0.924		
	总计	4 844	2.516±	0.914		

结果表明，三类专业的大学生对非正式学习的看法只在学习氛围上差异显著（$P=0.009<0.01$），且均值最高的是文史类，均值最低的是理工类。为进一步探讨三者之间的差异，笔者还进行了事后检验，结果如图 3-2 所示。

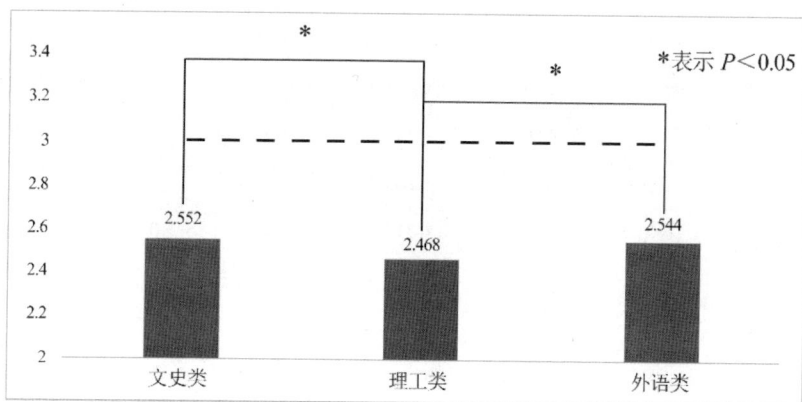

图 3-2 三者差异的事后检验

从图 3-2 我们可以清晰地看出，理工类专业的大学生对非正式学习氛围的满意度显著低于文史类和外语类专业的大学生，文史类和外语类专业的大学生对非正式学习氛围的态度差异不大。这也说明文史类、理工类和外语类专业的大学生都对非正式学习的氛围不满意，但相比较而言，理工类专业的大学生对其最不满意。

3.年级方差分析

本部分着重比较大一、大二、大三及大四的学生对非正式学习看法的差异，笔者选择的统计学方法是单因素方差分析，结果见表3-27。

表3-27　四个年级的大学生对非正式学习看法的差异

维度	年级	个案数	均值±	标准差	F	显著性
	大一	1 226	2.576±	0.937	0.615	0.605
	大二	1 203	2.539±	0.917		
学习观念	大三	1 201	2.589±	0.918		
	大四	1 214	2.570±	0.936		
	总计	4 844	2.568±	0.927		
	大一	1 226	3.732±	1.008	1.742	0.156
	大二	1 203	3.777±	0.987		
学习行为	大三	1 201	3.817±	0.952		
	大四	1 214	3.747±	0.994		
	总计	4 844	3.768±	0.986		
	大一	1 226	3.713±	0.973	0.731	0.533
	大二	1 203	3.712±	0.964		
学习价值	大三	1 201	3.664±	1.000		
	大四	1 214	3.712±	0.981		
	总计	4 844	3.700±	0.979		
	大一	1 226	2.506±	0.892	0.171	0.916
	大二	1 203	2.531±	0.915		
学习氛围	大三	1 201	2.514±	0.923		
	大四	1 214	2.511±	0.929		
	总计	4 844	2.516±	0.914		

表3-27表明，四个年级的大学生对非正式学习的看法在四个维度上的差异均不显著（$P > 0.05$）。

4.学校类型方差分析

本部分着重比较普通本科高校、高职院校、高等专科学校、独立学院的大学生对非正式学习看法的差异，笔者选择的统计学方法是单因素方差分析，结果见表 3-28。

表 3-28　四种学校的大学生对非正式学习看法的差异

维度	学校类型	个案数	均值±	标准差	F	显著性
	普通本科高校	1 904	2.578±	0.940	0.393	0.758
	高职院校	1 852	2.551±	0.904		
学习观念	高等专科学校	515	2.589±	0.960		
	独立学院	573	2.576±	0.927		
	总计	4 844	2.568±	0.927		
	普通本科高校	1 904	3.736±	1.012	2.217	0.084
	高职院校	1 852	3.764±	0.990		
学习行为	高等专科学校	515	3.811±	0.949		
	独立学院	573	3.847±	0.909		
	总计	4 844	3.768±	0.986		
	普通本科高校	1 904	3.710±	0.972	0.241	0.868
	高职院校	1 852	3.698±	0.984		
学习价值	高等专科学校	515	3.704±	0.970		
	独立学院	573	3.671±	0.997		
	总计	4 844	3.700±	0.979		
	普通本科高校	1 904	2.510±	0.911	0.076	0.973
	高职院校	1 852	2.523±	0.910		
学习氛围	高等专科学校	515	2.514±	0.929		
	独立学院	573	2.510±	0.926		
	总计	4 844	2.516±	0.914		

表 3-28 表明，四种学校的大学生对非正式学习的看法在四个维度上差异

均不显著（$P > 0.05$）。

5.省（区）方差分析

本部分着重比较宁夏、青海、甘肃、陕西、新疆的大学生对非正式学习看法的差异，笔者选择的统计学方法是单因素方差分析，结果见表3-29。

表3-29　五省（区）的大学生对非正式学习的看法的差异

维度	省（区）	个案数	均值±	标准差	F	显著性
学习观念	陕西省	948	2.615±	0.960	1.285	0.273
	甘肃省	719	2.519±	0.889		
	青海省	851	2.587±	0.954		
	宁夏回族自治区	1 485	2.563±	0.922		
	新疆维吾尔自治区	841	2.549±	0.901		
	总计	4 844	2.568±	0.927		
学习行为	陕西省	948	3.770±	0.987	0.917	0.453
	甘肃省	719	3.724±	1.032		
	青海省	851	3.810±	0.957		
	宁夏回族自治区	1 485	3.753±	0.987		
	新疆维吾尔自治区	841	3.788±	0.970		
	总计	4 844	3.768±	0.986		
学习价值	陕西省	948	3.702±	0.977	2.375	0.050
	甘肃省	719	3.742±	0.953		
	青海省	851	3.753±	0.940		
	宁夏回族自治区	1 485	3.695±	0.987		
	新疆维吾尔自治区	841	3.620±	1.024		
	总计	4 844	3.700±	0.979		
学习氛围	陕西省	948	2.519±	0.914	0.588	0.671
	甘肃省	719	2.503±	0.930		

续表

维度	省（区）	个案数	均值±	标准差	F	显著性
学习氛围	青海省	851	2.503±	0.889		
	宁夏回族自治区	1 485	2.503±	0.898		
	新疆维吾尔自治区	841	2.558±	0.955		
	总计	4 844	2.516±	0.914		

从表 3-29 我们可以清晰地看出，五省（区）的大学生对非正式学习的看法只在学习价值上差异显著（$P=0.050$），且均值最高的是青海省，均值最低的是新疆维吾尔自治区。为进一步探讨五省（区）的大学生对非正式学习价值看法的差异，笔者进行了事后检验，结果如图 3-3 所示。

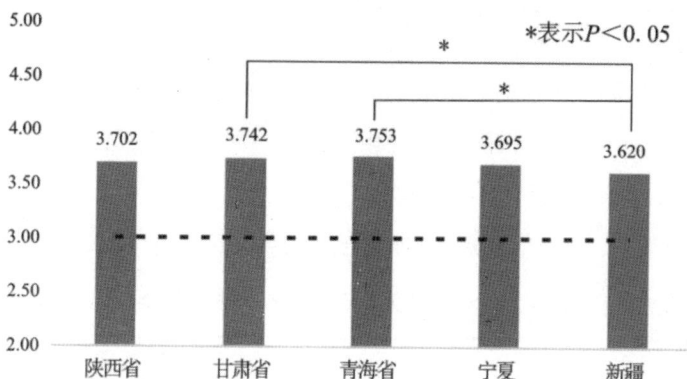

图 3-3　五省（区）的大学生对非正式学习价值看法差异的事后检验

从图 3-3 我们可以清晰地看出，陕西、甘肃、青海、宁夏及新疆的大学生普遍认可非正式学习，但新疆的大学生对于非正式学习价值的看法与其他省（区）大学生差异较大，其他省（区）间的差异则不显著。

6.非正式学习与正式学习的关系分析（多重响应）

非正式学习与正式学习的关系分析结果见表 3-30。

表3-30　非正式学习与正式学习的关系分析

题目	关系	响应		个案百分比
		个案数	百分比	
您认为非正式学习与正式学习的关系为 [a]	非正式学习与正式学习相互对立	1 972	16.3%	40.7%
	非正式学习与正式学习共同存在且相互影响	2 746	22.6%	56.7%
	非正式学习是正式学习的补充	2 943	24.3%	60.8%
	正式学习是非正式学习的补充	2 328	19.2%	48.1%
	在时间上，先有正式学习，才有非正式学习	1 633	13.5%	33.7%
	很难说清楚	503	4.1%	10.4%
	总计	12 125	100.0%	250.4%

注：a.使用了值1对二分组进行制表

从以上结果可以看出，多数大学生认为非正式学习是正式学习的补充，非正式学习与正式学习共同存在且相互影响。

7.学习行为分析（多重响应）

本次调研的4 844名大学生对最有效的学习方式的看法如表3-31所示。

表3-31　西北地区高校大学生对最有效的学习方式的看法

题目	学习方式	响应		个案百分比
		个案数	百分比	
您认为哪种学习方式最有效 [a]	自主学习	1 771	14.5%	36.6%
	网络获取	2 545	20.8%	52.5%
	教师的课堂讲授	2 670	21.9%	55.1%
	与同伴、师生交流	2 155	17.6%	44.5%
	与他人合作	1 580	12.9%	32.6%
	参加社团实践活动	650	5.3%	13.4%
	其他	847	6.9%	17.5%
	总计	12 218	100.0%	252.2%

注：a.使用了值1对二分组进行制表

从表 3-31 我们可以清晰地看出，西北地区高校大学生认为最有效的学习方式是正规学校教育，即"教师的课堂讲授"，持这种看法的大学生占比最高，达到了 21.9%；选择"网络获取"这种学习方式的大学生在 20% 左右；选择"自主学习""与同伴、师生交流"及"与他人合作"这三种学习方式的大学生均在 14% 左右。从表 3-31 我们还可以看出，西北地区高校大学生最不喜欢的学习方式是"参加社团实践活动"，选择这种学习方式的大学生占比仅为 5.3%。由此可以看出，西北地区高校大学生的思想观念还比较传统。

笔者进一步分析了西北地区高校大学生对非正式学习的偏好，结果如表 3-32 所示。

表 3-32　西北地区高校大学生对非正式学习的偏好

题目	偏好	响应		个案百分比
		个案数	百分比	
在正式课堂学习之外，您更喜欢的学习行为是 [a]	观察、模仿他人	2 239	18.7%	46.2%
	使用信息工具（如微信、电子邮件、播客、百度百科、论坛等）学习	3 020	25.3%	62.3%
	使用社会性软件（如思维导图、英语口语魔方秀等）学习	3 047	25.5%	62.9%
	自主学习（反思、看书等）	2 365	19.8%	48.8%
	合作学习	1 280	10.7%	26.4%
	总计	11 951	100.0%	246.6%

注：a. 使用了值 1 对二分组进行制表

从表 3-32 我们可以清晰地看出，西北地区高校大学生最喜欢的非正式学习方式是使用社会性软件和信息工具，选择这两种学习方式的大学生占总人数的 50% 以上；而观察、模仿他人，自主学习及合作学习这三种方式不太受西北地区高校大学生的欢迎，其中合作学习是最不受他们欢迎的学习方式。

笔者还对西北地区高校大学生的非正式学习行为进行了分析，结果如表

3-33 所示。

表 3-33　西北地区高校大学生的非正式学习行为

题目	活动	响应		个案百分比
		个案数	百分比	
您的同学利用课余时间在进行哪些活动 [a]	参加班级、社团活动	2 271	19.3%	46.9%
	上网（用电脑或手机）聊天、娱乐	3 217	27.3%	66.4%
	在图书馆学习	3 015	25.6%	62.2%
	做兼职赚钱	2 430	20.6%	50.2%
	其他	863	7.3%	17.8%
总计		11 796	100.0%	243.5%

注：a. 使用了值 1 对二分组进行制表

从以上结果可以看出，部分大学生利用课余时间上网聊天、娱乐（占比为 27.3%），有些大学生比较喜欢在图书馆学习（占比为 25.6%），还有部分大学生会在课余时间参加班级、社团活动和在外做兼职（占比分别是 19.3%和 20.6%）。

8.学习问题的解决方式分析（多重响应）

西北地区高校大学生遇到学习问题时，选择的处理方式如表 3-34 所示。

表 3-34　西北地区高校大学生遇到学习问题时的处理方式

题目	处理方式	响应		个案百分比
		个案数	百分比	
您如何处理学习上遇到的问题 [a]	自己反思、研究	2 200	18.4%	45.4%
	网上寻找交互式帮助，如发帖子	3 025	25.3%	62.4%
	网上搜索答案，如利用百度或谷歌搜索	2 984	25.0%	61.6%
	当面请教他人	2 464	20.6%	50.9%

续表

题目	处理方式	响应		个案百分比
		个案数	百分比	
您如何处理学习上遇到的问题 [a]	顺其自然	1 261	10.6%	26.0%
	总计	11 934	100.0%	246.3%

注：a.使用了值 1 对二分组进行制表。

从表 3-34 我们可以清晰地看出，西北地区高校大学生遇到学习问题时，最倾向于利用网络搜索答案或寻找交互式帮助来解决，选择这两种方式的大学生占所有人数的 50.3%；选择当面请教他人的大学生有 20.6%；选择自己反思和顺其自然这两种方式的大学生相对较少。由此可以知道，利用网络搜索答案是目前西北地区大部分大学生最主要的解决学习问题的方式。

二、访谈结果分析

笔者通过分析 35 名受访大学生的访谈材料发现，当前多数大学生虽然肯定非正式学习的效果，认为非正式学习可以促进他们专业水平的提高及个体的发展，但未从观念上重视非正式学习，有的大学生对非正式学习十分不屑，这必然不利于其学习行为的多样化发展。此外，在非正式学习氛围上，多数大学生只肯定了学校对其学习的硬件支持，如学校平时会给学生提供场地让学生举办活动等。有效的非正式学习建构在良好的学习观念、学习行为、学习价值、学习氛围之上，并且受多样因素的影响。

（一）学习观念（概念理解）

在对大学生进行访谈时，笔者都会以问题"您对非正式学习了解吗？"开始与受访大学生的探讨。笔者问询此问题是想知道大学生是否对非正式学习的含义有所了解。笔者分析数据之后发现，35 位受访大学生中只有 12 位表示了解，3 位受访大学生表示知道一点，而其余 20 位受访大学生表示不知道、不清楚，具体情况如图 3-4 所示。

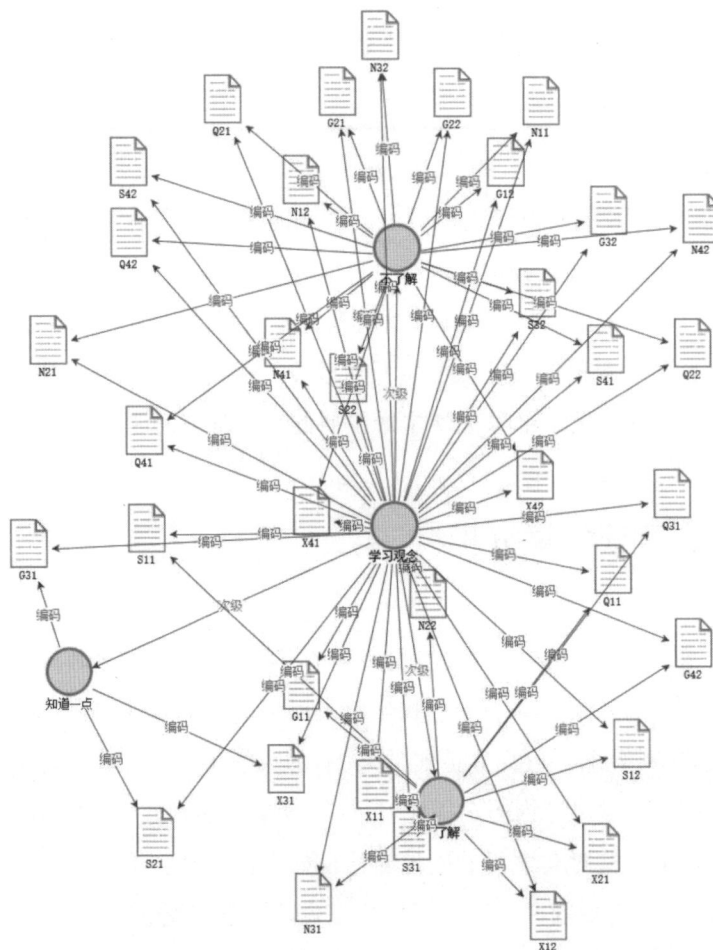

图 3-4　受访大学生非正式学习的学习观念编码分布图

此外，为了进一步确定表示了解非正式学习的 12 位大学生是否真正了解非正式学习，笔者对他们进行了追问："根据您对非正式学习的了解，您能举例说明一下什么是非正式学习吗？"这些大学生给出了以下回答："非正式学习是包括信息和内容在内的一切事物，如会议、书籍、网站等，或者是非正式的人与人的交流，如交谈、讨论、会议等"（X12）、"非正式学习就是我们的课外学习，如上自习、课下和同学一起做 PPT 等"（G42）。可见，大学生对非正式学习概念的理解很模糊，没有将非正式学习的概念和所指很好地联结起来。在对非正式学习内容的选择上，多数大学生认为非正式学习的内容及主题来自正式学习，非正式学习是对正式学习（即专业课学习）的完善。

（二）学习行为

为了梳理大学生的非正式学习行为，笔者借鉴了国外专家（Doornbos et al，2008[①]；Lohman，2005[②]；Lohman and Wolf，2001[③]）对非正式学习行为类型的划分，将非正式学习行为分为以自我为中心的学习、以自我-他人为中心的学习和以自我-媒介为中心的学习。在本研究中，以自我为中心的学习包括"自我反思""自我观察"，以自我-他人为中心的学习包括"与他人讨论""小组学习/小组讨论""听讲座""请教他人""参加比赛"等，以自我-媒介为中心的学习包括"阅读书籍""利用新媒体平台学习""网络学习"等。在本研究中，笔者通过调研，得出以下结论：

首先，大学生非常倾向于以自我-媒介为中心的非正式学习。由于网络的泛在性与日常化，大学生对网络的依赖日趋强烈。例如，大多数大学生习惯借助网络解决学习难题，利用微信群进行问题探讨等。网络资源成为大学生日

---

① Doornbos A J, Simons R, Denessen E. Relations between characteristics of workplace practices and types of informal work-related learning: A survey study among Dutch police[J]. Human Resource Development Quarterly, 2008, 19: 129-151.

② Lohman M C. A survey of factors influencing the engagement of two professional groups in informal workplace learning activities[J]. Human Resource Development Quarterly, 2005, 16: 501–527.

③ Lohman M, Woolf N. Self-initiated learning activities of experienced public school teachers: methods, sources, and relevant organizational influences[J]. Teachers and Teaching: Theory and Practice, 2001 (7): 61-76.

常学习的一部分。例如，一位受访大学生说："我会在网上听一些关于专业的课程，记下听不懂的地方，然后利用网络寻找答案，我觉得这样学习很方便。"（N11）另一位受访大学生说："如果我的身边一天没网，我都不知道怎么学习了，上课碰到不会的单词，都不知道怎么办。"（S31）可见，网络已成为大学生进行非正式学习必不可少的平台和媒介。

其次，大学生比较倾向于以阅读书籍，尤其是阅读专业书籍的方式进行非正式学习。为了巩固课堂知识、完成作业，大学生会花大量课余时间进行专业书籍的阅读。对此，他们是这样说的："课下，我都在看专业书，没有太多的时间去干其他事情"（N12）、"我会花大量的时间看专业书，毕竟上好专业课才是最主要的"（Q11）。这说明大学生的学习目前仍以专业课程为主，学校和教育者在一定程度上忽视了其个性化发展。不过，也有少数学生会基于个人兴趣，选择看一些课外书籍，如："我会看一些外国名著，通过看外国名著丰富自己的知识"（Q22）、"没事的时候，我就去图书馆借些课外书看，我爱看历史方面的书，看这些书可以让我放松下来，不去想我的专业，而且我还能得到一些课外知识"（X22）。

再次，大学生比较肯定以自我-他人为中心的非正式学习，在遇到学习难题时，他们除了求助网络，会请教老师、舍友及同学，也会和同学讨论问题。多数大学生表示，只有难题不能依靠网络得到解决时，他们才会去向老师、同学请教。这种"请教他人"是在没有其他办法的前提下进行的，如："我实在没办法了，但又不好意思问别人，几天过后，也只能找老师帮忙解决。"（S31）在以自我-他人为中心的学习中，少数大学生倾向于听讲座，但在他们看来，听讲座这种行为是一种被动、强迫式的学习："学校会组织各种讲座，但有的讲座我又不感兴趣，不去也不行，还点名"（G12）、"我会去听学校安排的讲座，但有时觉得有点浪费时间"（G22）。这说明，学校虽然为大学生提供了非正式学习的机会，但没有满足大学生在这方面的期望。

另外，大学生还积极参加学校组织的各种比赛，以此进行非正式学习，如："我会参加各种比赛，如文书写作比赛、演讲比赛等，我觉得参加这些比赛可以让我更加自信。"（G42）可见，参加比赛可以促进学生个体的发展，这种"测试效应"的作用不容忽视。

最后，只有少数大学生提到了自我反思。一位受访大学生说："有时，我会自己思考，自己想办法解决问题。"（S21）另一位受访大学生说："课下，我喜欢反思，并把一些想法写在本子上。"（X41）反思是促进有效学习的路径之一，但在抽样调查中，只有少数学生会反思的现状也值得研究者深思。自我观察是日常生活中的一种学习方式，但这种学习方式没有被大学生普遍接受，只有个别大学生在访谈中提到："有时我会观察班里学习好的同学，我发现他们不仅学习好，而且各方面都不差，我就向他们学习"（X41）、"我每次在街上遇见外国人，就看他们说英语时嘴唇怎么动，以便下次模仿他们发音"（G12）。

为了更清楚地展现西北地区高校大学生非正式学习的现状，笔者利用Nvivo11.0绘制出了受访大学生非正式学习行为节点汇总表，即表3-35。

表3-35 受访大学生非正式学习行为节点汇总表

节点类型	节点名称	材料来源	参考点
树节点	自我反思	5	10
树节点	自我观察	3	3
树节点	与他人讨论	17	23
树节点	小组学习/小组活动	5	8
树节点	听讲座	7	10
树节点	请教他人	15	18
树节点	参加比赛	5	6
树节点	社会实践活动	3	4
树节点	阅读书籍（专业书籍、课外书籍）	23	34
树节点	新媒体平台（如微信公众号等）的利用	8	9
树节点	网络学习（如上网易课等）及与他人交流	26	37

（三）学习价值

绝大多数受访大学生都在某种程度上认可了非正式学习的价值。

首先，多数受访大学生认为非正式学习可以帮助他们巩固专业知识，提高专业水平，很有价值，可以"帮助我更好地了解自己的专业和提高知识储存量"（G11）、"可以丰富自身的知识结构，看问题可能会更有思路"（G31），"对于专业认知有着较强的辅助功能"（N11），"可以让我建立更完善和新颖的学习体系"（Q42），"可以激发对专业的兴趣"（X41）。通过非正式学习，大学生可以有效地掌握专业知识，并可以在一定程度上重新审视专业课程。

其次，从知识积累层面来看，少数受访大学生认为参与非正式学习活动可以帮助他们开阔视野、拓展课外知识。一位受访大学生认为，非正式学习"会扩展我的课外知识，使我看问题更全面"（S11）。

最后，只有少部分受访大学生从自身全面发展的角度出发，认为非正式学习"可以提高自主学习能力"（G12）、"可以锻炼口语表达能力"（N11）、"提高人际交往能力"（X11）、"培养团队意识"（X41）等。这说明，大学生认可非正式学习对专业学习的积极影响，但在一定程度上忽视了非正式学习在促进个性发展方面的价值。

（四）学习氛围

良好的学习氛围是有效学习的保障。笔者在与受访大学生的交谈中发现，少部分受访大学生肯定学校的支持力，如"学校会支持我们的学习，会不定期举行比赛、开展讲座等"（N12）、"学校会提供场地、资金和工作人员"（N32）、"学校会大力支持活动的前期宣传，提供场地和设备"（S22）。但多数受访大学生反映，"图书馆的书不多"（X42），"学校不重视我们的课余学习"（N31），"出了学校，没有校园网，查资料都不方便"（X42）。可见，一些学校关注了大学生对学习资源的需求，但另一些学校仍不能做到尽量满足大学生的学习需求。

从学习氛围来看，多数受访大学生反映，身边的同学会积极参加各种非正式学习活动，如"其他同学会积极参加"（N41）、"我们身边的同学会参加的，不过只限于与专业相关的"（S31）、"我会挑选自己擅长的参加，其他同学的热情也很高涨，会积极参加"（S41）等。由此不难看出，大学生热衷于参加各种非正式学习活动，但多是基于专业而非发展个性的考虑。

从组织氛围来看，受访大学生会参加非正式学习活动，但多数受访大学生不会自发组织非正式学习活动，如"我不会组织活动，得靠学校和老师组织，我们只要参加就可以了"（X42）、"组织活动是学校的事，社团应由学生会负责"（S21）。由此可以看出，一些大学生不擅长组织非正式学习活动，认为组织活动与自己无关。当然，也有少数大学生对学校安排的非正式学习活动持冷漠的态度，如"我不关心学校的活动，不知道他们支不支持"（N31）、"我身边的同学不愿意参加，他们都说自己忙"（G22）。良好的学习环境可以促进大学生的个体学习，校园中的所有人都有责任和义务营造良好的学习氛围。

（五）影响因素

通过对访谈材料的分析，笔者发现影响大学生非正式学习的因素多种多样。经过编码，我们可将其分为促进大学生非正式学习的因素和阻碍大学生非正式学习的因素，这两类因素都可以从自我、他人及环境方面进行分析和归纳。具体而言，从自我的角度出发，有利于大学生非正式学习的因素包括个人计划的制定、先前知识的储备、个人兴趣和学习动机等；不利于大学生非正式学习的因素包括缺少计划、缺少交流、懒惰、个人性格内向（如害羞、不自信）、思想偏执等。从他人的角度出发，有利于大学生非正式学习的因素包括家里人的称赞、老师的引导及与他人的竞争等；不利于大学生非正式学习的因素包括缺少组织者、同学的不参与及与同学的关系不和谐等。从环境的角度出发，有利于大学生非正式学习的因素包括课余时间的有效利用、有活动的组织者、有良好的交流环境及有学习方面的要求等；不利于大学生非正式学习的因素包括行政上的干扰、硬件设施不完善、正式学习任务过重等。

另外，为了能更好地展示影响大学生非正式学习的因素，笔者对影响因素的节点进行了汇总，结果见表 3-36。

表 3-36　大学生非正式学习影响因素节点汇总

序号	父节点名称	子节点名称	孙节点名称	材料来源	参考点
1			个人计划的制定	1	1
2		自我方面	先前知识的储备	2	2
3			兴趣和学习动机	5	5
4			家里人的称赞	2	2
5	促进非正式学习的因素	他人方面	老师的引领	3	5
6			与他人的竞争	2	2
7			课余时间的有效利用	3	3
8		环境方面	有活动的组织者	2	2
9			有良好的交流环境	2	2
10			有学习的要求	1	2
11			个人性格（害羞等）	4	4
12			懒惰	5	5
13		自我方面	缺少计划	2	2
14			缺少交流	1	2
15	阻碍非正式学习的因素		思想的偏执	2	3
16			缺少组织的人	1	3
17		他人方面	同学的不参与	2	2
18			与同学的关系不和谐	1	3
19			行政上的干扰	1	1
20		环境方面	经济压力	4	6
21			缺少时间	5	6

续表

序号	父节点 名称	子节点 名称	孙节点 名称	材料 来源	参考点
22			拖延（由于网络娱乐）	10	11
23			无法做到公平参与	1	1
24	阻碍非正式 学习的因素	环境方面	学校缺少行动力等	1	1
25			硬件设施不完善（缺少 图书等）	6	7
26			正式学习任务过重	11	17

由表 3-36 可知，影响大学生非正式学习的因素具有多元化特征。不同的受访大学生从不同的角度发表了自己对影响因素的看法。

首先，在谈到促进大学生非正式学习的因素时，5 位受访大学生比较认同兴趣和学习动机对大学生非正式学习的影响。有的大学生提到，"兴趣对于学习太重要了，没有兴趣，就没有学习的激情"（G21），"由于喜欢它，我们才会参加这种学习活动，我学工程，如果让我参加英语俱乐部，可想而知，那是多么痛苦"（G42），"我觉得学习动机很重要，反正我特别想要说好英语，以后当个导游，所以凡是有英语类的活动我都参加"（S12）。由此可见，兴趣和学习动机是大学生进行非正式学习的内在驱动力。

其次，在谈到自我的知识储备时，有些受访大学生认为，学生在具有相关知识的基础上去听讲座或者参加活动，可以让学习顺利进行。在访谈过程中，只有一位受访大学生提到了学习计划对大学生非正式学习的重要性："大学生应该善于制定学习计划，每天晚上睡觉前我都会想好明天要干什么，不管是参加活动，还是学习，我都会制定好计划，这样，我觉得我会过得很充实。"（Q42）在非正式学习中，学习目标和学习计划是顺利完成学习的前提。大学生在不同的情境下，以解决问题或完善自我为目的进行的非正式学习才是高效的学习。

除谈及自我方面的因素外，部分受访大学生也谈到了他人方面的因素。

其中，个别受访大学生会考虑家里人的感受，如"我在学校参加活动获奖，都是为了让我妈妈高兴"（G31）、"每次放假回去，我都会把我在学校参加活动的一些事情告诉我的家人，他们都好开心，看见他们的样子，我就更加渴望参加学校组织的活动了"（S21）。中国是一个注重血缘亲情、具有集体主义文化价值取向的国家，大学生习惯将自己的学习和参加的活动与家庭联系在一起。除了家庭成员，部分受访大学生认为自己的非正式学习还与老师、同学有关，如"有老师的参与，我才会参加，这样我就能学到点东西"（N11）、"我一直和我的一个舍友在学习上竞争，有时候觉得这种竞争不友好，但现在觉得，竞争就是动力，竞争能让我把学习坚持下去"（Q41）。老师和身边的同学有时也是个人学习的动力。

另外，促进大学生非正式学习的因素还有环境因素。环境是学习的载体。有的受访大学生认为有效的时间利用可以保证活动的参与率（N11），良好的空间及场所是顺利进行交流必不可少的条件（G31），学校提供的学习要求及组织者是大学生进行非正式学习活动的根基（G21 和 G31）。学校是大学生非正式学习的保障，学校不仅应提供人力资源，还应从促进大学生非正式学习的角度提供课程及物质保证。

除有利于非正式学习的因素外，多数受访大学生还谈到了阻碍大学生非正式学习的因素。在分析访谈材料的过程中，笔者将非正式学习的阻碍因素划分为三类，即自我方面的阻碍因素、他人方面的阻碍因素及环境方面的阻碍因素。

首先，从自我的角度来看，一些受访大学生强调懒惰是阻碍自己进行非正式学习的主要因素，如"有时候，由于外面天太热，我就懒得去图书馆学习了"（X31）、"我想是懒惰吧，现在大学生很懒，天天待在宿舍上网，什么也不干"（X12）。这些实例都证明，在非正式学习过程中，大学生的自觉性作用重大。除了懒惰，还有一些受访大学生认为自我性格上的缺陷也会影响大学生的非正式学习。他们说，"我本来就很害羞，一般也不怎么和陌生人说话，不喜欢参加活动"（S32）、"有时候我也没自信参加各种比赛，因为我觉得自己学得也不好，颜值也不高"（S22）、"我不太喜欢出风头，我觉得待在宿舍听听歌什么的也挺好"（X12）。性格在一定程度上影响着大学生的学习，性格的改变是大学生适应群体生活的需要，也是大学生改善自我学习的一种手段。此外，个别受访大学生还提出，非正式学习是一种"不值一提"的学习，认为通过非正式学习学不到太多知识，非正式学习与正式学习"差太多"（N21）。这种思想上对非正式学习的偏见必然使其无法进行该类学习，也会阻碍其自身的发展。除了性格、思想上的影响，一些受访大学生还认为缺少计划，缺少与老师、同学的交流同样会影响非正式学习的进行（Q42 和 N32）。

其次，从他人的角度出发，个别受访大学生认为开展非正式学习活动，一定要有"给力"的组织者，组织者要善于了解大学生的需求，并且能够成为学校与学生沟通的"中间人"（N42）。除了组织者，受访大学生还比较看重同学的参与及同学间的和谐关系。同学间关系融洽可以带动非正式学习；反之，则会阻碍非正式学习。从环境的角度考虑，多数受访大学生认为专业课任务过重导致他们无法进行非正式学习。平时，由于专业课程难理解、作业多，大学生只能在课下对专业知识进行消化。在消化过程中，大学生必然无暇顾及自己的兴趣，无暇顾及自我提高等方面的需求，这使他们无法投入太多的精力与时间到非正式学习中。他们说，"由于平时要写作业，没有太多时间进行非正式学习"（G32）、"高数对我来说太难了，我课余时间都用来做高数题了，否则期末就挂科了"（Q11）、"平时感觉好累，而且也没意思，一天就围着专业课转了"（Q42）。可见，专业课程会影响大学生的非正式学习。

多数受访大学生还谈及网络、新媒体等对大学生非正式学习的影响。目前，网络的泛在化为人们的生活带来了便利，但同时网络自带的娱乐性也让大学生深陷泥沼。部分受访大学生是这样说的："有时候总想看手机，一看就好几个小时，学习也就被耽误了"（G42）、"网络诱惑较大，使我很难把注意力集中在学习上"（N32）、"每天用手机追剧导致本来下午要学习的内容只能放在晚上学习了"（S21）、"很难把持住自己，在学习过程中易受到干扰"（X31）。这说明，大学生进行非正式学习时会受到很多外在环境的干扰，尤其是来自网络的干扰。

另外，一些受访大学生在谈及时间对学习的影响时，认为"没时间学习""时间总不够"（如 S31 和 S41）。还有一些受访大学生谈及经济压力给学习带来的困扰。为了缓解家庭、学业上的经济压力，有些受访大学生被迫打工，打工占用了太多时间和精力，导致他们无法正常地进行非正式学习（如 N22 和 Q42 等）。谈到学校，一些受访大学生认为"图书馆的新书太少，查不到最新资料"（G12）、"书太少，没法借书，而且图书馆的环境差，也没心情看书"（N41）。有的受访大学生强调，"学校管理差，无法做到让每个大学生公平参与"（N32）、"学校会议太多，干扰我们的学习"（X11）、"学校办事拖沓，缺少行动力"（N32）。学校是大学生个体发展的依靠，学校有义务与责任帮助大学生发展个性化学习。

通过对访谈资料的分析，笔者发现阻碍大学生非正式学习的因素很多，如何有效地促进大学生非正式学习是一个值得深入思考的问题。

三、文本结果分析

撰写文本材料可以让学生更好地认识自己，发现自己的不足，了解自己的思想。从回收的文本来看，来自不同学校、不同年级、不同专业的多数大学生在思想上寻求积极进步，是当下"考证热"的主力军；少数大学生仍处于自我消沉的状态中，认为"吃饭""睡觉""娱乐"应该是他们主要的生活状态；还有一部分大学生能够更清楚地认识大学、认识自我，能在大学生活中展现自我，提升自我。

经过对文本内容的分析，根据大学生非正式学习的目的、内容及行为，笔者将大学生非正式学习划分为两类，即以正式学习为基础的非正式学习和以个性发展为基础的非正式学习。

（一）以正式学习为基础的非正式学习

正式学习是大学对大学生进行正规化教育的主要手段与方式，它是有组织且有证书保证的学习。笔者通过对 462 篇文本（其中 7 篇文本未提到学习，只说明了吃、睡、玩）的分析得出，有 317 位大学生（即 317 篇文本）在学习内容、学习意向及学习行为方面均提到了课堂学习（正式学习），占调查学生总体的 69%。这部分学生认为，在课余时间，大学生仍要以专业学习为主，在学习目的上强调解决专业学习上的难题、不挂科、拿证及顺利毕业等；在学习内容的选择上，他们倾向于本专业知识的巩固和预习、英语四六级考试及计算机等级考试的备考等方面的学习；学习观念决定学习行为，在行为上，他们把大量的时间用于写作业、看专业书、背单词等。具体实例见表 3-37。

表 3-37　以正式学习为基础的非正式学习表述示例

随机抽取学生文本	学习目的示例＋学习内容示例＋学习行为示例
1	为了防止挂科，我主要看的内容都是专业课学习的内容，空闲时间还是会看看专业课的书
2	我想要提高成绩，因此在课余时间，通常都会看看专业书，做做题，加强巩固
3	根据课程安排决定，上什么课看什么书，很多时间都是用来学习专业知识，看有关财务管理专业的书
4	早上跑完操，我会选择用 10 分钟背四级单词，毕竟离四级考试也不远了，睡觉前听听英语听力
5	一般都是复习课堂知识，完成老师布置的课下作业，争取做到学懂，考试不挂科
6	为了提高自己的专业知识储备，周末两天都要去图书馆看专业书，有时候也会去刷一些计算机二级的题

随机抽取学生文本	学习目的示例＋学习内容示例＋学习行为示例
7	一般都是复习课堂知识，完成老师布置的课下作业，每周课下平均花费在高数上的时间为两小时。为了学懂高数，我晚上会和舍友一起讨论高数题，把不会的题挑出来和她们一起讨论
8	一般都是背四级英语单词词汇，大概每天早上背 30 个，学习时长为 30 分钟

通过对这 317 篇文本的分析，笔者进一步对大学生以正式学习为基础的非正式学习行为进行了统计，统计结果如表 3-38 所示。

表 3-38 以正式学习为基础的非正式学习行为统计（到图书馆看书除外）

学习行为	人数	百分比
利用手机学习专业知识	53	17%
与老师、同学讨论学习问题	23	7%
自己研究问题	13	4%
自己研究问题＋与老师、同学讨论	8	3%

从表格中可以看出，西北地区高校大学生以正式学习为基础的非正式学习行为较为单一，只有 17% 的大学生会利用新媒体进行专业学习；在与老师、同学讨论学习问题及自己研究问题方面，他们表现也不佳。

（二）以个性发展为基础的非正式学习

大学不仅是一个提供知识的场所，更是一个能让大学生超越自我的地方。有的学生在日记中说，"大学就是一道问答题，每个人的答案都是不同的"。笔者在对文本的整理与分析中发现，大学生都有着提升自我的观念，并且部分学生（31%）在用行动证明着自己。有 145 位大学生在文本中提到发展个人兴趣、提高自我及培养各种能力等目标。他们根据自己的目标，选择适合自己的学习行为，进行丰富多彩的非正式学习，比如学习视频剪辑、上网易课、听歌、打球、练字、做兼职、做博物馆讲解员、参加社团活动。具体实例见表3-39。

表 3-39 以个性发展为基础的非正式学习表述示例

随机抽取学生文本	学习目的示例＋学习内容示例＋学习行为示例
1	在课余时间，我会学习一些课堂上学不到的东西，如修图等，从而提升自我
2	会在图书馆借一些书看，这样可以拓宽自己的知识面，提高自身修养，不断完善自我，努力做一个对社会有贡献的"三好青年"
3	适当参加社团活动，担任一定的职务，提高自己的组织能力；会将一天发生的开心的事或生气的事记录下来
4	多到校外参加实践活动，多与社会接触，多与人交际，以便了解社会形势，更好地适应社会，更好地就业，参加"筑梦微光——关爱老人活动"就是不错的选择
5	我会涉足更多自己感兴趣的领域，如玩滑板、学软件等。这样一方面避免了业余时间被迫做不感兴趣的事，另一方面，也更确定自己将来的方向
6	周末我会去社团跳街舞、弹吉他，这样我可以交到很多朋友，提高我的交流能力，丰富我的社会经历等
7	我会完成社团安排的工作，参加一些活动、讲座、会议等，或者去自己参加的社团学习感兴趣的东西，丰富课余生活
8	我会有选择地参加一些社团，这样既可以帮助我缓解学习的压力，舒缓自己的情绪，又可以广交朋友

在这 145 篇文本中，大学生重点探讨了以个性发展为基础的非正式学习，同时也提到了专业学习，但涉及专业学习的内容较少。笔者进一步对大学生以个性发展为基础的非正式学习行为进行了统计，发现大学生以个性发展为基础的非正式学习行为多种多样，其目标均源于自我，但各自的出发点不一样，选择的活动也不一样。比如，为了调节自我、释放压力，大学生会唱英文歌、看小说等；为了提高自身的交际能力和合作意识，大学生会参加校园社团活动、与同学讨论问题；为了培养自身的实践能力，积累实践经验，

大学生会做兼职、参加社团活动等。

另外，为了了解大学生在不同情境之下的非正式学习，笔者对 462 篇文本中的学习场所进行了统计（统计结果如图 3-5 所示），发现在非正式学习中，大学生更倾向于校园内的学习，如在图书馆、宿舍、操场及校内餐厅等场所进行非正式学习，而选择在校外的场所（如博物馆、公交车站等）进行非正式学习的大学生较少。因此，学习场所无法体现出大学生非正式学习随时随地发生的特性。

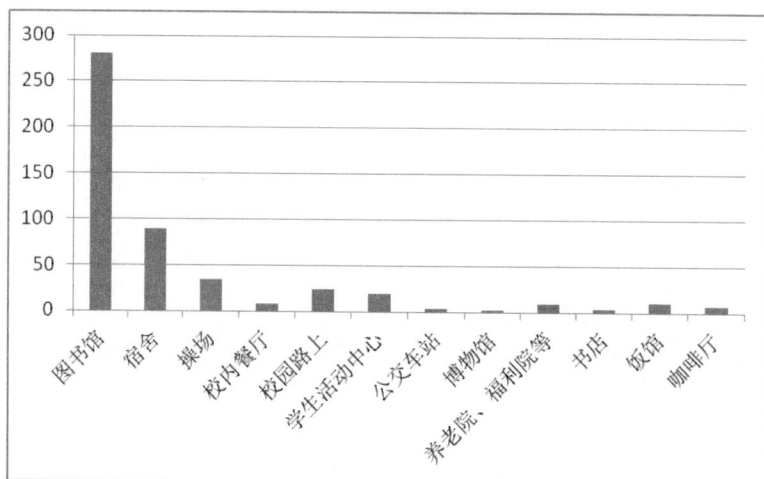

图 3-5　西北地区高校大学生非正式学习的场所分布图

由此可见，大学生在选择非正式学习的场所时有一定的局限性，在日常生活中，无法做到随时随地学习。这与他们对非正式学习的了解程度有着密切的关系。

第三节　调查研究结果讨论

笔者以研究我国西北地区高校大学生非正式学习为目的，开展对西北五省（区）高校大学生非正式学习现状的调研。调研结果表明，西北地区高校大学生在整体上认可非正式学习的价值，但缺少对非正式学习的整体把握，存在对非正式学习概念的理解模糊等问题。西北地区高校大学生在思想上对非正式学习认识不清必然会导致学习行为上的随波逐流。笔者通过调查发现，非正式学习对于西北地区高校大学生来说尚属新事物，他们更倾向于传统的正式学习。笔者现对此次调研的结果做如下总结：

一、专业本位的正式学习与自我本位的非正式学习

多数高校大学生重视专业本位的正式学习，不重视以自我发展为目标的非正式学习。正式学习发生在教室内，是根据教学计划、教学大纲，在教师课堂教学的前提下进行的一种自上而下的学习，受时间、空间及课程等的限制。大学生在有限的时间和空间内，根据学校安排好的课程可以有效地完成学业，因此，大学生倾向于正式学习是毋庸置疑的。但同时，我们也不能忽视正式学习无法做到真正关注大学生个性化需求与发展的问题。日本近代著名的思想家和文学家夏目漱石曾将"自我本位"作为核心思想探究文学。他强调自我本位就是"尊重自我，尊重自我个性；特别强调要有鲜明的自主性，从自己的立场去判断、去行动……"①以"自我本位"为价值取向的教育关乎大

---

① 常骄阳.夏目漱石的"自我本位"思想[J].外语问题研究，1998（2）：51.

学生的个性和全面发展，而大学生个性化、综合化的发展又关乎着高等教育人才培养的质量和今后社会的发展。"如果在大学期间一些重要的能力素质没有得到有效的培养，会制约未来社会的发展。"①大学生的培养是未来社会发展的前提，忽视对大学生个性的培养，无疑会阻碍社会的进步。

早在 2006 年 12 月 8 日，国务院常务会议审议并通过的《西部大开发"十一五"规划》就强调，要实现经济的快速发展，教育需要有新成效。因此，西部地区各高校应不断探索，提高人才培养的质量。"一带一路"倡议的提出为西北地区经济的发展提供了契机，同时也为西北地区带来了人才需求的挑战。西北地区急需可以为国家对外开放的事业做贡献的人才，而各高校肩负着人才培养的使命和责任。为了满足社会的需求，各高校应注重大学生的全面发展，综合、全面地培养大学生。非正式学习可以帮助大学生实现终身学习，而终身学习可以帮助大学生培养自身的能力，适应未来的社会生活②。但从笔者调查的结果来看，西北五省（区）的高校大学生仍不能很好地适应非正式学习。"长期以来，地方高校一直忽视大学生非正式学习的重要性，大学生学习方式比较单一，不能合理地组织非正式学习，绝大部分学生全依赖课堂正式学习……"③学习方式的单一会影响大学生对知识的获取。21 世纪是知识经济的时代，大学生应通过学习方式的变革储备知识，从而推动人类社会的进步。

二、大学生群体的"个性化"与非正式学习的"普适化"

大学生是有个性的群体，这种个性不仅体现在大学生的个性特征上，也体现在大学生群体个性的同一性上。一般而言，大学生群体的个性化受专业、

---

① 孟芊. 求索与创新: 清华大学学生工作论文集[M]. 北京: 清华大学出版社, 2009: 12.
② 孙其昂. 社会学概论[M]. 银川: 宁夏人民出版社, 2001: 59.
③ 张秋菊. 地方高校大学生非正式学习的引导策略[J]. 黑龙江高教研究通讯, 2014（3）: 7-9.

年级及性别等的影响。本研究结果表明，大学生的专业不同，其对非正式学习氛围的认可程度也不同。与文史类及外语类专业的大学生相比，理工类专业的大学生对非正式学习的氛围最不满意。首先，这主要是由学科的特点决定的。理工类专业重实践、重操作，这类专业的大学生对知识的获得主要通过亲自体验、实践来实现，因此，他们自然会对学习场地、学习资源要求很高，而文史类及外语类专业的大学生主要通过自身来获取知识，对外在学习资源的依赖性不大。其次，理工类专业的大学生对非正式学习的氛围极不满意，在某种程度上是由他们自身的性格造成的。"大学理科生比文科生更容易出现社交退缩、社交攻击心理"①，理工类专业的大学生更容易排斥与人交流。但是，与人交流是非正式学习的核心路径。

此外，大学生来自不同的省（区），这会在一定程度上影响其对非正式学习价值的认可程度。如在少数民族地区，教育观念相对落后，这让宁夏和新疆两个自治区的大学生对非正式学习价值的认可程度略低于甘肃、青海及陕西的高校大学生。但总体而言，这五个省（区）的高校大学生还是很认可非正式学习的价值和非正式学习对正式学习的积极作用的。

由以上分析可知，大学生群体的专业性及地域性特征与非正式学习有关，但同时，由非正式学习的内涵可知，非正式学习是一种日常化、泛在性的学习，不受时空等的限制，具有普适性特征。在大学生群体中，非正式学习的这种普适化也会在一定程度上受群体差异性的影响。减少专业性及地域性差异是非正式学习在西北地区高校中真正得到普及、获得认可的途径之一。

目前，大学生对非正式学习的了解程度、对其效果的认可程度等还未达到理想状态，所以加大对大学生非正式学习的宣传是各高校当前的重要任务。

---

① 刘新颜.大学文科生与理科生心理健康状况的比较研究[J].中国校外教育，2012（7）：4.

三、大学生学习场域的"校园化"与非正式学习的"泛在化"

法国著名的社会学家皮埃尔·布迪厄（Pierre Bourdieu）提出了"场域"[①]的概念。在被引入教育领域后，"场域"被分成了"显在场域"和"潜在场域"。"显在场域"是指教育的物理环境，而"潜在场域"是指不被主体感知的"空间"，在此空间下，主体进行学习惯习的操作，如养成学习习惯等。布迪厄的场域-惯习理论强调，场域和惯习相互依存，缺一不可。绝大部分大学生的学习场域在校园内，大学生的学习依赖图书馆的资料、老师的授课等。同时，大部分大学生喜欢利用课余时间学习专业课程，解决专业难题等。这种惯习及场域主要依靠校园，同时"互联网＋"学习场域的出现，也让大学生的学习依赖于校园网络环境及网络资源。校园是大学生完成惯习等行为的主要保障与依托。

非正式学习是一种常态化学习。非正式学习不局限于校园内，可以发生在任意场域。目前，西北地区高校大学生倾向于校园内学习，只有少数大学生在校外进行自己的学习活动，包括博物馆、科技馆等场所。大学生学习场域的有限性在一定程度上限制了大学生的非正式学习行为及习惯。"西北地区教育改革与发展的步伐缓慢，教育质量整体水平还比较低，布局结构和资源配置不科学……"[②]大学生倾向于校园内的学习也是教育资源配置不合理的表现，大学忽视了社会资源与校内资源的整合，没有意识到大学生的社会化学习过程离不开校外资源的支持。因此，校内与校外资源的整合与共享是实现大学生校内与校外学习统一的前提。此外，西北地区的大部分大学生来自西北五

---

① 布迪厄，华康德.实践与反思：反思社会学导引[M].李猛，李康，译.北京：中央编译出版社，1998.

② 王钟健.我国西北地区实施素质教育的制约因素分析与对策措施选择[J].新疆石油教育学院学报，2000（1）：24.

省（区），他们的学习经历和思想也在一定程度上影响了他们迈出校园学习的步伐。总之，在西北地区，由于客观因素的存在，高校大学生在一定程度上不能适应"泛在化"的非正式学习，这阻碍了大学生追求自我发展的脚步。

四、大学生学习观念的"模糊化"与非正式学习行为的分化

观念是人们对事物的主观与客观认识的集合体，行为是受思想支配而表现出来的外表活动。"教育观念和教育行为不是两个孤立的存在，应该是相互联系和结合的。"[①]大学生的学习观念是其学习行为的依据和基础，同时其学习行为也是其学习观念的外在表现。学习观念与学习行为的一致性是人们想要达到的理想状态，而在现实中，学习观念和学习行为有一定差异。笔者经过调查发现，在学习观念上，西北地区高校大学生对非正式学习的认识模糊，不能深刻理解其含义，却表现出了对非正式学习的认可。不过，这种现象也只能说明，在非正式学习观念没有被大学生理解的情况下，大学生的学习行为在一定程度上具有"偶然性、多变性、不自觉性等特点"[②]。学习行为受学习观念的影响，缺乏正确学习观念的指导，大学生的学习行为会表现出一定的盲目性，即使大学生能参加校园活动，能去图书馆看书，但从深层意义上来看，这种学习活动已经失去了部分积极作用。相反，建构合理的学习观念体系，不仅可以帮助大学生厘清学习内容，使大学生做到及时纠正自己不当的学习行为，并让自身的行为与观念保持统一，而且可以使学习目的更加清晰，学习过程更富有意义，学习效果更加理想。大学生只有深刻理解非正式学习的含义，使自身的观念与行为保持一致，才能充分发挥非正式学习的功能。

---

① 庞丽娟，叶子.论教师教育观念与教育行为的关系[J].教育研究，2000（7）：48.

② 徐燕刚.教学观念与教学行为差异的心理源分析与对策[J].教学研究，2004（3）：214.

第四章　我国西北地区高校大学生
非正式学习存在的问题与原因

　　对现实的了解有助于问题的提出与解决。在上一章中，笔者以西北五省（区）的高校大学生为调查对象，通过量化及质性的研究，初步掌握了西北地区高校大学生非正式学习的现状。在本章中，笔者重点将大学生在学习中出现的问题进行归纳与阐释，并在此基础上揭示问题存在的原因。经笔者的分析发现，西北地区高校大学生非正式学习主要存在三方面的问题，具体而言，有学习观念上的问题、学习行为上的问题及学习氛围上的问题。对这些问题的提出与分析无疑可以加深人们对西北地区高校大学生非正式学习的了解。

第一节　大学生非正式学习观念上存在的
问题和原因

　　学习是推动人类进步的不竭动力。我国古代有许多描述学习意义及价值的诗句，如"黑发不知勤学早，白首方悔读书迟""一月不读书，耳目失精爽""读书破万卷，下笔如有神"等。1939 年，毛泽东在一次延安干部教育动员大会上讲话时指出："我们队伍里边有一种恐慌，不是经济恐慌，也不是政治恐慌，而是本领恐慌。"①他将学习比作"开铺子"，东西卖完，就要进货，进货就是学习。②到了 21 世纪，党的十六大报告更是提出了要"形成全民学习、终身学习的学习型社会"。学习是人类生存的手段与方式，而终身学习已成为现代社会人的生存需要。大学生是促进时代发展的主力军，大学生的学习必然是推动社会进步的强大动力。在充满变革的 21 世纪，唯有持续不断地学习，才能应对来自各方面的挑战。③当今，大学生学习是为了迎接社会带来的各种挑战。为了展现出学习的最佳状态，能够在社会发展中发挥最大的作用，大学生有必要转变学习观念，树立终身学习的意识。研究者，如 Stern（1983）④、Legutke 和 Thomas（1991）⑤等人发现，每位学习者都是在许多学习观念的引导下从事学习的。学习观念潜移默化地影响着学习者的学习过程及学习行为。

　　非正式学习观念被认为是对非正式学习主观与客观认识系统化的集合体。大学生非正式学习观念包括大学生对非正式学习概念的认识、大学生对非正式学习的认可、大学生对非正式学习管理的认识以及大学生对自我的认识。首先，大学生对非正式学习概念本身的认识主要是指大学生对非正式学习这一概念的内涵及特点等的认识。对于不同的大学生来说，非正式学习可以是一种学习方式，也可以是一种学习能力。其次，大学生对非正式学习的认可是指大学生对非正式学习价值的认同。再次，大学生对非正式学习管理的认识是指大学生对学习目标的确定、学习方法的选择及学习过程的调控等一系列管理活动的认识。大学生非正式学习观念指引着大学生的非正式学习活动。最后，大学生对自我的认识是指大学生在学习心理方面对自我认同和情感支

---

　　①　《西柏坡精神永放光芒》编委会.西柏坡精神永放光芒[M].石家庄：河北人民出版社，2014：83.

　　②　人民日报评论部.习近平讲故事[M].北京：人民出版社，2017.

　　③　孙士宏.论大学生终身学习能力的提高[J].石油教育，2007（5）：55.

　　④　Stern H H. Fundamental Concepts of Language Learning[M]. Oxford: OUP, 1983.

　　⑤　Legutke M, Thomas H. Process and Experience in the Language Classroom[M]. London: Longman Publishing Group, 1991.

配的认识。大学生在非正式学习的准备阶段及过程中具有自我效能观，如了解自我在专业方面的优势及在人际交往方面的特点等。情感支配是指大学生能否做到自信、敢于挑战自我等。总之，大学生非正式学习观念是一系列认识的集合体，是大学生从事非正式学习活动的世界观和方法论。转变学习观念就是让大学生适应实现终身学习的准备工作，而非正式学习又是终身学习的一部分，故大学生应正视非正式学习，将非正式学习常态化。

笔者经调研发现，当前，西北地区多数高校大学生对非正式学习存在片面认识，他们认可非正式学习的现有价值，忽视非正式学习的终极价值。同时，大学生非正式学习存在一定的功利性倾向，具体表现在学习目的上。另外，大学生在一定程度上受"面子观念"的影响，在学习过程中出现消极情绪、被动学习等情况，这也是大学生非正式学习存在的一个棘手的问题。

一、大学生非正式学习价值认可的片面化

大学生是非正式学习的主体，从主体性的角度出发，"价值是一种主体性"①。换言之，价值代表一种事物满足主体需要的程度。是否满足主体的需要成为判断事物是否具有价值的标准。从关系的角度出发，"所谓价值，就是客体对于主体具有积极意义，它能满足人、阶级和社会的某种需要，成为其兴趣、意向和目的"②。价值源于外界事物，取决于大学生主体。外界事物与大学生主体的需要之间产生了一种价值关系，同时大学生主体的需要产生其价值目标。从与主体的关系来看，大学生非正式学习的价值是指非正式学习活动对学习主体在学习及身心发展过程中所产生需要的一定满足。满足主体需要的价值被称为非正式学习的内在价值。此外，大学生的需要从本质上来说是社会性

---

① 李德顺.价值论：一种主体性的研究[M].北京：中国人民大学出版社，1987：107.
② 袁贵仁.价值与认识[J].北京师范大学学报（社科版），1985（3）：47.

的，非正式学习不仅是大学生个体的学习，而且是终身学习的一部分，是学习型社会中的一种社会化学习。

　　大学生的非正式学习还应具有满足社会中经济、文化及科技等发展需要的价值，这种价值被称为非正式学习的外在价值。外在价值的实现是以内在价值的实现为基础的。马克思主义哲学指出，一切事物都处于不断发展变化之中。非正式学习主体及与之联系的外界事物都在不断变化之中。因此，大学生与外界事物的价值关系也在不断变化中。这种变化存在于当下并延伸至未来。因此，大学生非正式学习的内在价值和外在价值都由两部分组成，即现有价值和终极价值。现有价值是非正式学习对大学生个体及社会当下需要的满足；终极价值是在现有价值基础上，对未来价值的科学预测。

　　非正式学习本身不具有价值，只有当大学生与之产生互动时才能形成价值。价值代表主体需要与非正式学习之间的一种特定关系。因此，探究大学生非正式学习的价值即探究大学生与非正式学习之间的特定关系。首先，学习主体的差异性决定了非正式学习的多样性，而多样性的非正式学习又决定了其学习价值的多样性。满足大学生个体差异性的需求是大学生非正式学习的内在价值。内在价值的多样性体现在现有价值和终极价值上。大学生非正式学习内在价值的现有价值是大学生主体与客体产生联系或互动关系而形成的具有主体直接需要的属性。具体而言，大学生非正式学习内在价值的现有价值表现在通过非正式学习解决某一问题或满足大学生某一兴趣爱好，从而完成大学生的非正式学习目标。

　　大学生非正式学习内在价值的终极价值则是通过现有价值来实现的。具体来说，其终极价值就是培养并完善大学生的个性。终极价值具有稳定性和时代性。同一历史时期，终极价值相对稳定；不同历史时期，终极价值会有一定的发展和变化。在 21 世纪，人们更注重人性的发展，相应地，大学生非正式学习内在价值的终极价值则是实现大学生个性的完善与发展。大学生非正式学习的外在价值体现在其社会价值上。在大学生与社会的关系中，大学生通过非正式学习，实现个体的发展，从而满足社会对人才的需求。外在价值以内在价值为基础。大学生非正式学习外在价值的现有价值体现了大学生与社会之间的直接价值关系，即大学生以人才的形式满足社会各领域的需求。大学生非正式学习外在价值的终极价值则是根据未来社会的发展，满足其对不同类型人才的需求。大学生非正式学习的内在价值与外在价值相互统一，不可分割。非正式学习在满足大学生及社会需求的过程中，彰显了自身的合理性。

笔者通过对我国西北地区高校大学生的调查发现，绝大多数大学生能够认可非正式学习的价值，但这种认可是建立在促进专业学习基础上的，如有的学生提到"能更好地了解自己的专业……""帮助我巩固专业知识……"等，只有个别大学生提到非正式学习可以发展自身的个性。从大学生发展的角度来看，大学生比较关注非正式学习内在价值的现有价值，而忽视了其内在价值的终极价值，即忽视了非正式学习对完善大学生个性发展的作用，从而出现对非正式学习的外在价值认识不清的状况。造成这种现状主要有两方面的原因：第一，大学生对非正式学习与正式学习的关系认识模糊。大学生重视正式学习，强调课堂专业学习，认为非正式学习只是正式学习的一种"弥补"，是辅助大学生完成正式学习的一种方式。鉴于此，大学生倾向于将非正式学习的意义和作用与正式学习相联结，片面地认为非正式学习是为了实现正式学习的目标，完成正式学习的任务，忽视了非正式学习的终极价值，从而导致现有价值与终极价值相分离。第二，大学生忽视了自身作为"社会人"的使命。大学生的有效学习不仅与自身的发展息息相关，还映射着社会的期望和社会的未来发展。当前，大学生只认识到非正式学习为其自身带来的内在价值的现有价值，而忽视了外在价值。内在价值与外在价值出现分化，不仅不利于大学生非正式学习，而且不利于大学生个体与社会的共同发展。

二、大学生非正式学习目的的功利化

学习目的是学习者学习需要及学习价值观的反映，是一切学习行为的出发点。学习目的一旦确定就关乎学习者学习路径的选择及个体发展的趋势。因此，学习目的的制定是保证学习者持续学习的生长点，是学习者进行学习的首要任务。

调查表明，首先，受当前就业压力的影响，西北地区多数高校大学生利用课余时间进行非正式学习的目的不是探求真知、促进个性发展，而是获取文凭、证书。他们利用大量时间阅读专业类书籍，不是为了真正提升专业理论素养，而是想借期末获得的较高成绩来获取奖学金；他们利用大量时间做练习是想通过英语四、六级及计算机二级考试，获取相应的证书，为今后谋一个理想的职业；他们参加社团活动为的是丰富求职简历……。另一项调查显示，67.9%的大学生认为他们的学习目的就是考研和谋取一个好职业。[①]其次，少数大学生认为参加学习活动的目的是陪伴家人和同学。只注重眼前利益的学习目的限制了大学生的学习目的观，这种功利性的学习目的是大学生短视化学习目的观的表现。大学生学习目的观的短视化制约了大学生学习的持久性和扎实性，同时阻碍了大学生个体的发展及个体价值的实现。

目前，大学生非正式学习的功利性倾向已经明显表现出来且相当严重。功利性学习自古以来就存在，如"富家不用买良田，书中自有千钟粟""安居不用架高楼，书中自有黄金屋"[②]。林语堂提出，"今人读书，或为取资格，得学位……"[③]这些都是学习目的功利性的体现。在国外，德国著名社会学家马

---

① 李小平.大学生学习的"占有性"倾向分析[J].空军雷达学院学报，2006（2）：140.
② 来自宋代赵恒的《劝学诗》。
③ 纪秀荣.林语堂散文选集[M].天津：百花文艺出版社，2009.

153

克斯·韦伯（Max Weber）在科技发展的背景下分析人类活动时，提出了"工具理性"的概念，它是指"通过对外界事物情况和其他人举止的期待，并利用这种期待作为条件或者作为手段以期实现自己合乎理性所争取和考虑的作为成果的目的"①。工具理性强调功利的动机和追求效用的最大化。大学生在非正式学习目的和学习行为上体现出较明显的工具理性的趋势。这种趋势必然导致大学生学习知识的不完整、知识汲取与个体发展相脱节、大学生学习兴趣及学习自主性的丧失等。

　　造成这些学习问题的原因是多方面的。首先，从社会的角度来看，大学生面临着就业压力大、人才竞争激烈的现实。数据显示，2018年全国高考报名人数达975万，比2017年增加了35万人，且教育部要求确保各地高考录取率不能降低。随着我国高考人数的逐年增加以及高校的不断扩招，大学生就业形势日益严峻。为了毕业后能在社会上获得"容身之地"，大学生只能依靠增加证书的份数、丰富简历的内容来获得社会的认可。此外，社会上一些急功近利、拜金主义现象以及浮躁之风等也对大学生的价值导向产生了一定的消极影响，部分大学生将读大学视为"拿毕业证"，将考试合格视为毕业的敲门砖。大学生在校期间，以取得证书、通过考试为目的进行非正式学习已是普遍现象。

　　其次，从知识的角度来看，大学生只关注显性知识而忽视了隐性知识。英国哲学家迈克尔·波兰尼（Michael Polanyi）提出了隐性知识和显性知识的说法。他认为能被表述的知识，如数学公式、图表等属于显性知识，而隐性知识是具有沉默性特点且未能被清晰表达的知识。隐性知识具有个体性和情境性的特点，它隐藏于同样具有个体性及情境性特征的非正式学习中。"一般人总以为言传知识是人类知识的全部，而实际上它只不过是巨大的冰山露出水面的那个小尖顶，而隐性知识却是隐匿在水下的宏大部分。"②在非正式学习活

① 马克斯·韦伯.经济与社会：上卷[M].林荣远，译.北京：商务印书馆，1997：56.
② 黄瑞雄.波兰尼的科学人性化途径[J].自然辩证法通讯，2000（2）：32.

动中，大学生过于关注专业知识，缺乏对隐性知识的关注，殊不知大量的隐性知识就隐藏在非正式学习的各种实践中。

最后，从传统文化的角度来看，古代科举制"学而优则仕"思想的影响、现代教育目标的功利化、学校管理制度的缺陷（如过度将奖学金、考研与学生绩点挂钩）等，都使大学生的学习目的出现了功利主义之势。因此，教育者必须关注高校大学生非正式学习的功利倾向并对其进行正确引导。大学生不仅可以追求工具理性的学习目标，还应追求价值理性的学习目标。价值理性强调以人生意义为选择标准，不计较功用效益。法兰克福学派的代表人物之一赫伯特·马尔库塞（Herbert Marcuse）在批判工具理性的基础上，认为应更多地关注人的本质。大学生在学习中，不仅要追求证书、成绩，还应注重提升自我交际、审美等方面的能力，以实现自我发展、促进自身全面发展为目标。只有做到了工具理性与价值理性的整合，才能让大学生的非正式学习目的富有多样性与层次性，才能帮助西北地区高校大学生更好地开展非正式学习活动。

三、大学生非正式学习中的"面子"障碍问题

"面子"自古至今一直被认为是中国人特有的一种心理文化，它是支配人们心理及行为的重要观念。"你敬我一尺，我敬你一丈""人活一张脸，树活一张皮"等和面子有关的中国俗语比比皆是。它是中国人最熟悉的名词之一。早在 1894 年，美国的传教士明恩溥（原名阿瑟·亨德森·史密斯，Arthur Henderson Smith）就已提出中国人需要"保全面子"①。林语堂也曾提到，面

---

① 明恩溥.文明与陋习：典型的中国人[M].舒扬，舒宁，穆秭，译.太原：书海出版社，2004：3.

子是"中国人调节社会交往的最细腻的标准"[1]。面子在中国本土文化（如儒家文化等）的影响下，已经渗透到中国人的行为习惯中，极大地影响了中国人的日常社会生活，俨然成为一种本土文化，即面子文化。诸多研究者（如金耀基，2002[2]；黄国光和胡先缙，2004[3]；翟学伟，2005[4]；姜彩芬，2009[5]；杨国枢，2013[6]等）从面子的不同角度，如内涵、维度及行为等方面进行了探讨。

面子文化是中国本土文化，它具有中国本土性的特征，如"面子是依赖于他人的群体取向"[7]。也就是说，中国的"面子"是建立在集体主义价值观之上的文化。中国人注重面子，但更多考虑的是集体的面子，如家庭成员的荣辱、班级集体的和谐等。每个人可以为集体"争面子"，但不能"失面子"，这就给中国人在做事过程中增添了一定的"负担"。此外，由于面子的重要性，人们为了保全面子，常常不会表达个人的感受和想法，这种行为也同样给人们带来了一定的消极影响。西方国家的一些学者对"面子"进行了系统的探究，提出了面子有积极面子和消极面子之分。具体而言，积极面子表现在出于对方对自身肯定的需要，而消极面子则表现为人们为了保全自身及集体的面子，害怕他人对自身或集体的面子构成"侵犯"，并由此对行为产生一定的影响，如邯郸学步、讳疾忌医等。

面子与每个社会人息息相关，也影响着大学生的心理和行为。面子在大学生的学习行为上显得尤为重要。积极面子心理可以帮助大学生在学习过程

---

① 林语堂.中国人[M].上海：学林出版社，1994：203.

② 金耀基.金耀基自选集[M].上海：上海教育出版社，2002.

③ 黄国光，胡先缙.面子：中国人的权力游戏[M].北京：中国人民大学出版社，2004.

④ 翟学伟.人情、面子与权力的再生产[M].北京：北京大学出版社，2005.

⑤ 姜彩芬.面子文化产生根源与社会功能[J].广西社会科学，2009（3）：116-120.

⑥ 杨国枢.中国人的价值观：社会科学观点[M].北京：中国人民大学出版社，2013.

⑦ 张彦鸽.中西方"面子"文化差异与跨文化交际[J].三门峡职业技术学院学报，2007（2）：92.

中提高学习的积极性，获取良好的学习效果；消极面子心理则在一定程度上阻碍了大学生学习的进程，或使其以不正当的学习路径达成"不真实学习"。笔者通过访谈发现，大学生进行各种非正式学习活动的出发点也与他人有关。有的被试者表示，"为了让家里人高兴（有面子），我会好好学习"。有的大学生则提到"他去我也去"，有的大学生说"参加比赛，就是为了和她竞争"。"关系维系着人与人之间的联系，维系着面子文化的发展和推进。"①换言之，面子观念存在于关系中，且这种面子观念是大学生学习目标及价值的导向。被调研的个别大学生在描述自己参加比赛及社团活动的心境时说，"我得好好准备，要不然我们宿舍的人就都没面子""我就听着，我不想说，怕被人笑话""和外国人说英语，紧张，怕出丑，（怕被人）说我们这些英语专业的，学这么多年，就学成这样"。这些"没面子""怕被人笑话""怕出丑"等心理阻碍了大学生正常的学习行为，它只关注学习行为的形式，不注重学习的实质。当然，"怕丢面子"的心理也让部分大学生拒绝参加比赛和一些需要展现自我的社团活动。积极面子观念是大学生非正式学习的外在驱动力，它的介入在一定程度上促进了最佳学习效果的获取，并维持了非正式学习的可持续发展。消极面子观念导致了扭曲学习行为的产生。

　　总而言之，大学生非正式学习的开展会受到面子观念的影响，在学习过程中，大学生应学会处理面子观念对非正式学习行为产生的消极影响，并在积极面子观念的影响下完成非正式学习。

---

　　① 刘宏伟，金毅.浅析面子及面子文化内涵[J].辽宁师大学报（社会科学版），2011（4）：40.

第二节　大学生非正式学习行为上存在的
问题和原因

推行大学生的非正式学习是实现高等教育培养目标的需要，同时也是满足知识经济迅猛发展对大学生个体素养提升的需要。大学生的非正式学习是个性化及社会化的学习，与个体及学校的发展共生、共存，是在要求学校提供动力支持的前提下，不受时空限制，以大学生的自主学习为中心而开展的学习。在非正式学习中，学习者的自控能力是促进学习的核心要素，只有对大学生的自控能力进行探究，才能促进大学生的非正式学习。此外，在学习行为层面，学习评价是促进大学生有效非正式学习的手段和途径，但从目前的调查结果来看，在学习行为方面，我国西北地区高校大学生非正式学习中普遍存在自我学习行为单一、自控能力较低及学习评价缺失等现象。

一、大学生非正式学习行为的单一化

自从有了学习，就有了多种学习行为的存在。例如，"学而不思则罔，思而不学则殆"强调反思的重要性；"邻曲时时来，抗言谈在昔。奇文共欣赏，疑义相与析"的意思是好文章可共同欣赏，难题可一同研究；"纸上得来终觉浅，绝知此事要躬行"强调实践对学习的重要性；等等。目前，许多学者从不同角度对学习行为的含义进行了诠释，如邱九凤（2007）从学习过程的角度出发，提到"学习行为是学生为实现学习目标采用的一系列解决问题的行为，是一种主动选择的行为"①。向葵花和陈佑清（2013）从动作行为的视角出发，谈到"学习行为是学习者在学习过程中表现出来的运动、动作、反应和活动方式的总和"②。概言之，学习行为就是学习活动、学习方式等的总和。学习行为多样性的存在意味着大学生可以多元化地选择学习活动。美国未来学家阿尔文·托夫勒（Alvin Toffler）在 1980 年出版的《第三次浪潮》中提到："未来的文盲不再是不识字的人，而是没有学会学习的人。"学会学习就意味着对学习行为的合理化选择。学习行为的合理化选择关系着大学生个体的学习效果及自我价值的实现等。在全国共建学习型社会的大背景下，培养大学生的终身学习能力尤为重要。大学生应以终身学习为目标，改善学习方式，以适应个体及社会发展的需要。非正式学习是时代发展的产物与体现，大学生应合理看待非正式学习，用合理的非正式学习行为来提升自我，充分实现自我价值。

西北五省（区）高校大学生非正式学习的现状表明，虽然学习形式存在多样性，但大学生具体的非正式学习行为比较单一，多数大学生选择在图书馆看书，利用网络学习、听讲座，偶尔参加学生或学校组织的校园活动。另外，大学生的非正式学习有脱离社会实践的倾向。笔者在访谈中发现，大部分大学生平时只在学校上课、看书，周末外出多是为了娱乐、消遣，他们很少去诸如博物馆类的场馆学习。除学习行为单一外，大学生还未意识到自我反思这种学习行为对个体发展的意义。笔者在调研中发现，只有个别大学生会用日记的形式记录自己的所思所想，也只有少数大学生在生活及学习中遇到难题时，会自己思考解决问题的办法。可见，反思在当前的大学生群体中还未成为常态化的非正式学习形式。

法国著名教育家卢梭在其著作《爱弥儿》中提出了自然主义的教育思想。中国先秦时期老子提出的"无为"等思想被运用在教育上则表现为人的天性

---

① 邱九凤.改善学习者学习行为有效性的策略[J].教学论坛，2007（4）：13.

② 向葵花，陈佑清.聚焦学习行为：教学论研究的视域转换[J].课程·教材·教法，2013（12）：32.

应得到尊重。教育者应尊重学生的个体性，弘扬学生的主体性，关注学生的全面发展。个性化学习应成为大学生的重要学习形态，而个性化学习的开展就要求大学生成为非正式学习中自我导向学习的主人。根据美国学者诺尔斯提出的成人教育理论可知，"成人具有自我导向学习倾向"[①]，大学生处于成人阶段，具有成人学习的基本特征。非正式学习注重学习者的自主性。在非正式学习活动中，大学生是学习的主体，是学习的责任人，但在现实中，部分大学生在观念上缺乏对非正式学习的认知，在行为上缺乏学习计划及学习目标的制定，还会受到网络娱乐活动的影响，这些都导致大学生失去了自主学习的可能性与现实性。自主学习能力的欠缺必然导致大学生缺乏相应的学习行为，如反思行为。"反思是一种自己对自己的觉察、分析和评价，自身是反思的主体，也是反思的客体，离开了自身，反思也就不存在。"[②]可见，反思依赖于大学生的自主性，是大学生主导的学习行为。目前，多数大学生缺乏反思能力与反思行为。反思的缺失必然影响大学生个体的全面发展。可见，学习行为单一且缺少反思是大学生自主学习能力弱的根本原因。

除大学生的自主学习能力外，大学生的学习内容也在一定程度上影响着大学生学习行为的选择。换言之，学习内容的专业性和难易度等都与大学生投入的时间与精力呈正相关。内容专业性越强，越难理解，大学生对其的关注度就越高。另外，教师的引领对大学生学习行为的选择也尤为重要。教师是大学生学习的主要指导者，教师的任务不仅是传道、授业、解惑，还要能促进大学生能力的提高。教师如果注重大学生的个性发展及个性化学习，就会指导学生进行一系列的合作式学习，如创建讨论组、开展师生探讨会等，反之则只会进行枯燥的课堂教学。此外，校园学习氛围也会对大学生的学习行为产生影响。有活力、有生命力的大学校园是激发大学生学习热情的良好场所。大学生乐意在有活力的地方释放压力，发展自己的交际能力和团队合作能力等，

---

① 王兴辉.成人自我导向之学习倾向的调查与分析[J].广西教育学院学报，2006（5）：16.
② 沈云林.论大学生的反思及其教育[J].长沙大学学报，2001（3）：78.

从而真心实意地参加一些社团活动和各种比赛等。如果没有良好的学习氛围，大学生也易失去学习兴趣，无法持续学习。"互联网＋"时代的到来也彻底动摇了传统学习方式的根基。《国家中长期教育改革和发展规划纲要（2010—2020 年）》《教育信息化十年发展规划（2011—2020 年）》中都曾提到要大力推进数字校园建设。数字校园已成为大学常态化校园。据调查，大学生除看书之外，更倾向于利用网络和手机媒介的数字化信息资源进行学习，如在微课堂学习、利用慕课学习等。数字环境的泛在性驱使大学生选择具有泛在化特征的学习方式，即非正式学习。

学习行为的合理性选择是大学生进行有效学习的方式之一。大学生非正式学习行为的合理选择是大学生对自我学习方式管理的重新审视和反思。大学生只有在不断优化的学习环境下培养自主学习能力并灵活地使用网络资源，才能在一定程度上增强非正式学习的效果。

二、大学生非正式学习中自控能力的缺失

大学阶段是人生发展的关键时期，它不仅是一个知识沉淀的过程，还是一个大学生不断进行自我约束的过程。随着"以生为本"教育理念的渗透，提高大学生自控能力显得格外重要和紧迫。"自控能力顾名思义是对自我的一种控制，是在受到外界新奇事物以及各种诱惑的影响下，而对自身行为及习惯进行调节与控制的能力。"[①]一方面，大学生自控能力在一定程度上反映为大学生的自我管理能力。大学生自我管理就是"大学生为了实现高等教育的培养目标以及为满足社会日益发展对个人素质的要求，充分地调动自身的主观能动性与卓有成效地利用和整合自我资源，而开展的自我认识、自我计划、自

---

① 王晓严.浅谈小班幼儿自控能力的培养[J].好家长，2019（1）：36.

我组织、自我调控和自我监督的一系列自我学习、自我教育、自我发展的活动，从而趋于自我完善"①。另一方面，大学生的自控能力就是大学生凸显个体的主体性，强调自我的责任感，通过自我行为的调节与控制，完成自我发展目标的过程。

自我控制是自我学习的有效保障。在非正式学习中，培养自控能力是大学生顺利完成学习目标及自我发展目标的必然选择。大学生根据自身的特点，选择合理的学习行为，从而形成具有个性的自我管理方式。大学生的兴趣、喜好及专业特长等都通过非正式学习中的自我管理发挥出来，这有利于提高其综合能力。同时，非正式学习过程是大学生提高自控能力的过程，为大学生养成自我学习习惯、掌握终身学习能力奠定了坚实的基础。在非正式学习中，大学生的自控能力表现在能根据自我学习及个体发展现状，制定自我学习目标和自我学习规划，同时能激发自我学习动机，即内在驱动力，能自主选择学习内容、学习方式及学习时间、地点等，并能自我总结和反思，最终实现学习目标及个体发展的目标。在非正式学习中，根据内容的不同，自控分为自我学习目标控制、自我学习行为控制及自我学习情感控制等。大学生较强的非正式学习自控能力能够使大学生正确认识学习，充分发挥自我潜能，实现自我价值。大学生非正式学习自控能力的欠缺使大学生很难确立学习责任感，从而导致个人的学习陷入"盲目"状态，学习时间、学习情绪等很难得到恰当的调节，进而影响其学习过程及个体的个性化发展。

调研结果显示，在非正式学习中，大学生自我控制能力及行为的缺失首先表现在自我学习目标的控制方面。多数大学生关注短期的学习目标，即通过考试获取证书等，而忽视了自身个性管理的整体目标。自我目标的制定是自我控制的开始，目标制定的不合理必然导致大学生学习规划的不正确及对未来社会生活的不适应。因此，大学生在非正式学习中，不仅要制定短期学习目标，还要制定人生发展目标。只有这样，大学生才能既做到"修身"，又做

---

① 王浩.浅谈大学生自我管理能力[J].吉林华侨外国语学院学报，2008（2）：49.

到"治国、平天下"。其次，大学生在非正式学习的自我学习行为控制方面主动性差、依赖性强。学生文本内容显示，部分大学生除了完成学校安排的课业，就没有其他的学习行为了。他们只在教师的指导下学习专业课程，不会主动给自己安排其他学习任务。此外，多数大学生只参加其他同学或学校已经组织好的活动，不会自发组织学习小组进行合作学习。大学生依赖他人进行自我参与式学习，在一定程度上也使大学生丧失了自控能力。最后，部分大学生缺少对自我学习情感的控制。一些大学生对学校组织的比赛及讲座等活动具有排斥心理。他们认为"这是学校强迫的，不来没办法"。这种被动式心态和不良的学习动机不会激发大学生的学习兴趣和内在学习驱动力，自然不会有好的学习效果。

消极的学习情绪对学习行为有负面影响，故大学生在学习过程中要善于调节情绪，主动把消极情绪转化为积极情绪。大学生自控能力的缺失是由多种因素造成的。首先，传统的教育体制弊端导致大学生独立、自我管理的能力不强。在传统教育体制下，学校、教师的权力格外凸显，大学生的学习是在"以教师为主导"的前提下进行的，大学生学习知识靠教师，解决难题靠教师。长期以来，大学生认为自己的学习要听从学校及教师的安排，因此大学生也就慢慢失去了自我管理的意识及行为。其次，盲从心理让大学生失去了对自我的观照。大学生是以群体生活及学习的形式接受高等教育的，在生活、学习中，难免会追随群体的学习观念及学习方式等。这种不考虑自身需要，盲目跟随群体的行为很容易让大学生失去自我，缺乏自我审视、自我调节及自我学习等能力。最后，大学生缺少对自我的积极认同。认识自我是自我控制的前提，而合理、积极的自我认同可以提升自我效能感。自我效能感可以帮助大学生在学习中积极调整心理状态，把不良的情绪调整为积极主动的情绪，以此面对并解决学习困难，积极认同自己。

三、大学生非正式学习评价的缺失

非正式学习是一种非结构化的学习（如 Falk and Dierking，2002[①]；Muhammad Syahir Abdul Wahab et al，2014[②]），同时也是学习者自我发起、自我调控、自我负责的学习。大学生的非正式学习是以自己与日常生活情境的交互为基础的，是一种在常规课堂教学以外的任何时间和地点，以解决问题、努力提升专业素养及完善个性发展为目的的学习。大学生的非正式学习是为了满足大学生个体发展的需要，是大学生日常化的学习。要促进大学生非正式学习的可持续发展，就要对大学生非正式学习进行评价。然而在现实访谈中，大学生谈到最多的是他们在终结性评价的推动下，进行各种期末考试、等级考试等，很少有人谈到对课余学习的评价。"评价是一种有效促进学生主动学习的手段。"[③]大学生的自主学习能力是非正式学习的根基，适切性评价在提升大学生的自主学习能力中起到了中介作用。对大学生非正式学习进行评价不仅能准确掌握大学生非正式学习的能力状况、学习过程及效果，还能帮助大学生找出影响非正式学习的外在因素，如教师、学校等，以便更好地帮助大学生提高学习能力。

调查发现，西北五省（区）的高校大学生对自身非正式学习的评价几乎为零。有些大学生提到，个别教师会用鼓励性话语对大学生的学习进行赏识教育。多数大学生谈到，学校在支持各种非正式学习活动（如各种比赛活动等）时，只会以常规性物质奖励的形式对表现突出的大学生给予一定的奖励，而缺

---

① Falk J H, Dierking L D. Lessons without limit: How free-choice learning is transforming education[M]. Walnut Creek CA: AltaMira Press, 2002.

② Muhammad Syahir Abdul Wahab, Ram Al Jaffri Saada, Mohamad Hisyam Selamat. A survey of work environment inhibitors to informal workplace learning activities amongst Malaysian accountants[J]. Procedia—Social and Behavioral Sciences, 2014, 164 (11): 409-414.

③ 朱俊.巧用学习性评价促进学生主动发展[J].中学生物学，2015（2）：52.

少对大学生的综合评价。

大学生非正式学习几乎零评价的状态令人忧虑，出现这种情况的原因如下：首先，非正式学习是学习者在一定情境中自主学习的过程，它不受时空等的限制，是因人而异的学习。它具有即时性、情境性等特征。这些特征表明，我们无法用统一的评价标准衡量大学生非正式学习的能力、过程及成效等，只能依靠个性化的评价标准。这种个性化评价体系的构建是一项艰巨的任务。此外，非正式学习活动涉及多种学习场地，如图书馆、社区等，这也使非正式学习评价更加复杂、困难。其次，非正式学习不受大学生个体、教师及学校的重视。当下，因为许多人认为非正式学习是一种"不值一提""非主流""不登大雅之堂"的学习，所以大学教师及学校将更多的精力集中在了正式学习上。对非正式学习存有偏见无疑让非正式学习受到了冷遇。观念上的淡漠必然导致行为上的滞后，因此，也就出现了当前的状况。再次，大学生的学习行为在一定程度上也影响着非正式学习的评价。调查表明，在进行非正式学习活动时，只有个别大学生倾向于自我反思，而多数大学生缺少对自己学习的审视、分析和经验总结。缺少反思的行为必然导致缺少对自我进行评价的行为。"学生的自我评价是培养学生学习能力乃至终身学习能力的一个重要途径和手段。"①可见，大学生的自我评价对自身当前的发展乃至未来的发展都具有重要意义。"知人者智，自知者明。胜任者有力，自胜者强。"然而，大学生学习行为的缺失造成大学生自我评价缺失的局面无疑是一个令教育者及大学生共同感到惋惜的问题。最后，对多样性评价方式的忽视也影响着当前大学生非正式学习的评价。迄今为止，在教育领域中存在多种教育评价方式，如对成人学习进行考量的先前学习评价，传统的终结性评价，注重学习过程的形成性评价、探究型学习评价及表现性评价等。具体而言，有自我评价、档案袋评价、量表评价等。多种评价方式的存在也让教育者难以选择出在具体场域中

---

① 张梅.基于形成性自我评价的大学生终身学习能力培养研究[J].教育研究，2010（1）：140.

最合适的评价方法。非正式学习的多面性及评价方式的多样性，使大学生非正式学习评价的设计与实施变得非常困难，但不管怎样，对大学生的非正式学习进行评价是刻不容缓的教育任务。

第三节　大学生非正式学习氛围上存在的问题和原因

"氛围是指围绕或归属于某一特定根源的有特色的高度个体化的气氛。"①氛围是影响人们生存、生长的具有导向作用的动态支持系统，是外在环境的一部分。"蓬生麻中，不扶自直；白沙在涅，与之俱黑""橘生淮南则为橘，生于淮北则为枳""近朱者赤，近墨者黑"等，都在说明环境的重要性。

大学生非正式学习氛围是一种潜在的、动态化的教育资源。它以潜移默化的方式感染及熏陶着大学生。良好的大学生非正式学习氛围对大学生主体、学校及社会具有深远的影响。首先，从大学生的角度出发，良好的学习氛围对大学生的学习有一定的促进作用。它有利于大学生树立正确的学习观念，激发大学生的学习动机及学习热情，端正大学生的学习态度，从而提高大学生的学习效率。从能力培养方面来看，良好的非正式学习氛围能帮助大学生挖掘潜能。从性格和情操方面来看，在良好的学习氛围下，大学生易形成自信、自强、自立的品性等，使大学生在非正式学习中做到学习自信与学习自觉。其次，从学校的角度出发，良好的非正式学习氛围代表着学校的精神内核和校园的特色文化。大学生的泛在化学习是学校风貌的缩影，为学校创造良好的

---

① 任君.初中班级氛围的营造策略研究[D].成都：四川师范大学，2015：16.

社会形象。同时，大学生作为学校的培养目标与发展主体，良好学习氛围的建设有利于贯彻以学生为本位的教育改革。最后，从社会的角度看，营造良好的非正式学习氛围有利于形成健康的学习风气，形成多元化的非正式学习氛围圈，从而构建和谐的学习型社会。

学习氛围是大学生进行非正式学习的保障，如果学习氛围上出现问题，则会影响大学生非正式学习的进程与效果。在对西北五省（区）高校大学生非正式学习的调查中发现，学校领导对非正式学习不重视，许多教师较少对大学生日常非正式学习进行指导和鼓励。同时，由于受当前网络泛在化的影响，大学生过度地依赖网络进行学习及娱乐等，较少主动思考问题，出现不愿与人交流、不愿参与合作学习等现象。

一、大学生非正式学习中教师关怀的缺失

关怀是人类的一种情感，它存在于社会的每一个角落，是人类和谐共生的必然诉求。美国当代著名的教育哲学家内尔·诺丁斯（Nel Noddings）曾指出，"关怀最重要的意义在于它的关系性。关怀是出于关系之中的一种生命状态，它最基本的表现形式是两个人之间的一种联结和接触。"[①]关怀存在于人与人的关系中。"人就其本质而言是一种关系性的存在。"[②]可见，关怀是人类社会"生存与发展"的基本条件。此外，这种"生存与发展"是通过人与人之间的"联结和接触"完成的。换言之，关怀的关系性品质体现在人与人之间的对话与沟通上。

---

① 诺丁斯.学会关心：教育的另一种模式[M].于天龙，译.北京：教育科学出版社，2003：23.

② 鲁洁.关系中的人：当代道德教育的一种人学探寻[J].教育研究，2002（1）：3.

在教育领域，教师的关怀具有极其重要的价值。它体现在对学生的生命关怀、个性关怀及终身发展关怀上。它是教育关怀的集中体现，是兼有教育性及普遍性的教育活动。"教师关怀绝对不是一般意义上的关怀，它不是居高临下式的施舍和恩惠，它是基于生命和人格平等的关怀。"①教师通过与学生进行平等的对话和交往，达成与学生情感的交融与共生，以此建立和谐的师生关系，且在此关系上，使学生感受到关怀，体悟关怀的价值，并帮助学生实现全面发展。在大学生的学习方面，教师的关怀可以提高学生的学习兴趣及学生的自我效能感等，同时，教师的关怀也可以帮助学生缓解学习过程中出现的孤独、焦虑等情绪，并解决在学习方法的选择、学习目标的制定中遇到的一些问题。

在大学生的非正式学习中，教师关怀显得尤为重要。非正式学习是学习者自我发起、自我调控及自我负责的学习，是强调学习者自主性的学习。这种自主性的学习更容易让学习者在学习的过程中产生各种消极情绪，如孤独、胆怯等。此外，非正式学习是一种零散式的学习，学习者在进行非正式学习时更容易迷失方向。非正式学习不仅是大学生在校学习期间的一种短暂性学习，更是伴随其一生的常态化学习。鉴于非正式学习的持久性，大学生需要摆正对它的态度。在非正式学习过程中，大学生会遇到许多困难，这就需要教师利用关怀帮助大学生缓解学习中的不良情绪，引导及培养大学生的终身学习能力。在非正式学习中，提高教师的关怀存在感是指引大学生顺利开展非正式学习的关键。非正式学习绝不等于"放任式"学习。教师关怀对大学生的非正式学习来说是一种"动力"，缺少这种"动力"，大学生的非正式学习在一定程度上会出现式微化的学习效果。因此，教师关怀与大学生的非正式学习联结紧密，是大学生学习的推动力。

在对大学生非正式学习的调查中发现，教师很少关注大学生的非正式学习，如"老师很少参加学生组织的活动""老师对大学生的非正式学习很少过

---

① 宋晔.教育关怀：现代教育的道德向度[J].教育理论与实践，2007（10）：41.

问""老师对我们的课余生活漠不关心"等。但从大学生的角度出发，他们更希望"老师能引领我们参加活动""老师能利用课余的一点时间，和我们一起参加活动""老师能多鼓励鼓励我们""老师能给我们的社团做顾问"等。这些都是大学生在非正式学习上对教师的诉求。现实中，大学生对教师的期望就是一种需要教师关怀的表现。教师的行为也表明教师在大学生非正式学习中关怀的缺失背离了教育的本真。实际上，出现这种"教师迷失关怀"现象的原因有以下三个方面：

首先，大学生功利化的学习目标导致教师关怀价值的错误迁移。目前，部分高校、教师、大学生认为大学生的学习目标为学习专业知识、获取专业技能、考取优异成绩及获取等级证书等，这种功利化的学习目标在非正式学习中也有所体现。教师注重对大学生的学业成绩、就业技能等方面的关怀，而忽视了对大学生在个体生命层面及个性发展层面上的关怀。缺少对大学生个性发展的关怀容易使大学生成为一个只知"读死书"的年轻人。

其次，疏离的师生关系使教师对大学生的非正式学习抱冷漠的态度。由于高校教师科研压力大，"不坐班"的上班形式迫使教师只能利用有限的课堂时间与学生交流，课下无暇与学生进行交流与沟通，更无暇关注大学生的课余生活与学习。

最后，教师责任上的"无关怀"产生行为上的式微式关怀。自古以来，教师都被认为是"传道、授业、解惑"者，教师的责任是向学生传授专业知识和技能，他们认为大学生的情感安抚、课余生活与教师无关。但作为高校教师，应深知教师与大学生要有统一的目标，即把大学生培养成为全面发展的人。因此，在个性化的非正式学习中，给予大学生关怀是培养大学生个性发展的路径，是教育的本真所在。

二、大学生非正式学习中的"手机网络依赖症"

网络的全球化普及重新塑造了人类的生活及学习形态，影响了人类的价值取向、行为模式等，是推动社会进步的强大动力。中国互联网络信息中心发布的第 42 次《中国互联网络发展状况统计报告》显示，截至 2018 年 6 月 30 日，中国网民用户规模已达到 8.02 亿，其中手机网民规模达 7.88 亿。随着智能手机多元性功能的出现和手机网络技术的不断进步，手机网络已经成为人们日常工作、生活及学习的"便利必需品"，如人们通过手机网络可以实现与他人的远距离互动、网上银行业务代办等，人们对手机网络的依赖程度不断加深。

手机网络在大学生群体中更是备受欢迎，因为大学生是易于接受新事物、挖掘新技能的年轻群体。目前，手机网络已成为大学生生活及学习的重要组成部分，是大学生进行非正式学习的重要手段及主要学习方式。大学生通过手机网络可以搜集各种学习资源、解决各种学习难题等。调查结果显示，多数大学生在遇到学习问题时，会首先选择利用手机网络解决，如通过论坛与人交流、搜集问题答案等手段处理难题。利用手机网络进行学习不仅符合非正式学习个性化及泛在化的特征，还是促进大学生获得终身学习能力的有效手段与路径，但同时，手机网络也成为大学生开展非正式学习的主要阻碍。访谈结果和学生撰写的文本显示，由于日常对手机网络的惯性依赖，多数大学生缩短了非正式学习的时间，出现了非正式学习的"拖延症状"，在很大程度上影响了自身正常的非正式学习。同时，手机网络娱乐项目也容易让大学生迷失自我，迷失学习目标。此外，大学生在学习方式的选择上，倾向于利用手机网络查找解决问题的方法。这种学习行为确实在某种程度上提高了大学生学习的时效性，但另一方面，也滋生了大学生的惰性，侵占了大学生独立思考的时间，吞噬了大学生独立思考的能力，同时过度使用手机网络进行学习也剥夺了大学生与教师、同学进行面对面交流的机会。把非正式学习方式单一化限制了大学生多元化的求知途径，弱化了大学生的学习责任。大学生的非正式学习中除了受社会网络普及化的影响，还受学校教育、家庭环境及大学生个体因素的影响。

首先，从学校教育的角度来看，高校课堂教学模式单一、僵化。目前，西北地区多数高校的教学模式仍以传统的讲授型为主。单一的教学模式无法吸引大学生的注意力，不利于培养他们的学习兴趣，致使其成为知识的被动接收者。毋庸置疑，在非正式学习中，大学生更倾向于利用手机直接获取问题的答案，而不是通过思考或与人交流的方法获得答案。可见，革新课堂教学模式，提高大学生对课堂学习的兴趣直接决定着大学生在课余时间对非正式学习采用的方法。另外，从教师的角度来看，教师对大学生在学习中使用手机网络的引导不到位，缺乏奖惩措施。教师不仅要关注大学生的学习结果，还应关注他们的学习过程，即学习过程中学生采取的学习手段是否合适，学习内容是否全面、有深度。同时教师还应设置奖惩制度，鼓励大学生在思考与交流中解决学习过程中遇到的问题，而不是让手机网络成为大学生解决问题的主要方式。

其次，从家庭的角度来看，父母的行为会潜移默化地影响孩子的行为。目前，西北地区高校大学生对手机网络的过度依赖与父母不良的手机使用习惯有很大的关系。一些家长在家里过度使用手机进行娱乐、社交等，缺少与孩子面对面的交流，孩子在父母行为的影响下，也会对手机网络产生依赖。

最后，从大学生个体的角度来看，在非正式学习中出现过度依赖手机网络的原因主要是大学生学习能力不强。大学生的学习能力不仅体现在对知识的记忆上，还体现在对知识的运用上。学习能力弱的大学生不会综合性地运用书本知识及学习策略等解决问题，而是利用手机网络解决学习问题，以遮掩学习能力的不足，维护自尊。因此，综合提高大学生的学习能力是干预大学生过度使用智能手机的重要措施。学习能力的提高不仅有助于提高大学生解决学习实际问题的能力，还可以提升其学习的自信和幸福感，从而使其真正学会适度地使用手机网络，避免成为完全依赖手机网络的"瘾君子"。

总而言之，利用手机网络是大学生进行非正式学习的手段之一，它的即时性、共享性让大学生实现了学习过程中的资源共享。合理使用手机网络会提高大学生的学习能力，使大学生的学习效果得到改善，反之，则会让大学生的学习观、人生观等出现偏移，背离正常的学习之路。

第五章　国外高校大学生非正式学习的
定性考察

　　"一切学问都是从生活中来的，是从对自然和社会的观察中归纳出来的。"[①]在对我国西北地区高校大学生非正式学习调查的基础上，笔者欲进一步探究国外大学生真实的非正式学习情况。"窥一叶而知秋"，在本章中，笔者通过对四位国外大学生的访谈，分析美国及澳大利亚高校大学生非正式学习的现状，以期能在一定程度上进一步促进我国当前西北地区高校大学生的非正式学习。

第一节　研究设计

　　该部分以质性研究的方式对国外高校大学生非正式学习进行考察，具体涉及研究目的、受试者、研究方法、研究工具及数据收集与整理。

---

① 怀特海.教育的目的[M].庄莲平，王立中，译.上海：文汇出版社，2017：2.

一、研究目的

本研究主要通过访谈的方式对来自美国及澳大利亚的四位本科生的非正式学习现状进行实证探究，目的是通过质性研究的数据分析国外高校大学生的非正式学习现状，以此与中国高校大学生的非正式学习现状进行比较，并在比较中提出适合我国高校大学生非正式学习的优化方案。

二、受试者

笔者将国外高校的本科生纳入研究范畴是为了更好地了解国外大学生在校园内的非正式学习现状，同时也要与我国大学生非正式学习进行比较。笔者决定选取在校住宿的且在非正式学习方面具有一定代表性的大一和大二学生作为受访对象。由于笔者与受试者之间的距离较远，笔者只能求助国际友人按要求寻找受试者。经友人与其同事商量后，最终确定四位受试者，其中两位来自美国密苏里大学堪萨斯分校，另外两位分别来自澳大利亚的墨尔本大学及西悉尼大学，具体信息如表 5-1 所示。

表 5-1　受试者基本信息表

编号	性别	年级	专业	学校名称
A1	女	大一	物理学	密苏里大学堪萨斯分校
A2	女	大二	公共管理	密苏里大学堪萨斯分校
M1	男	大二	语言学	墨尔本大学
W1	女	大一	数学	西悉尼大学

注：编号中的字母 A 代表美国；M 代表墨尔本；W 代表西悉尼；数字代表受试者。

三、研究方法

受符号互动论、解释学及扎根理论等的影响，质性研究在教育学领域被广泛应用。质性研究是在自然情境下对社会现象的整体性探究。质性研究考察的对象如果是人，则它通过与受试者的互动对其行为进行意义建构，并以综合的视角通过片段的资料描述解释受试者的背景及现状等。大学生的非正式学习是在师生、生生及学校与社区的社会互动中实现的，因此，以大学生的学习经历为主线，以综合的视角考查国外大学生的非正式学习情况是必要之举。

该部分以对受试者采取半开放式的访谈方法为基础来获取大学生非正式学习的相关数据。由于受试者的地域性差异，在实际访谈过程中，具体访谈的手段会有所不同。受试者 A1 和 A2 因为游学，在 2018 年 7 月中旬来到宁夏银川，经友人介绍，笔者与二位受试者进行了面对面的访谈。由于第一次访谈获取的信息不足，笔者又对二人进行了第二次深度访谈。对于澳大利亚的两位受试者，由于距离的限制，笔者采用在线访谈的形式，利用 Skype 软件分别对二人进行了两次一对一的访谈。

四、研究工具

在研究过程中，研究工具具体涉及访谈提纲和对访谈内容进行整理分析的软件工具。

（一）访谈提纲

在已有关于美国及澳大利亚教育文献研究的基础上，笔者结合了先前的西北地区高校大学生非正式学习探究中的访谈提纲，自制了国外大学生非正式学习的半结构化访谈提纲。为了更清楚地了解国内外高校大学生的非正式学习，访谈提纲涉及的学习观念、学习行为、学习价值、学习氛围、影响因素等维度与西北地区高校大学生的非正式学习访谈提纲的维度构面是一致的。此外，笔者在提纲中还设计了有关受试者先前学习经历的题目，此举也是为了进一步考查受试者非正式学习的连续性及其原因。由于受试者是国外大学生，为了保持沟通的流畅性，访谈全程采用英语进行对话，因此访谈提纲的内容也皆以英语的样式出现，具体内容见表 5-2，终稿访谈提纲详细内容见附录四。

表 5-2　访谈内容结构表

维度	主要涉及内容及题目分布
学习观念	对非正式学习的了解程度（内涵、内容等）　题号：1
学习行为	非正式学习的方式　　　　　　题号：2、3
学习价值	非正式学习的效果及评价　　　　题号：10
学习氛围	学习场域、学校的组织氛围及校园文化氛围等 题号：4、5、6、7
影响因素	有利因素和不利因素　　　　题号：9
先前学习经历	概述过去学习经历或具体学习情境及方式　　题号：8

（二）质性软件工具

在访谈数据收集阶段，笔者主要使用 Skype 软件与受试者进行了在线视频通话，并利用录音笔记录访谈内容。在访谈数据转写阶段，笔者主要使用了由中国外语教育研究中心许家金教授编写的 F4 软件，将访谈的音频文件进行文字的转写处理。在数据分析阶段，笔者主要使用了 Nvivo11.0 软件将相关访谈信息进行了编码和整合处理。

五、数据收集与整理

在数据收集过程中，笔者共对四位受试者进行了访谈，其中对来自美国的两位大学生进行了两次面对面且一对二的访谈，每次正式访谈的时间约为40分钟。利用 Skype 软件与来自澳大利亚的两位大学生进行了两次一对一的视频通话访谈，每次访谈的时间约为 40 分钟。此次访谈数据的收集工作从2018 年 7 月 2 日至 7 月 20 日。

在数据整理过程中，利用软件对已收集到的语音数据进行英文逐字转写，并最终以电子邮件的方式与受试者共同进行校对，以保证数据的真实性与准确性。另外，为了保护受试者本人的隐私，笔者对四位受试者分别进行了编号。最后，笔者将受试者每次的访谈材料（共六份）进行了整合，按编号整理出四份访谈材料，分别命名为 A1、A2、M1 及 W1。在此基础上，笔者通过开放编码，从原始的访谈材料中提取了有意义的词句并将开放编码贯穿起来，利用主轴编码对其进行概括和归纳，从而整理出更抽象的资料，以待进一步分析与探讨。

第二节　研究结果分析

调查显示，四位国外大学生对非正式学习的概念有一定的认知，并且能运用非正式学习的手段进行学习。在选择非正式学习方式时，四位国外大学生均提到了参加校园活动、讨论、反思及利用网络进行学习。调查的数据显示，国外大学生通过参加学校支持的大学生个体组织的活动提高了合作及交际能力，同时他们都认可大学生具有一定的冒险及自我挑战精神是保证非正式学习顺利进行的前提。在研究中，利用词云统计发现，四位国外大学生在日常生活中均倾向于非正式学习，具体涉及的词汇有"learning activities"（学习活动）、"interest"（兴趣）、"self-thinking"（反思）、"risk"（冒险）等（见图 5-1），且非正式学习逐渐成了他们学习的重要组成部分。

图 5-1　四位国外大学生访谈数据词云统计图

一、学习观念

访谈数据显示，四位国外大学生均对非正式学习有一定的了解，并从不同的角度谈及非正式学习，他们从学习场地的角度出发，认为非正式学习是发生在教室外的一种学习。如"My understanding of informal learning is that it comprises learning activities that take place far away from a teacher-centered environment. It takes place outside of the classroom or even outside of the school."

（我对非正式学习的理解是，它发生在远离以教师为中心的环境中，且它发生在教室外，甚至是校外）（A1）、"Informal learning happens in the campus, not in the classroom."（非正式学习发生在校园里，而不是教室里）（A2）。从课程内容上说，与正式学习相比，非正式学习没有固定的课程安排，如"It doesn't follow a set curriculum."（M1）。另外，从学习方式上来看，他们认为非正式学习是一种自学，如受试者 A1 提及，"I strongly believe that informal learning is a kind of self-learning that through learning-by-doing, trial and error, and etc. For example, as a sporty girl, I always do all kinds of sports and then analyze my performance. In addition, I always take every opportunity to practise oral Chinese and French. It's also informal leaning, I think."（我坚信非正式学习是一种边做边学、反复试验的自学。比如作为一个运动型女孩，我经常参加各种运动项目并且分析我的运动表现。另外，我会利用每一次机会练习汉语和法语，我认为这也是非正式学习）。

　　另外两位受试者也提及"Informal learning is made of self-learning."（非正式学习是由自学组成的）（M1）、"to learn by self-learning and trying new things"（通过自学和尝试新事物进行学习）（W1）。此外，从非正式学习的目的来看，他们认为非正式学习要能展示个性，如"Joining activities is to show our personalities and the university wants us to show our personalities."（参加活动是为了凸显个性且学校希望我们能展示个性）（A1）。从学习过程来看，非正式学习是合作，是创造，如"I think it's collaborative. By this way, it is creative."（我认为它是合作，也是创造）（A2）、"It's a cooperative learning."（它是合作型学习）（W1）。最后，受试者 A2 及 W1 强调，非正式学习无处不在，"You can learn from everywhere." "Informal learning happens everywhere and people can learn a lot."。鉴于此，通过分析数据发现，四位国外大学生都对非正式学习有一定的了解，且对非正式学习持积极态度。为了清楚表明他们非正式学习的学习观念，笔者绘出了编码分布图（见图5-2）。

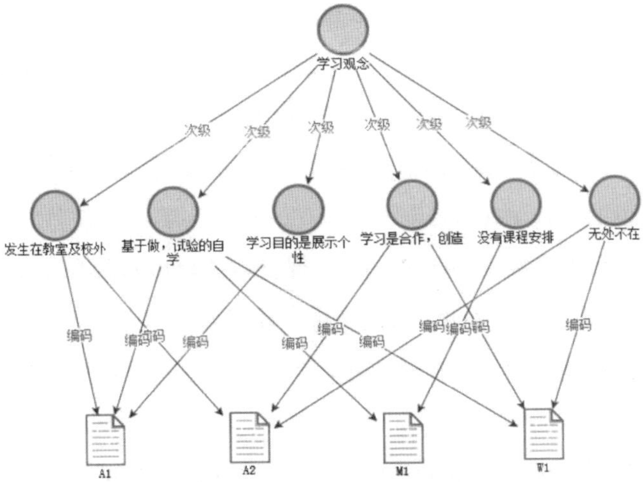

图 5-2　四位国外大学生非正式学习的学习观念编码分布图

二、学习行为

根据四位国外大学生非正式学习访谈的数据整理结果及词云统计（如图 5-3）发现，国外大学生在学习行为的选择上，倾向于在活动和分享中学习、反思、讨论。

图 5-3　四位国外大学生非正式学习行为的词云统计图

　　此外，他们也倾向于通过网络进行非正式学习。具体来说，首先，国外大学生强调参加活动是非正式学习的主要途径及内容。"We like joining all kinds of activities, which makes us relaxed."（我们喜欢参加各种活动，它们可以让我们放松）（A1）、"I do a lot of activities outside of the curriculum."（我参加了许多课程以外的活动）（A2）、"I love taking part in the activities."（我喜欢参加活动）（M1）、"Joining activities make me more confident."（参加活动让我更自信）（W1）。国外大学生会参加校内及校外的各项活动，且他们都是因为感兴趣而参加的，如"We take part in some activities that we really like and have great interest."（我们参加一些我们非常喜欢且感兴趣的活动）（A1）、"Based on my interest, I will take part in all kinds of clubs or groups to show myself."（根据自身的兴趣，我参加各种俱乐部及社团来展示自己）（A2）、"Students based on interest to choose the activities."（学生根据兴趣选择活动）（M1）、"Great interest is crucial for us to choose the activities."（兴趣是我们选择活动的关键）（W1）。可见，大学生的兴趣是促使他们参与活动的主导因素。国外大学生不仅参加校内的社团活动，还参加校外的社区活动，如美国大学生 A1 及 A2 提及，"Outside the campus, we have experiential learning by helping the disabled people of the local community. Sometimes, we organize overseas study by ourselves, so that we can immerse ourselves in a new culture and environment. When we go out of the campus, we also do some service learning. Service learning is popular among the university students."（我们在校园外进行实践性学习。我们去当地的社区帮助残疾人。有时，我们自己组织去国外留学，去适应新文化和新环境。当我们走出校园时，我们也参加许多服务型学习。服务型学习在大学生中很盛行）（A1）、"We help the seniors and the disabled. We learn a lot from them. And we can gain more confidence when we help others."（我们帮助老人、残疾人，并且从他们身上学到许多东西。当我们帮助别人时，我们可以获取更多自信）（A2）。

在活动中学习不仅提高了大学生的学习兴趣，还培养了他们对非正式学习的积极态度。另外，调查结果显示，四位国外大学生在非正式学习中勤于反思，认为反思是非正式学习中解决学习困难的主要手段之一。受试者 A1 曾经提及，"Analyzing and rethinking the problems in my mind rather than letting them disturb my confidence or self-esteem. I accept that mistakes are good for learning and I can laugh at myself when I make a silly mistake. I try to develop frameworks, like mind map, to analyze how to cope with difficulties."（在大脑中分析问题、重新思考而不是让它们扰乱我的自信和自尊。我认为犯错误对学习有益处，当我犯错时，我也会自嘲。我试着构建框架图，比如思维导图，来解决困难）。

受试者 A1 善于在反思的基础上用思维导图等模式解决学习中的困难，同样地，受试者 A2 也曾使用相同的路径——反思来解决问题，如"Well, you know, I believe a saying that goes, God help those who help themselves. When I encounter the difficulties, I always think. I like thinking and reflecting. I just rethink the process and methods, then choose a best way to solve the problems. I'd like to say, thinking can bring me surprise."（好吧，我相信一句名言，那就是"天助自助者"。当我遇到困难时，我就会思考。我喜欢思考与反思。我会反思事情的进程和方法，最后选择一个最好的途径来解决问题。不得不说，思考能为我带来惊喜）。

澳大利亚的受试者也谈到了反思，他们认为，"Self-reflection is essential when I deal with the problems."（当我解决问题时，反思是基本的途径）（M1）、"Thinking can bring me great thought, so I spent a lot of time thinking back during my daily learning."（思考可以产生好的想法，因此我会在日常的学习中把大量的时间用于反思）（W1）。可见，在非正式学习中，反思均得到了四位国外大学生的肯定，且它在大学生解决学习困难时起到了积极的作用。除了反思，国外大学生均谈到了讨论，如，"Discussion is a natural thing in the campus."（讨论是大学校园中的一种普遍现象）（W1）、"And sometimes, we have discussion with peers." （有时，我们与同学一起讨论）（M1）、"I like discussing and talking with others." （我喜欢与他人讨论）（A2）、"Discuss with peers or teachers makes me excited when we want to cope with a problem." （当要解决一个问题时，与同学和老师讨论让我很兴奋）（A1）。有时，这种讨论发生在休闲场所，如咖啡馆，"We like café. Teachers and students usually sit in a café to drink coffee and have a free discussion about study." （我们喜欢咖啡馆，老师和学生经常坐在咖啡馆里自由地讨论学习）（M1）。同时，这种讨论也经常发生在不同的小组里，如"I always discuss with my classmates and sometimes we have a lot of group work to prepare next day's presentation." （我常和同学们进行讨论，有时为了准备第二天的报告，我们要进行小组学习）（A1）、"We usually have free talk in pairs." （我们经常两人一组自由讨论）（W1）、"Sometimes, we have expert group or home group to discuss about interest or study and share the opinions or skills in the group." （有时，我们设置专业小组和宿舍小组一起讨论我们的兴趣、学习，并在小组里分享我们的观点及技能）（A2）。有时，他们也利用网络平台进行讨论。"We have free talk with peers on the Internet, most of time, by using facebook." （大多数时间，我们通过脸书和同学们在网络上进行自由讨论）（W1）。由此可见，四位国外大学生习惯在非正式学习中采用讨论的学习形式进行学习或解决困难等。最后，由于网络的泛在性，国外大学生也利用网络平台进行非正式学习，如网络听课、网络互动、网络查询资料等。"Online course can save us time, and sometimes I attend the course to study Chinese medicine." （在线学习可以节省时间，有时我还会利用在线课程学习中医）（M1）、"I found the documents on the Internet and then talked with the classmates." （我会利用网络查找资料，然后与同学讨论）（A2）。

综上，四位国外大学生在非正式学习行为的选择上，倾向于通过参与活动、反思、讨论及利用网络进行学习。

三、学习价值

国外大学生倾向于非正式学习，由此也可以看出非正式学习必然有其不可忽视的价值。"We can learn a lot. Taking part in these activities is the powerful way to learn."（我们可以学到许多。参加活动是强有力的学习途径）（A1）。非正式学习体现着个体价值，它让大学生丰富了情感，锻炼了技能。"And we can gain confidence when we help others."（当我们帮助别人时，我们可以获得自信）（A1）、"It gets me to show myself and prove myself."（它让我展示自己，证明自己）（W1）、"Informal learning means gaining skills through one's effort without formal instruction. Usually, the person seeks to learn a skill, e.g. cooperative skill, communication skills."（非正式学习意味着人们在没有正式教育的前提下通过努力学习技能，如合作技能、交际技能等）（M1）。此外，非正式学习还可以体现出大学生的社会价值，如"I like volunteer activities, which can practice our communication skills and get us to learn how to be a real citizen. I love it."（我喜欢志愿者活动，它可以锻炼我们的交际技能并能让我们懂得如何成为一个真正的公民。我喜欢这种活动）（A2）。可见，大学生非正式学习不仅能凸显出大学生的个体价值，还能彰显出非正式学习自身的社会价值。

四、学习氛围

在与四位国外大学生的交谈中不难发现，国外高校具有良好的非正式学习氛围。大学生都基于自己的兴趣，热衷于参加校内及校外的各种活动，且学校也积极响应，为大学生的非正式学习提供一定程度上的支持，如"support students to provide the place."（为学生提供场地）（M1）、"The school always provides some supports for students. For example, the university can provide us web page for propaganda activities." （学校经常为学生提供一些帮助，如学校为我们提供网页来帮助我们进行活动宣传）（A1）、"If you are a new student or freshman, and you aren't familiar with the campus life, you just focus on campus website to find 'students', and click 'campus life', and then, the icons like 'find an event', 'join the organization' and 'manage your organization' will appear." （如果你是一位新生，不熟悉校园生活，你可以关注校园网站，找到"学生"，点击"校园生活"，然后"找到事件""参加组织"及"管理你的组织"等图标就会显现出来）（A2）。

学校利用网络宣传帮助大学生找到自己感兴趣的社团。"I think, it's a quick way for students to adapt to the campus life. Actually, the school does a good job. And all students love activities." （我认为这是一种让大学生迅速适应大学生活的方式。事实上，学校做得很好。所有学生都爱参加活动）（A1）。国外高校为大学生的非正式学习提供有限的帮助，它的助学理念是学校不过多参与大学生的组织活动，让大学生学会独自建立社团，并学会承担责任，如大学生通过出售二手书等方式自行筹备资金，组织社团活动。"We rely on ourselves to fund and organize our activity. During this process, we can practice ourselves and learn a lot." （我们靠自己筹备资金并组织活动，在这个过程中，我们得到了锻炼并学到了很多）（W1）。可见，在国外的高校中，学校会为大学生的非正式学习组织提供一定的支持，但在更大程度上，是为大学生提供机会，让大学生能自主组织、自主学习，最大限度地发挥主观能动性。

五、影响因素

访谈数据显示，四位受试者更多地谈到影响大学生非正式学习的有利因素，不利于非正式学习的因素则较少谈及，且四位受试者都比较认可学习者主体是影响大学生非正式学习的主导因素。笔者就以此展开对大学生非正式学习影响因素的分析。

首先，四位受试者都认为大学生作为非正式学习的主体，需要有冒险精神，如"The spirit of risk and challenge are crucial."（冒险和挑战精神是重要的）（A1）、"The spirit of risk is the basic factor for informal learning."（冒险精神是非正式学习的基本要素）（A2）、"The spirit of risk and self-challenge is essential for informal learning."（冒险精神和自我挑战是非正式学习的基本要素）（M1）、"I love risk, and it makes me try new things, join new activities and make new friends, so I think the spirit of risk is important."（我喜欢冒险，它让我尝试新事物，参加新的活动并结交新朋友，因此我认为冒险精神是重要的）（W1）。由此可以看出，受试者都比较认可自我冒险、自我挑战在非正式学习中的重要作用。

其次，三位受试者比较认可兴趣在非正式学习中的价值，他们强调，"Interest is the clue for me to join the campus activities. Without interest, I think I could not study and play well."（兴趣是我参加校园活动的线索。没有兴趣，我觉得我不可能学好、玩好）（A1）、"I believe interest is also important for us to conduct the informal learning but how to cultivate the interest is a problem."（我认为兴趣对我们进行非正式学习同样重要，但是如何培养兴趣是一个问题）（M1）、"Interest is the guidance for us to choose the learning field and to take part in the activities."（兴趣是我们选择学习领域的向导，同样也指挥我们参加各种活动）（W1）。受试者强调兴趣是学习的出发点、线索、向导。

再次，受试者认为学习者的学习背景也是大学生非正式学习不可忽视的影响因素之一。"From a pupil to a high school student, I liked to talk and show my opinions to others. That's why I still like talking with others in the university."（从小学到高中，我一直喜欢讨论并把我的观点分享给大家，这就是我在大学里仍喜欢和别人交谈的原因）（A1）、"Learning background is important for us to conduct informal learning. when I was in primary school or high school, I loved thinking by myself."（学习背景对我们的非正式学习很重要。当我在中小学的时候，我就喜欢独自思考）（A2）、"Past background is the basic for us to have such kind of learning."（过去的经历是我们进行非正式学习的基础）（W1）。大学生非正式学习行为的选择与他们过去的学习经历息息相关，因此，要想真正培养大学生的非正式学习能力，就必须从他们中小学阶段做起。

最后，在与受试者谈及影响非正式学习的因素时，他们不仅指出学习经历会影响非正式学习，还确切地提及，在他们过去的学习经历中，老师布置的作业、上课的形式及教室的布置都对他们现在的非正式学习影响很大。"We had to go to the library to find so many related books and tried to find the different dangers. And then, I gave my suggestions on how to protect the animals. You know, it is hard and challenging for a primary student, but after that, I love animals and now I still sometimes leave the message on the facebook to call people to protect animals. Besides that, I still remembered we talked a lot with each other and had a happy time on that day. Such kind of homework make me like new things."（我们必须去图书馆查阅相关的书籍并试着找出不同的危险因素，然后我就如何保护动物提出了建议。尽管对于一个小学生来说，这很困难，也是一种挑战，但是这次作业使我喜欢上了动物，并且让我到目前为止仍会在脸书上留言号召人们保护动物。此外，我仍然记得那天，我和同学们讨论了许多问题并且非常开心。这种作业让我喜欢上了新事物）（A2）。作业布置合理不仅能帮助学生学习知识，还能培养他们学习的兴趣及能力。此外，受试者 A1 还谈及了让她印象深刻的上课形式，如 "We sat in a circle. The teacher asked us so many questions in each class and we talked, talked and then the class was over."（我们围成一圈坐着，每节课老师都会问我们许多问题，我们讨论着讨论着，不知不觉就下课了）。这种上课形式也让 A1 习惯了当前和大学生的讨论。在谈论学习经历时，M1 和 W1 还谈及了教室布置，如 "We had thinking space in our classroom. Students went into the small room made by our teacher with a curtain and stayed alone, which was popular among students." （在教室里我们有思考的空间。老师用帘子围了一个小屋子，同学可以独自待在里面进行反思，这在学生中很盛行）（M1）、 "Desks are lied in a circle and students sat together, discussing." （课桌被摆成一个圆圈，同学们坐在一起，讨论）（W1）。这种教室的布置有利于学生进行思考和讨论。最后，个别受试者还认为情商、幽默感、学习习惯及教师的指导都是影响大学生非正式学习的因素，如 "Having good EQ（Emotional Quotient）helps students learn calmly and productively." （高情商可以帮助学生从容、高效地学习）（A1）、 "Good learning habit is necessary for students before conducting any kind of learning." （好的学习习惯是学生在进行任何学习之前都必须养成的）（M1）、 "Teachers' guidance is usually necessary when we have doubts or emotional problems in learning." （当我们在学习中遇到疑问或者情感问题时，教师的指导是必不可少的）（W1）。综上，四位国外大学生谈及的影响大学生非正式学习的有利因素，如图 5-4 所示。

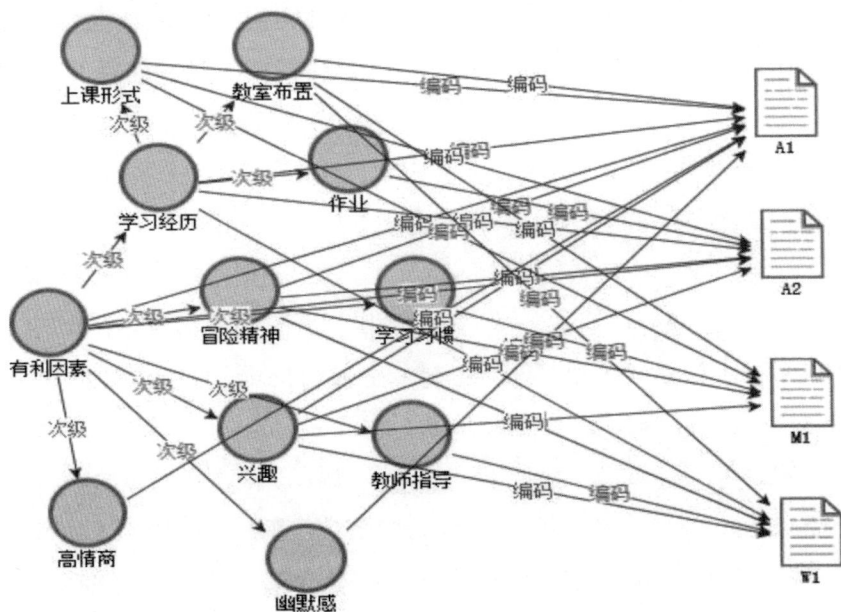

图 5-4　影响大学生非正式学习的有利因素图

四位国外高校大学生重点谈及了影响大学生非正式学习的有利因素，在访谈中，也有受试者谈到了不利因素，如"The factor that we also have to consider is the laziness. "（我们要考虑的因素还有懒惰）（W1）、"Their time of control is also a question. "（时间管理也是一个问题）（M1）。为了促进非正式学习的顺利进行，大学生有必要避开不利因素。

第三节　研究结果及讨论

四位国外高校大学生在某种程度上对非正式学习有一定的理解，并且能将这种理解带到具体的非正式学习中。访谈结果与分析显示，四位国外高校大学生均倾向于根据个体的兴趣选择不同的学习内容及行为，且认同反思、讨论及参加活动对非正式学习价值体现的意义。与此同时，他们一致认为，学习者具备的冒险、自我挑战精神是促进大学生顺利进行非正式学习的支柱。这些发现对培养大学生非正式学习的意识和能力是极其有利的。笔者在调查中还发现，国外大学生比较看重学习经历对大学阶段学习的影响。大学生学习方式及学习行为的选择在一定程度上是大学生个体学习持续性的体现。为了更好地凸显当前大学生非正式学习的价值，人们有必要重新审定大学生的学习背景并汲取当前经验，在未来教育中重视幼儿及中小学阶段非正式学习能力的培养，以此保障未来大学生非正式学习的顺利开展。从以上结果与分析中可总结出该部分研究具有以下特征：

一、大学生的个体性决定了非正式学习的多样性

英国教育理论家、哲学家阿尔弗雷德·诺尔司·怀特海（Alfred North Whitehead）曾指出："在教育中如果排除差异性，那就是在毁灭生活。"[①]学生的个体差异性决定了个体生命的存在价值，它的存在无疑丰富了教育生活。大学生的个体性在一定程度上体现在个体兴趣的差异性上。美国对于本科教育提出三大目标，即"让学生具备走上工作岗位的能力；将学生培养成文明人，使他们具有自治和民主思想，能够积极参与社区事务；培养学生广泛的兴趣，让他们具备思考和自知的能力，使他们的生活充实而幸福"[②]。从中可以看出，美国的本科教育倡导大学生培养多种兴趣，让兴趣丰富生活。澳大利亚也一直在强调，"应该认识到每个学生的学习需求和学习兴趣都不同"[③]。可见，美国和澳大利亚在教育方面均强调兴趣对大学生学习与生活的重要性。从不同的兴趣出发，大学生会对不同的学习内容及行为产生不同的选择。在访谈中发现，国外高校大学生不仅可以根据兴趣选择参加适合自己的社团活动，还可以根据兴趣自主筹备经费、创建社团，因此学校里出现了各种各样的社团。学校为大学生提供自主成长的空间，不仅磨炼了大学生的意志，还丰富了大学生的课余生活和大学生非正式学习的多样性。不同个体的学习内容及学习行为具有差异性，学习内容及学习行为的差异性是以学习样式的多样性为基础的。归根结底，大学生的个体性决定了大学生非正式学习的多样性，而在此过程中，大学生个体的兴趣是主导大学生选择非正式学习内容及行为的核心要素。因此，大学生非正式学习的顺利开展与培养大学生的多元兴趣息息相关。关注大学生个体性的发展是进行非正式学习的前提，也是非正式学习价值目标实现的体现。

---

① 怀特海.教育的目的[M].庄莲平，王立中，译.上海：文汇出版社，2017：16.

② 博克.大学的未来：美国高等教育启示录[M].曲强，译.北京：中国人民大学出版社，2017：159.

③ 耿华.透视澳大利亚教育[M].北京：北京大学出版社，2018：83.

二、大学生在挑战自我中学习与成长

"任何人的职责、使命、任务都是全面地发展自己的一切能力。"[①] "全面地发展自己的一切能力",换言之,就是充分发挥个体的价值。个体价值在呈现过程中必然要求个体在职责、使命、任务面前完成每次的自我成长及蜕变。"人是一种悖论性的存在,是自然性与超自然性、有限性与无限性的矛盾统一体。"[②]一个人的成长是在矛盾中完成的,不断挑战自我是成长的过程及目标。四位国外高校大学生认为,冒险精神及自我挑战精神是不可或缺的,是促进非正式学习的有利因素。学习者具备冒险、挑战自我的精神意味着学习者具有克服困难或接受新事物的勇气。挑战自我帮助学习者实现了从被动学习向积极、主动学习的转变,它是改变学习者学习行为的桥梁,同时,也是让大学生具备创造能力的前提。四位国外高校大学生认可冒险及挑战自我在学习、生活中的重要性,认为个体的成长是一个自我否定的过程。生活方式的变化、教育及教学模式的改革,使大学生持续不断地挑战新事物、接受"新自己"成为一种实然。在现实中,不断地挑战自我不仅是大学生个体生命价值的体现,还是教育及社会发展的价值体现。由此可见,国外大学生在非正式学习中这种挑战自我的精神值得国内大学生借鉴。国内高校大学生应改变保守、传统的学习氛围,让挑战自我引领自身向"化茧成蝶"的目标前进。

[①] 中共中央马克思恩格斯列宁斯大林著作编译局.马克思恩格斯全集:第 3 卷[M].北京:人民出版社,1960:330.

[②] 卢俊勇,陶青.论学习价值的完整性[J].教育探索,2011(6):10.

三、大学生在学习中反思，在反思中成长

通过对数据结果的分析发现，四位国外高校大学生在非正式学习中都选择把反思作为解决学习问题的途径之一，并且认为反思对自身成长有着极其重要的意义。反思是促进个体成长与进步的手段。从经验论的视角出发，1989年，G.T. 波斯纳（G. T. Posner）提出了"经验＋反思＝成长"[①]的公式，由此可见，大学生个体的成长需要反思。反思是大学生自我成长的途径，大学生在学习中反思错误，是为了及时纠正不良的学习方法；反思难题，是为了寻找有效解决问题的方案；反思知识的欠缺，是为了查阅更多的书籍，请教更多的人，以填补知识的空白；反思学习中的消极情绪，是为了能更好地管理不良情绪。所有这些都在说明反思是学习方式，也是大学生具备正能量的基础。学会反思意味着学会独自成长、独自完善。大学生的反思是非正式学习的外在表现。学会反思、认可反思实际上是认可非正式学习对于大学生的重大意义，理解非正式学习的精髓，即它是以学习者为主体的学习。在非正式学习中学会反思，可以促进非正式学习的有效开展。可见，反思与非正式学习密切相关。反思将大学生与外在世界相关联，同时，大学生认识到"一切判断，甚至一切比较，都需要反思"。大学生不仅是"校园人"，更是"社会人"，反思帮助大学生成长于社会，服务于社会，从而实现其应有的社会价值。

四、大学生的学习经历影响非正式学习行为的选择

每位大学生都要从小学阶段的学习跨入中学阶段的学习，并走进大学阶段的学习。大学生的学习习惯、特点、偏好等都是在这种历时性的学习过程中积累和沉淀下来的，同时它们也在共时性学习的某一阶段进行展现。例如，四

---

① 姚新良，沈云林. 论反思与大学生的成长[J]. 湖南教育学院学报，2001（2）：31.

位国外高校大学生在非正式学习中偏爱讨论、反思等学习行为，他们这种善于与他人讨论和反思的特点是与他们过去阶段教师的教学方法、各类学习事件息息相关的。数据分析显示，受试者在小学阶段的日常学习中，就经常在教师的指导下进行小组讨论、与他人分享观点等。这种学习行为一直延续到大学，可见，一个人的学习背景在一定程度上影响着其非正式学习行为。学习经历是学习经验的来源，它不只代表过去的学习，更预示今后的学习状态及学习结果。因此，为了促进大学生有效地开展非正式学习，可以先了解他们的学习经历，从学习经历中找到适合他们自身发展的非正式学习方式。

第六章 优化高校大学生非正式学习的
实施路径

学习是人类生存的基础，是社会发展的根本。在建构学习型社会的背景下，大学生作为国家的栋梁之材，肩负着发展国家各项事业的重任，这就要求大学生通过学习促进个体的发展。调研发现，非正式学习更能满足大学生个体发展的需要。经过对我国西北地区高校大学生非正式学习的调研及四位国外高校大学生的访谈，笔者发现，西北地区的高校大学生与国外的大学生在非正式学习观念和行为方式的选择上都存在一定的差异。为了有效地促进西北地区高校大学生的非正式学习，达成大学生完善自我的目的，我们有必要对国内外大学生的非正式学习进行进一步的探究，并从中借鉴"良方"，从而促进我国大学生的非正式学习。

第一节 高校大学生非正式学习观念体系
及其构建

"概念是现实世界中的事物及其本质属性在人们头脑中的反映。"①概念

---

① 吴凯，赵宇.浅析概念的外延对概念理解的作用[J].职业教育，2012（1）：234.

的内涵反映事物的本质属性及特征等，概念的外延反映事物的范围及联系等。对概念的理解与领会帮助人们认清事物，是人们形成观念及开启行为的前提。

要想调查高校大学生非正式学习的现状，首先要了解大学生对非正式学习概念的理解程度。研究发现，我国高校多数大学生表示不了解非正式学习，对非正式学习的观念模糊；而从对四位国外大学生的访谈中了解到，他们对非正式学习都有一定的了解，但基本是从概念的外延上理解的，如"It takes place far away from a teacher-centered environment. It takes outside of the classroom even outside of the school."（它远离以教师为中心的环境且它发生在教室外，甚至发生在校外）、"It doesn't follow a set curriculum."（它没有固定的课程）。由此可以看出，国外高校的大学生能从外延上把握非正式学习，但也未能做到透彻理解非正式学习的内涵。对非正式学习的全面理解有助于学习者建立正确的非正式学习观。这种学习观使大学生不仅关注当前的学习，还注重未来的个体化学习及终身发展。与此同时，对非正式学习概念的掌握可以提高大学生学习的自觉性，有利于大学生及时调整学习目标及方向等。此外，对非正式学习概念的领会还能提高大学生适应非正式学习及终身学习的能力。因此，对非正式学习概念理解程度的高低关系着大学生能否形成正确的非正式学习观。鉴于此，我国高校应以讲座、讨论等形式向大学生传递非正式学习的价值、内涵等，帮助大学生形成良好的非正式学习观，并以此开展个性化的非正式学习。

一、大学生非正式学习价值的生成路径

当前，我国西北地区高校大学生对非正式学习价值的理解不深，因而产生了"表层性的非正式学习"。因此，探讨大学生非正式学习的价值并明确其生成路径是提高大学生非正式学习有效性的重要途径。

在大学生非正式学习价值实现路径的构建中，学习需求是实现非正式学

习价值的首要因素。大学生非正式学习是基于大学生的学习需求而展开的，其学习需求常常被具体化为解决一个问题、培养一个兴趣等。在非正式学习中，学习目标的设立是追求非正式学习价值的开始，大学生在完成学习目标的过程中实现内在价值及外在价值的统一。此外，大学生在非正式学习中，与自己或他人产生互动效应是实现非正式学习价值的关键因素。"学习是学习主体与环境的相互作用，经过内化获得经验的活动。"[①]建构主义认为，学习是与情境化的活动联系在一起的，是一个参与互动的过程。在非正式学习中，大学生只有与自己或他人产生互动效应，才能使非正式学习的价值生效，否则，非正式学习只会呈现无联系、无价值的状态。从大学生主体的角度看，设计非正式学习价值的生成路径就是追求学习过程对大学生的意义。它不仅关注大学生的个体，而且重视大学生与他人及社会的联系，强调大学生、他人及社会的更好发展。结合上述分析及在蔡熹耀（2004）[②]的体验式学习价值生成图的启示下，笔者设计出了基于大学生角度的非正式学习价值生成图（见图6-1）。

---

① 叶瑞祥. 对学习概念的新认识[J]. 韩山师范学院学报（社会科学版），1995（4）：84.
② 蔡熹耀. 体验式学习的价值生成机理及关联分析[J]. 科学管理研究，2004（5）：126.

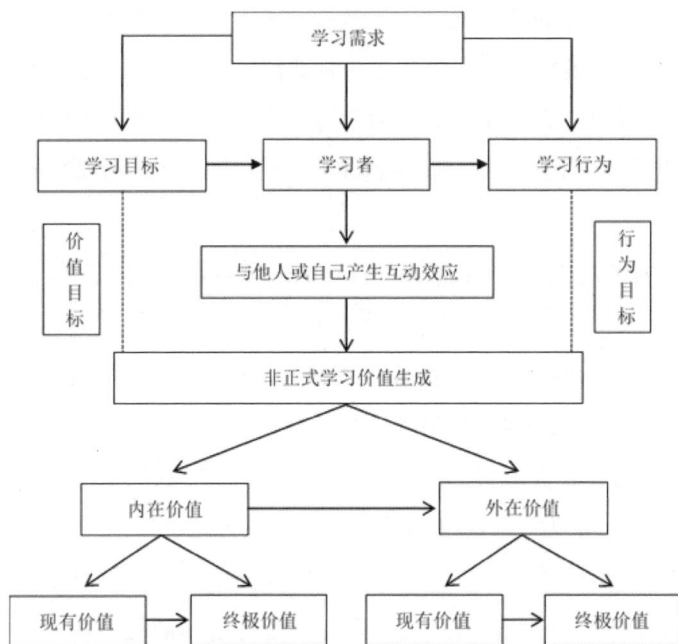

图 6-1　基于大学生角度的非正式学习价值生成图

二、大学生非正式学习目的观的引导措施

学习目的观是学习者对学习的一种认识，对学习行为有引导作用。它"支配着一个人在学习过程中的努力方向，赋予他全部的学习活动以内在的动力，因而对成才具有十分重要的意义"①。可见，树立正确的学习目的观对大学生的学习及自身发展等具有积极作用。目前，西北地区的多数高校大学生注重对专业学科知识的学习，他们能够做到利用课余时间通过阅读教材巩固知识，注重知识的获取，但是他们过度注重学习内容的可用性，认为学好专业知识

---

① 田伟力.浅议高校教育目的与学生学习目的之间的矛盾[J].学理论，2011（18）：221-222.

就等于收获了文凭、证书。文凭、证书等成了大学生欲获取的利益，学习成了投资手段。此外，虽然少数大学生以重视血缘亲情、同学友情等为前提开展非正式学习，但这种学习目的也同样被赋予了世俗化、功利化的色彩。学习目的的功利性必然导致大学生学习目的观的短视效应，并对大学生个体发展等产生消极影响。

因此，为了使大学生树立正确的非正式学习目的观，并让非正式学习发挥其应有的作用，笔者提出以下几点建议：

首先，在实践活动中，大学生应主动建构多元化的学习目的观。学习目的观源于对学习本质的理解。理解不同，则有不同的目的观。若注重学习是利益实现的手段，则会有学习目的的功利观，如"学而优则仕""学习是为了过计算机二级""学习是为了找好工作"等；若注重杜威所言的"教育即生长"，学习是促进人发展的途径，则会有学习目的的发展观，如"学习是为了自我的个性发展"；若注重学习的社会意义，则会有学习目的的社会观，如"学习是为了服务社会"。每种学习目的观的存在都有其应有的价值和意义。非正式学习不仅具有大学生个体化的特征，还具有文化共性的特征。因此，要尊重多元化学习目的观。多元化学习目的观可以优化大学生学习目的的选择，使大学生的学习目的观不再狭隘，不再只局限于当前利益，而忽视长远学习目标的制定。大学生可以通过在实践活动中的亲身体验获得多元化的学习目的观。学校及教师应为大学生提供参与校内及校外实践活动的平台和机会，如在校内，大学生参加各种比赛，就有了展示自我及挑战自我的机会。人本主义认为，"每一个人都有着无限发展的潜能"[①]。通过学习活动的亲身体验，大学生可以挖掘其自身的潜能，认识学习目的观的多元化现象。大学生还可以多参加校外的实践活动，如到福利院当教师、到社区做义工等。参与这些社会实践活动，能让大学生树立公民意识，使学习目的的社会观在非正式学习中更加明确。这样，大学生就不会只顾眼前利益，而会从社会的角度，从更长远的目标

---

① 林方.人的潜能和价值[M].北京：华夏出版社，1987：2.

出发进行学习。总而言之，在实践活动中的亲身体验让大学生明白功利化的学习目的不是唯一的学习目的，大学生应在多元目的观的基础上进行非正式学习，以此实现个体价值及社会价值。

其次，学校应对大学生普及教育学的理论知识，帮助大学生树立正确的学习目的观。非正式学习是一种零散的、自主式的学习方式。学习目的规定了学习努力的方向，因此，学习目的观直接影响大学生非正式学习的过程及结果。在这一学习进程中，对于多数大学生来说，要想拥有正确的学习目的观并有效地进行非正式学习，就不能忽视学校及教师的引导作用。学校、教师应对所有不同专业的大学生开设教育学课程或以专题讲座的形式让大学生了解教育学的一般知识，如教育的本质、教育的目标及教育的任务等，用宏观的知识指导大学生在日常生活、学习中树立与教育目标相一致的学习目的观，从而使大学生能用这一观念正确引导自身的学习行为。

最后，在非正式学习中，大学生应明确学习目的观内在的发展方向。非正式学习是一种终身化的学习，是一种泛在性的学习，是一种持续性的学习。大学生作为专业化的群体，其非正式学习的目标之一是提升终身专业素养。专业素养的提升是当前大学生功利性学习目的观的内在发展方向，大学生不应短视化地认为学习目的是获得专业知识、获取文凭，而应长远地看到获得专业知识、获取文凭最终是为了提升专业素养。用长远的目光看待学习目的，不仅能使大学生非正式学习的内容更加全面、丰富，而且能使大学生明确自己未来的发展目标。这种"眼界的教育"①赋予非正式学习长远的价值，同时也让大学生不再在非正式学习中迷失自我。

---

① 李莉，付晓秋.基于学习目的观认知偏差的教育[J].理论探索，2014（9）：8.

三、大学生在非正式学习中克服"面子障碍"的途径

关系维系着面子心理文化的发展，而面子心理在非正式学习中影响着大学生的学习行为。积极的面子心理是大学生非正式学习行为的驱动力，是维系人与人之间和谐关系的保障；消极的面子心理容易让大学生在学习过程中丧失自我。有的大学生为了保全面子，不愿意在学习中暴露自己的不足，在学习过程中出现退缩行为，以不愿主动参加比赛及不愿主动与人讨论问题的方法来减少展示自我、实现自我的机会，以致自我封闭，丧失原本的自我。笔者在访谈中发现，由于西北地区的一些高校大学生"怕失面子""怕出丑"，因此他们的非正式学习行为及学习效果无法达到理想的水平。鉴于此，为了帮助大学生在非正式学习中树立正确的面子观，笔者提出以下对策，以促进大学生健康、全面地发展。

首先，利用社会效用，营造良好的社会学习氛围，唤醒大学生非正式学习的自觉意识。在终身学习理念的影响下，各行各业应积极开展"自学、互学及帮学"等活动，让学习成为社会人的一部分，实现社会处处有学习、时时有学习的氛围。大学生在这样的社会学习氛围的熏陶下，能够产生自觉学习意识及行为，避免学习中退缩行为的出现。另外，社会应为大学生提供更多的社会实践平台和机会，让大学生融入课外生活并在课外生活中锻炼自己，调整自己的学习心态及学习行为。19世纪，英国哲学家怀特海曾指出，"教育只有一个主题，那就是五彩缤纷的生活"①。瑞士教育学家约翰尼斯·海因里希·裴斯泰洛齐（Johann Heinrich Pestalozzi）提出了"生活教育"，认为生活具有教育的作用。之后，美国教育学家杜威在此基础上提出了"学校即社会，教育即生活"的教育主张。随后，其学生陶行知将该主张与中国的社会背景相结合，

---

① 王欣瑜. 生活与教育的涵义及其辩证关系[D]. 呼和浩特：内蒙古师范大学，2006：20.

提出了"社会即学校，生活即教育"的理念。可见，生活与教育密切相关。"生活是教育的活力之源，教育的意义必须到现实生活中去寻找，教育要真正扎根于生活，就必须与现实生活场景发生关联。"①教育与生活密不可分，而教育的本质又是"指导学习"（郝文武等，2015）②。换言之，学习与生活密切相关。在生活中学习，并赋予学习以生活的意义，是大学生实现个人社会化的保障。大学生的个人社会化就是指大学生通过个人与社会搭建的互动平台，参加社会活动及扮演社会角色，从中获取社会知识、社会技能并最终为社会做出贡献。在此过程中，大学生的个人社会化发挥了面子心理对大学生的积极作用。通过参与校外生活实践，大学生实现了归依生活，把自身"置于一种动态、开放、主动、多元的生活化"③的环境中。从效力的角度来说，通过生活的教育，才能成为真正的教育。④在生活中进行非正式学习就是让大学生在任意时间、任意地点，以自主学习、参加社团活动或社会实践活动的方式，展示自我、实现自我。大学生走出校园，深入社会，参加各种活动，如到博物馆当解说员、到福利院当义工等都有助于大学生丰富自己的生活及学习经验，从而增加自我认同感，不会为在学习中"失面子"而焦虑。社会实践活动是大学生克服"面子障碍"的载体，稳定的校外社会实践基地是大学生非正式学习中个性培养的保障，同时社会实践内容的多样化也丰富了大学生多元化的非正式学习。生活即学习，大学生的非正式学习离不开生活，离不开校内外的社会实践活动。在社会实践活动中，学习归依生活，也归依大学生个体及综合化的发展。

---

① 王建平，杨秀平.教育的原点：生活[J].宁夏社会科学，2010（5）：134.

② 郝文武，郭祥超，张旸.教育哲学概论[M].北京：高等教育出版社，2015.

③ 吴晓东.研究性学习应回归生活[J].课程教材改革，2006（12）：10.

④ 郭元祥.生活与教育：回归生活世界的基础教育论纲[M].武汉：华中师范大学出版社，2005：129.

其次，从学校的效用来看，学校应营造积极、和谐的校园学习文化氛围。学校应以学生为本位，不断开拓新的教育思路，丰富大学生的学习内容及学习形式，同时应通过校园广播、校报等平台，加强对大学生主动学习的宣传。大学生在宣传的感染下，弱化学习过程中的自卑心理，逐渐形成健康的面子心理。另外，学校应加大心理健康知识的普及力度，使大学生从心理上有"抵抗面子文化消极影响的'抗体'"[①]。普及心理健康知识可以提高大学生的心理素质，使他们的心理处于健康状态，从而让他们更容易正视学习中遇到的困难、挫折和自身的不足。

再次，从教师的角度来看，教师要起到榜样的作用。榜样对大学生的学习行为有很大影响。通过教师的榜样作用，大学生可以对自己的学习行为进行纠正。教师在大学生非正式学习中的榜样作用应该表现为示范、鼓励及引导等。通过教师的示范、鼓励及引导，大学生自然会产生对最优学习结果的渴求，希望像教师一样，通过学习获得良好的学习效果并得到教师、同学认可的"极大的面子"。教师不仅要起到榜样的作用，还应与大学生共建和谐的师生关系。和谐的师生关系有助于大学生卸下学习心理负担，实现师生间的轻松交流、相互学习，从而使大学生在学习中减少因丢掉面子而产生的羞耻感。因此，在非正式学习中，教师起到帮助大学生克服"面子障碍"的作用。

最后，从大学生个体的角度来看，大学生要强化积极的自我意识。大学生要在学习观念的建设中，加强主体学习意识；在学习情感上，培养挑战自我的精神，用自信武装自己；在学习行为上，学会善待自己，不盲目与他人进行比较，勇于表达自己的想法。此外，大学生要正确认识自我。大学生应用全面、发展的眼光看待自己，认识自己的优点与不足。全面地衡量自己是自我成长的出发点，接受别人的批评更是自我成长的催化剂。因此，敢于认识自我、敢于接受不足是大学生非正式学习应有的态度，也是大学生完善自我的必经之路。

---

① 王丹，谭敬靖，徐雨函.面子文化对大学生学习行为影响研究[J].教育教学论坛，2013（27）：146.

综上，为了发挥面子心理在大学生非正式学习中的积极作用，社会、学校、教师及大学生个体都应承担相应的责任，以实际行动为大学生的发展贡献自己的力量。

第二节　高校大学生非正式学习有效行为的
培养路径

大学生非正式学习是以大学生学习行为为核心而进行的。笔者通过对西北地区高校大学生非正式学习的调查发现，大学生在非正式学习中缺少多样化的学习行为。因此，有必要对大学生非正式学习行为中存在的问题进行优化，以此推进大学生非正式学习的有效开展。

一、大学生非正式学习中有效行为的构建

学习行为是根据学习者的学习需求进行的一系列活动。庄科君和贺宝勋（2009）指出，"学习行为是学习者在某种动机的指引下，为获得某种学习结果而与学习环境进行的双向交互活动的总和。"[①]学习行为是学习结果的过程展现，它是以一种动态的、交互的方式进行的。非正式学习行为是在特殊的情境下产生的特殊行为。Tannenbaum 等人（2010）提出，"非正式学习行为是指

---

① 庄科君，贺宝勋.网络自主学习行为系统框架和自主学习行为层次塔[J].中国电化教育，2009（3）：41.

在远离正式学习和课程设置的情境下，以追求知识和技能为目的且基于一定场域的一种自我导向的学习活动"①。大体上说，非正式学习行为产生于正式学习情境之外，如观察、与他人讨论及咨询问题等（Sambrook，2005）②，它不同于正式学习情境下产生的行为，如上课、在课堂上记笔记及参加考试等（Christopher et al，2018）③。非正式学习行为是由学习者的学习需求驱动的一种自主性行为，而不是由他人，如教师、组织或学校驱动的学习（Noe et al，2010）④。由此可见，学习者的学习需求是促使非正式学习行为发生的关键，在一定的情境之下，学习者根据学习需求产生学习行为。研究者（如 Doornbos et al，2008 ⑤；Raymond et al，2013 ⑥）将非正式学习行为分为三种，即以自我为中心的学习行为、以自我-他人为中心的学习行为和以自我-媒介为中心的学习行为。以自我为中心的非正式学习行为包括自我反思、自我观察及自我尝试等；以自我-他人为中心的非正式学习行为包括同伴互动、师生互动及群组学习等；以自我-媒介为中心的学习行为包括阅读书籍、利用网络查询资料等。这三种类型的非正式学习行为构成了非正式学习行为的核心内容。在同一目标确定的前提下，每种类型的学习行为的发生与变化既可以单独进行，

---

① Tannenbaum S I, Beard R L, McNall L A, et al. Informal learning and development in organizations[M]. In S. W. J. Kozlowski & E. Salas (Eds.), Learning, training, and development in organizations. New York, NY: Taylor & Francis Group, LLC. 2010: 303-332.

② Sambrook S. Factors influencing the context and process of work-related learning: Synthesizing findings from two research projects[J]. Human Resource Development International, 2005 (8): 101-119.

③ Christopher P. Cerasoli, George M. Alliger, Jamie S. Donsbach, John E. Mathieu. Antecedents and outcomes of informal learning behaviors: a meta-analysis[J]. J Bus Psychol, 2018 (33):203-230.

④ Noe R A, Tews M J, McConnell-Dachner A. Learner engagement: A new perspective for enhancing our understanding of learner motivation and workplace learning[J]. The Academy of Management Annals, 2010 (4): 279-315.

⑤ Doornbos A J, Simons R, Denessen E. Relations between characteristics of workplace practices and types of informal work-related learning: A survey study among Dutch Police[J]. Human Resource Development Quarterly, 2008, 19 (2): 129-151.

⑥ Raymond A. Noe, Michael J. Tews, Alena D. Marand. Individual differences and informal learning in the workplace[J]. Journal of Vocational Behavior, 2013(83): 327-335.

也可彼此间相互关联，产生混合式的非正式学习行为。例如，学习者在解决同一问题时，既可进行以他人为中心的非正式学习，亦可进行以自我为中心的非正式学习，二者相互联系、相互促进，构成了混合式非正式学习行为。又如，学习者在与教师讨论问题的过程中或在讨论结束后进行自我反思，就是累加性的混合式非正式学习行为。

　　大学生非正式学习有效行为的构建是建立在我国及国外高校大学生非正式学习的现实基础以及情境学习理论的基础上的。该部分采用极简设计的思想，将非正式学习行为的要素进行简化，确保它可适用于多种非正式学习的场合。最后，笔者认为混合式学习行为是提高大学生非正式学习有效性的行为途径，如图 6-2 所示。

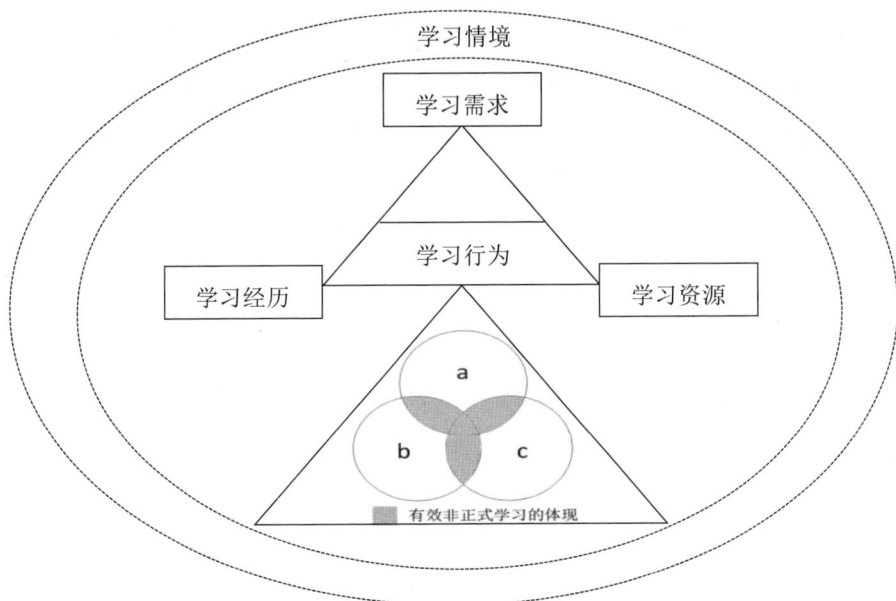

图 6-2　大学生非正式学习有效行为途径

从图 6-2 中可以看出，"学习情境蕴含着丰富的教育潜能"①。大学生的学

---

① 郁晓华，顾小清.学习活动流：一个学习分析的行为模型[J].理论前沿，2013（4）：22.

习需求、学习行为、学习资源及学习经历都与学习情境产生关联。大学生在学习需求、学习经历及学习资源的影响下，产生三种学习行为，即以自我为中心的学习行为（a）、以自我-他人为中心的学习行为（b）及以自我-媒介为中心的学习行为（c）。只有当 a、b、c 三种学习行为产生两两关联或三者关联的交叉学习，即产生混合式非正式学习时，大学生的非正式学习才会有效，才能避免非正式学习方式的单一化，才能提高非正式学习的质量和大学生自身的非正式学习能力。

二、大学生非正式学习中自控能力的培养对策

大学生自控能力是大学生为实现自我控制和自我调节而具备的能力，如目标控制能力、自我心理控制能力等。大学生非正式学习中的自控行为则是指大学生对自我学习目标、学习内容、学习行为及学习情感等方面进行管理，并形成学习的自主性及主动性，最终通过非正式学习实现自我调节、自我约束、自我激励及自我发展。在调研中发现，西北地区一些高校大学生因缺乏自我调节和控制能力而出现学习目标模糊、学习效果不佳及学习情绪不高等情况，这些都不利于大学生身心的健康发展。因此，笔者针对西北地区高校大学生非正式学习中自控能力欠缺的现状提出相应的对策，希望大学生在未来的学习中能通过自控能力的提高，在非正式学习中实现对自我的重新认识与定位，从而实现自我价值。

首先，大学生应科学规划、合理地进行自我学习目标的设计。学习目标是学习行为的指南、动力及源泉，是制订学习计划的依据。明确学习目标能激发学习者的学习动机，增强其参与学习的意识，从而有助于其学习效果的提升。因此，学习者在开展学习之前，一定要合理设置目标，进行学习规划。大学生在非正式学习中，要合理设计学习目标，依据自身充当的角色诊断自身的学习需求。大学生是学习的个体，其基本任务是学习。因此，合理的目标设计应

先满足大学生学习的需要，如满足大学生专业学习的需要及增进课外知识的需要等。大学生除学习者的身份之外，还应是即将踏入社会的"社会人"。鉴于此身份，大学生在校期间应为今后成为能适应社会、满足社会对人才需求的"社会人"做好充分准备。大学生不仅要满足自身对知识学习的需求，还应满足社会对人才多样化的需求。从长远来看，为满足社会对人才的需求，大学生更应科学、合理地规划学习，这不仅关乎大学生自身的发展，还关乎社会的发展。因此，作为大学生，应明确不同身份的不同需求。大学生不能将自己的学习需求局限于专业知识的学习，而应利用非正式学习的平台努力提升自我，全面发展自我。在明确自身学习需求的基础上，大学生应结合自身实际情况制定学习目标。非正式学习形式的多样化选择与大学生的学习目标、学习内容及学习风格密切相关。大学生要基于自身的学习风格、学习情景等制定学习目标。合理学习目标的制定可以保证非正式学习的时效性。目标的制定要细化，这样能够保证每个目标的实现。目标的制定还要有"超前性"[①]，大学生在学习目标管理中，不仅要制定满足学习需要的近期目标，还应制定满足社会对人才需要的整体目标。大学生利用非正式学习，不能仅满足于知识的积累，还应全面发展自我，如根据自身兴趣、个性发展的需要等制定相应的学习目标。根据多样化的需求制定多样化的学习目标，才是非正式学习的精神所在。

其次，大学生应参与学校管理，提高学习中自我管理的主动性。大学生的自我管理与大学生管理的民主程度有关。大学生参与到与自身学习、生活相关的事务中，可以增强他们自我管理的意识，并锻炼他们的管理能力。"近年来，我国不少高校在尝试开展一些鼓励大学生参与学校管理的活动，但是在我国大学治理的研究与实践中，学生权力处于缺失状态。"[②]可见，大学生参

---

① 何学剑，郭宁月.德鲁克目标管理理论下成人自我导向学习模式构建[J].河北大学成人教育学院学报，2016（2）：53.

② 乜晓燕，吴俣.美国大学生参与学校共同治理的经验及启示[J].教育探索，2013（7）：149.

与学校管理应真正得到落实。大学生参与学校管理，可以加强学校领导、教师与学生之间的沟通，可以使学校明确学生的需求，这样会减少"点名听讲座"情况的发生。大学生参与管理有利于学校更好地为学生服务；同时，大学生自己参与管理，自己组织活动，自然就会乐意参与活动，这有助于避免学生不良学习情绪的出现。总之，大学生参与管理是把被动学习变为主动学习的途径，是提高大学生自我管理能力的保障。

最后，为了提高大学生非正式学习中的自控能力，学校与教师还应共同努力，为大学生营造良好的学习氛围，提高大学生的学习参与度。学校的支持是大学生进行有效非正式学习的条件与保障。学校应为大学生创造有利于学习的条件与环境。在物质环境建设方面，学校应为大学生引入先进的设备及先进的信息技术，提供舒适的学习空间、优质的学习平台以及丰富的图书资料等。这些都在客观上满足了大学生的学习需求。在精神氛围的营造上，教师要善于鼓励、关怀大学生。教师要善于控制和调节大学生在学习中出现的消极情绪，鼓励大学生敢于面对困难、敢于主动承担错误等。在学校支持、教师鼓励与关怀的氛围中，大学生会产生乐学的态度和动机，会积极主动地参与各种学习活动；同时在教师的鼓励与关怀下，大学生会产生积极的自我认同，实现从心理上的自我肯定到行为上的自我管理。通过营造良好的学习氛围，大学生实现了学习的自我管理，提高了非正式学习的自主性及主动性。

三、大学生非正式学习中合作学习的强化

合作学习不仅是一种学习行为，还是学习资源合理配置的体现。合作学习主要"以学习小组为基本活动形式，利用组员间的互动，共同完成学习目标"①。首先，合作学习是以讨论、分享与交流信息为基础的一种学习行为。

---

① 卢瑞玲，孙静.合作学习：21 世纪重要的学习方式[J].教育理论与实践，2010（12）：58.

具体而言，根据学习者的人数，合作学习可表现为两人学习（讨论）或多人群组学习；根据学习者的不同兴趣，可以创建不同主题的合作学习；根据不同的学习目标，可以创建不同形式的合作学习，如在非正式学习中，合作学习表现为讨论学习小组、师生研讨会及学生社团等。其次，合作学习是一种价值取向。2001年，《国务院关于基础教育改革与发展的决定》提出，要"鼓励合作学习，促进学生之间相互交流、共同发展，促进师生教学相长"。2007年，《教育部关于进一步深化本科教学改革全面提高教学质量的若干意见》提出，要努力提高大学生的学习能力、创新能力、实践能力、交流能力和社会适应能力。最后，合作学习是高校培养创新人才的阶梯。"三人行，必有我师焉"，讨论、分享、集思广益及协同努力等可以为学习者提供不同的辩证视角、解题思路等，进而为培养其创新能力奠定基础。可见，合作学习为学习者提供了学习及交流的平台，并拓展了资源，是值得推广的学习行为。在基础教育阶段，我国应重视合作学习。在此次调研中发现，令人遗憾的是我国高校大学生的学习观念仍比较传统，他们依旧倾向于正规的课堂讲授式学习，而较排斥参与社团活动（选择社团活动的人数仅占5.3%）。相比之下，国外高校大学生更倾向于与他人讨论、参与社团小组学习等，他们认为讨论及小组学习等活动是他们自小的学习习惯，现已成为学习的日常化行为。不难看出，我国虽重视合作学习对学习者的意义和价值，但在现实中，大学生仍不能在实践中做到真正意义上的合作学习，因此，改善大学生的合作学习状况并使大学生从中获得个性的发展是实现大学生非正式学习资源优化的核心内容。

加强大学生的合作学习，首要的任务是提升大学生的学习兴趣。莎士比亚曾经说过，"学问必须合乎自己的兴趣，方才可以得益"。孔子曾说，"知之者不如好之者，好之者不如乐知者"。可见，兴趣在做学问、认识事物中起着至关重要的作用。兴趣是一种驱动力，帮助学习者克服惰性，实现学习的持续性；兴趣具有导向作用，指引学习者朝某一领域发展，并指导学习者达成学习目的；兴趣具有激励作用，能在情感上鼓励学习者热爱某一事物；最后，兴趣可以促使学习者丰富知识、提高综合能力等。由此可见，兴趣是学习的开端，兴趣的多元化让学习者在各个领域的乐学中获益并提升、完善自己。兴趣单一或缺失会导致学习样式单一、学习目的模糊、个人发展不完善等。在现实中，通过对国内外大学生非正式学习的调查发现，我国高校多数大学生在非正式学习中偏向于功利性学习。他们为了通过考试、获取证书，利用大量的课余时间做习题；为了专业化学习、丰富简历，参加社团活动等。这种功利性的学习无法让学习者保持长久的学习状态，也不可能从长远的角度满足学习者的个体发展，只能满足学习者一时的学习需求。兴趣的缺失必然使学习者良好的学习习惯、积极的学习态度缺乏持久性，从而不能使学习者从根本上通过非正式学习实现完善自我的目的。笔者在与四位国外高校大学生的交谈中发现，他们更加注重个人兴趣与非正式学习的密切关系，认为兴趣是一切非正式学习的开始。参与各种社团活动、与人讨论等均源于个人兴趣。在访谈中，会听到他们提及"enjoy joining"（喜欢参加）、"enjoy sharing"（喜欢分享）、"based on interest"（基于兴趣）等词汇。非正式学习是他们满足个人兴趣的途径。他们兴趣广泛，学习活动多元，同时他们也在各种学习活动中提升自己，发展自我个性。"大学之道，在明明德，在亲民，在止于至善。"这意在说明，至善是教育的最终目的，是学习者追求的目标。因此，学习者要将至善与兴趣联结，通过兴趣达到至善的境界，最终在社会上做到"先天下之忧而忧，后天下之乐而乐"。当下，我国高校大学生出于"有用"目的的非正式学习忽视了兴趣的重要作用。古人云："无用之用方为大用。""无用的知识"才是学习者长久追求的目标，而在此过程中，只有先拥有兴趣，才能实现无用之大用。

其次，加强大学生的合作学习，还可以通过具体的学习方法来实现，如"会朋友去"学习法。陶行知（1891—1946）是我国伟大的人民教育家。他提出的生活教育理论对我国教育发展产生了深刻且积极的影响。他提出，"整个社会是生活的场所，亦教育之场所"①。这从范围上说明了有生活即有教育，学习是教育的核心本质，换言之，有生活即有学习。陶行知在晓庄创建乡村师范学校时常会提到"会朋友去"，实际上，是以与朋友聊天的形式进行学习。"谭木匠"董事长谭传华曾指出，"与人聊天也是在读书，读人比读书成长更快。因为每个人与你聊天时，肯定要拿出平生所学，以展示自己的才华"②。"会朋友去"看似聊天，实则学习。无目的的聊天，有时会摩擦出智慧的火花；有学习需求的聊天，不仅达成了学习目标，还体现了聊天者精神上的一种自我超越。从本质上说，聊天是对话教育的一种外显形式，与人互动交流是一种学习方法。在对话中可以解决问题、提升自己的综合素养和实践能力等。大学阶段是学生从学校迈入社会的关键时期，他们不仅是以学习为主体的"校内人"，更是未来的"社会人"。因此，大学生除了进行正式学习，还应积极地与他人互动、交流，甚至走出校园，与社会互动，与各行各业的人交流，在交流中学习，在交流中获取知识、实现自我超越。

另外，大学生的合作学习还可以通过 TPS 学习法来实现。TPS 分别是 think（思考）、pair（两人合作）及 share（分享）的首字母缩写。TPS 的顺序说明了学习的流程。在实证研究阶段，笔者很幸运地与国外几位高校教师进行了座谈，其间，他们一致推荐 TPS 学习法并肯定其对于学习的价值。TPS 学习法不仅适用于课堂教学，还适用于大学生的非正式学习。在 TPS 学习法中，"T"是学习的基础，也是学习的开始；"P"是学习的形式，也是学习的核心过程；"S"是学习的过程及结果，也是学习评价的外显形式。"T""P""S"共同构筑了学习的进程，如图 6-3 所示。

---

① 董宝良.陶行知教育论著选[M].北京：人民教育出版社，2015：377.
② 谭传华.聊天学习法[J].发现，2004（5）：13.

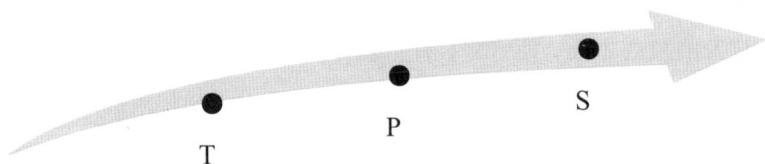

图 6-3　TPS 学习方法

由图 6-3 可知，没有大学生的思考，就没有真正意义上的合作学习。参与的、均衡的以及主动的师生、生生间的合作学习是学习的关键，也是分享学习成果的前提。在学习目标驱动下的，以 TPS 为学习过程的非正式学习必是强调大学生主体性的探究性学习。

第三节　高校大学生非正式学习氛围的优化

要想提高高校大学生非正式学习的质量及效果，就要优化非正式学习的氛围。为了使大学生非正式学习的氛围达到最优，笔者认为有必要从非正式学习氛围圈的营造、教师关怀的回归及手机网络过度依赖的干预等方面进行探讨。

一、大学生非正式学习氛围圈营造途径

大学生非正式学习氛围圈的营造是一个有意义的工程，在建设过程中，我们不仅要注重其形式，更要重视其内涵。"不谋全局者，不足谋一域。"为了让非正式学习扎根于大学生心中，我们有必要帮助大学生树立非正式学习观，让大学生在学校及社会的广阔天地中，根据自己的学习需求，获得个体及学

校的共同成长与发展。1994 年 6 月，联合国教科文组织在西班牙发布了《萨拉曼卡宣言》，其中提出"每个儿童都有其独特的特性、兴趣、能力和学习需要……"[①]。经过对中外高校大学生的调研，笔者发现在非正式学习的氛围营造中，中外大学及中外大学生在做法及观念等方面存在较多差异，同时，从这些差异中也看到了我国高等学校在促进大学生非正式学习、满足大学生学习需要等方面的现实困境。从目前我国西北地区高校大学生非正式学习氛围来看，大学生功利化的学习氛围占主导。此外，流于表面的非正式学习重形式、轻质量，没有取得好的学习效果，没有实现非正式学习应有的价值。

首先，国内高校大学生仍比较注重功利化学习。大学生视参加非正式学习活动为"走过场"。对非正式学习的歧视和错误的价值判断让非正式学习氛围呈现一种被动化、表面化学习集合体的现象，大学生自然无法通过非正式学习获取理想的学习效果。非正式学习成为大学的"装饰品"，其长远价值也一直被掩盖，无法发挥其对大学生个体发展的价值。其次，从现状来看，大学生非正式学习的效果受多种因素的影响，其中同学关系在一定程度上制约着大学生非正式学习的良好运行。和谐友好的同学关系、同学间的良性竞争关系等都会对大学生个体的非正式学习产生积极影响，如大学生群体的共同学习、协同努力、友好竞技等都能促进非正式学习的顺利开展及其价值的实现。同学间的冷漠、嫉妒及恶性竞争等会给非正式学习带来负面影响。在调研中发现，我国高校大学生群体中存在这种不良的同学关系，且对非正式学习产生了负面影响。因此，有必要改善这种不良的同学关系，发挥同学关系的积极作用，最终改善非正式学习的氛围。最后，在大学生非正式学习进程中，大学生、教师、学校及社会在一定程度上都"孤立"存在，对非正式学习的认识及理解缺少共识，大学生的学习需求被忽略，出现被迫听讲座、以签到的形式参加学校组织的活动、课外学习不受重视等现象，各个"孤立"的现象让大学生的非正式学习陷入一种被动、缺乏关注的困境，这也造成大学生非正式学习

---

① 任君.初中班级氛围的营造策略研究[D].成都：四川师范大学，2015：16.

的"无用之说"。

由此不难看出，为了促进大学生非正式学习活动的有效开展，我们有必要对学习氛围进行营造。非正式学习氛围的营造是一个长期、系统的工程，为了使其效果达到最优，研究者根据调研获取的影响大学生非正式学习的因素及相关文献，将大学生的非正式学习氛围按照其作用的差异划分为四种类型，即基于非正式学习的关系氛围、共同体文化氛围、学习氛围及凝聚力氛围。这四种氛围共同构成了大学生非正式的学习氛围圈，如图6-4所示。

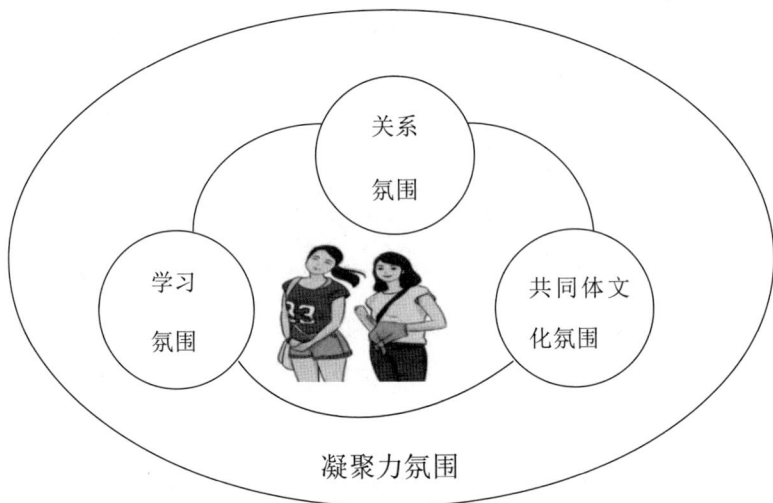

图6-4　大学生非正式学习氛围圈

由图6-4可知，逐一对每一种氛围进行营造可以实现非正式学习氛围圈的最优化。换言之，大学生良好非正式学习氛围的营造是通过构建其氛围圈并对单个的氛围逐一进行优化而实现的，这也是良好学习氛围的营造途径。

（一）关系氛围及其营造

关系氛围是指通过互动的方式，将大学生与他人及各种资源相联系而形成的一种氛围。它由现实关系氛围及虚拟关系氛围构成。现实关系氛围是指大学生受具体的时空限制，在校内外通过与各类人及资源的互动而形成的氛围。虚拟关系氛围是相对于现实关系氛围而言的，它不受时空限制，是利用网络平台，为实现人与人、人与物的互动而形成的氛围，如虚拟活动氛围等。良好的关系氛围是大学生非正式学习顺利进行的保障。在现实中，大学生通过与同学、教师、父母及朋友等互动而建立的和谐关系有助于大学生在学习中保持身心愉悦。此外，大学生通过与网络互动，实现其个体与外界环境的联系，更容易促进大学生非正式学习行为的发生与保持。同时，这种网络互动也更容易帮助大学生将学习内容、学习成果等迁移到新的领域。它打破了学习时空的局限性，增加了大学生与他人之间的交流途径。当然这种良好的虚拟网络氛围也需要人们的维护。

为了调适大学生非正式学习的环境，需要营造积极的关系氛围。在关系氛围的营造中，应对直接影响大学生非正式学习的因素（如教师、学校及社会等）一一进行考虑。

其一，教师在大学生的非正式学习中起到指引的作用。和谐的师生关系能帮助大学生消除学习倦怠、缓解学习焦虑等。为了能在大学生的非正式学习中充分发挥作用，教师首先应扮演好教师的多元角色。教师不仅是知识的"传授者"，还是大学生成长路上的"指引者""协助者"，是解决大学生心理问题的"心灵导师""朋友"，是大学生与学校沟通的"交流使者""信息传播者"等。这种多元身份的集合体能让教师与学生达成和谐的学习关系。另外，教师还应在思想意识上明确大学生非正式学习的具体目标及长远目标。大学生通过非正式学习可以解决学习问题，培养学习兴趣，完善自我。教师应关注大学生的个性发展，而不应在功利化学习氛围的驱使下，将大学生视作"盛知识的容器"，误认为"容器"满就代表任务完成了。这种错误的观念不利于大学生的非正式学习。

其二，学校是大学生学习与生活的载体，在大学生的非正式学习中具有举足轻重的作用。大学生与学校保持良好、顺畅的沟通是实现大学生与学校联系的关键。首先，在思想层面，学校应尊重大学生在教育中的主体地位，强调以学生为本位，即最大限度地满足大学生的需要，顺应其兴趣并挖掘其潜能，促进其自我实现。其次，在资源层面，学校应从大学生的角度出发，合理配置各种现有资源；同时，学校应不断为大学生提供新技术，拓展新资源，让大学生在新鲜事物中获得学习的兴趣与乐趣。新技术的传播也让大学生在维护虚拟学习氛围的同时提高自己的非正式学习能力。最后，在管理层面，学校还应为大学生提供自主管理的机会，让大学生学会自主管理自身学习与生活事务，以实现学校与学生协同管理的和谐局面。

其三，社会是大学生学习、生活的大环境，也是大资源。非正式学习不仅要求大学生在校内学习，而且更看重大学生与社会的互动。要做到这一点，社会应为大学生提供参与社会实践的机会和平台，如让大学生定期到幼儿园、儿童福利院当实习教师，到社区服务老人。这些实践活动可以帮助大学生锻炼社会适应能力，树立公民意识。另外，社会还应对大学生非正式学习起到正面导向的作用。非正式学习是终身学习的组成部分，终身学习不是宣传的口号，它应是人们的具体行为。社会上的每一位公民、每一个单位、每一个社区都应通过积极地参与或举办各种学习活动来加强学习，将学习视为常态。鉴于此，良好的非正式学习关系氛围的营造需要全社会人的共同努力，每个人各尽一份责任，必能促进大学生非正式学习活动的有效开展。

（二）共同体文化氛围及其营造

文化氛围是指人为引导或自然形成的、具有一定特色的气氛。共同体文化氛围则是指大学生在非正式学习中形成共同文化理解的气氛，它由实践共同体文化氛围及网络共同体文化氛围组成。实践共同体文化氛围是指在现实中，大学生保持合作学习，组建学习共同体，实现信息共享、协同努力等的氛围。网络共同体文化氛围是指在虚拟环境下，利用网络实现的共享目标、文化及观念的氛围。在虚实结合的共同体文化氛围中，实践共同体与网络共同体一起构成了大学生的非正式学习共同体，并形成一定的文化自觉。

　　虚实结合的共同体文化氛围的营造首先应注重共同体参与对象的多元性与差异性。大学生是个性化的个体，其组建的共同体也必然是个性化的学习共同体。个性化的学习共同体应具有共同的价值目标与学习目标。它是共性的存在，体现了一定的文化认同，而不是个性学生间各种冲突的外显。因此，大学生在组建虚实结合的共同体时，应明确共同体参与者的个性及其与群体间的共性，从而基于共同的目标、兴趣及价值取向等实现合理的组建。

　　其次，参与共同体的大学生还应具有挑战自我的精神。共同体学习是实现"知识分享""协商""对话"的平台。共同体学习流传至今，已成为一种经典的学习形式，比如"曲水流觞"学习法。"曲水流觞"是我国古代流行的一种聚会游戏，它源于一个祈降吉福的节日——上巳节。那天，古人在举行祓褉仪式之后，会安坐于潺潺曲水边，上游一人把盛满酒的杯子放在荷叶上，酒杯顺流而下，杯子停在谁的面前，谁即取而饮之，并要赋诗作文或高谈歌咏等。"曲水流觞"将饮酒、赋诗和游玩融为一体，故书圣王羲之有诗云，"曲水邀欢处，羽觞随波泛"。"曲水流觞"虽然历史悠久，但至今仍被应用于园林、建筑及文学等方面。在研究者看来，"曲水流觞"也可应用于教育领域，它对大学生非正式学习有很好的启发与借鉴作用。非正式学习是日常化的学习方式，它强调学习主体不受时空等因素的限制，是基于学习需求、学习兴趣而开展的一种学习活动。古人不受时空的限制，将咏诗论文等本应发生在室内的学习行为"搬"到了户外，这样，学习活动可随时开展。此外，古人寓学于乐，将赋诗融入饮酒的游戏活动。德国诗人埃贡·席勒（Egon Schiele）曾说，"只有当人是完整意义上的人时，他才游戏，而只有当人游戏的时候，他才完全是完整的人"[①]。人只有在游戏的时候，才能追求愉悦，从而挖掘人的创新精神。杜威曾说，"人性趋向在愉快的而不是不愉快的以及在有趣的而不是在痛苦之中寻求动机"[②]。正如王羲之利用"曲水流觞"的游戏，将众友人的诗作集合

---

① 席勒.审美教育书简[M].张玉能，译.南京：译林出版社，2009：48.

② 赵祥麟，王承绪.杜威教育论著选[M].上海：华东师范大学出版社，1981：94.

起来，写下了举世闻名的《兰亭集序》。可见，游戏不仅是娱乐手段，还是自我实现的途径。学习者在游戏中是一种比较放松的状态，从而更容易施展自我，发挥自我的创造力。培养学习者的创新精神是教育的主旋律，适应了时代的要求。游戏精神是学习者不可缺少的学习"内驱力"，游戏活动是学习者学习的"外动力"。因此，从"曲水流觞"的实质来看，它不仅是一种体现娱乐精神的游戏，还是一种在充满活力的非正式学习中共同体学习的展现与暗示，更是"游戏人"挑战自我的体现。大学生只有具备挑战自我的精神，才能敢于参与活动、勇于展示自我，才能通过自身的努力达成学习目标。相反，如果大学生缺失这种精神，在共同体学习中，就更容易出现懒惰、自卑等消极情绪，使共同体成为一个有名无实的人员集合体，而不是一个思想涌现的圣地。因此，每位大学生都应为共同体式的学习而努力，在参加社团、俱乐部、竞赛等活动之前，调整好心态，用敢于冒险的精神和超越自我的态度面对学习困难。

最后，共同体文化氛围的营造还应获得学校及社会的支持。学校及社会应为大学生创设公共的文化学习空间及机会，如学校多为大学生提供场馆教育的机会等。社会也应拓展非正式学习的空间，与大学生及学校共同营造优质的学习环境，为大学生的非正式学习提供条件。

（三）学习氛围及其营造

良好的学习氛围是一种精神面貌，是一种熏陶与感染。大学生非正式学习的学习氛围与校园文化的学习氛围在内涵及作用导向上不同。经过分析，笔者认为，大学生非正式学习的学习氛围主要是通过参与式学习氛围与反思式学习氛围的共创来完成的。参与式学习氛围是指在非正式学习中，由大学生、教师等人共同参与活动所形成的一种学习气氛。反思式学习氛围是通过反思的方式，对非正式学习进行自我发现、自我理解所形成的一种学习气氛。反思式学习氛围的营造避免了参与式学习注重形式、忽视质量等现象的出现，从根本上保证了大学生进行非正式学习的意义及价值。大学生的非正式学习不仅要注重参与，还应注重反思。参与和反思共同促使非正式学习过程不断完善并改善大学生的学习效果。因此，参与式学习氛围与反思式学习氛围的共建是营造大学生非正式学习氛围的核心。为了完成二者的共创，首先，学校、教师及大学生应实现观念建构。学校及教师应鼓励大学生参与各种活动并及时帮助大学生检视自己的非正式学习行为、学习效果等。其次，学校工作人员与教师也应主动参与此类群体活动并反思活动过程，为大学生树立榜样。最后，学校应实现管理建构。学校应建立鼓励大学生参与非正式学习的相关管理部门。管理部门对大学生参与学习的过程、结果给予反馈并设立反思共同体的政策、准则，以确保大学生在参与学习的同时积极反思。参与和反思相互联系，缺一不可。只有将二者结合，共同营造学习氛围，才能使大学生领悟到非正式学习的真谛。

（四）凝聚力氛围及其营造

凝聚力体现的是大学生与同学、教师、学校之间为实现目标而团结协作的程度。凝聚力氛围体现在大学生非正式学习中和谐关系的创建、共同体文化的营造及参与式学习氛围与反思式学习氛围共创的过程中。良好的凝聚力氛围是促进大学生非正式学习长期发展的前提，同时凝聚力氛围的营造是一个长期的工程，需要各方多元化的支持。

首先，凝聚力氛围需要满足大学生多元化的学习需求。"非正式学习＋X"代表满足大学生学习需求，促进非正式学习的开展、完善及其价值应用，其中，"X"代表大学生多元的学习需求。非正式学习与"X"存在一定的关系，非正式学习是"X"的基础，"X"是非正式学习的主导、延伸和拓展。"X"具有动态特征，是大学生个性需求与共性需求的集合体。"X"与非正式学习结合在一起，能产生价值递增的效果，使非正式学习成为具有个性化的、能展示大学生内在价值的社会化学习。与此同时，非正式学习通过与"X"联结发生作用，使非正式学习更能凸显"以人为本"的价值特征。非正式学习与"X"相辅相成，共同促进大学生的发展。在非正式学习中，满足大学生多元的学习需求，具体而言，是满足学习形式需求、学习内容需求及教学管理需求等。这些需求又体现在大学生的共性及个性需求中。满足不同的需求体现了不同的价值，如学习形式需求影响大学生学习的效果及效率，学习内容需求决定了大学生个性发展的方向，等等。大学生多元的学习需求随着时代的变迁而变化，如从 20 世纪 80 年代的"专业学习"需求转变为 21 世纪知识经济背景下的"个性发展""创新意识"等需求。从目前的调研结果来看，国外高校能顺应时代潮流，尊重大学生个体的兴趣及爱好，为其发展提供各种平台和机会，而在中国，高校仍以大学生的功利化学习为中心。国内大学生进行非正式学习，从学习目的、学习内容及学习形式等方面都围绕证书、成绩及就业开展。在非正式学习中，中国高校大学生的学习需求呈现出单一、功利化的特征。

其次，国外高校为大学生的发展提供了很多机会，尽量满足大学生自主发展的需求，如在组织活动中，学校从经费筹措、社团主题设计及活动设计等方面都能做到不强行干预，不强行提供支持。大学生组织社团活动，不仅激发了学习兴趣，而且锻炼了综合发展能力。在国内，大学生组织活动的意识较薄弱，过度依赖学校及教师，有的大学生甚至连是否参加活动都由身边的同学决定。此外，有的学校过于"支持"大学生组织活动，如为大学生提供经费、人力、时间及场地等，甚至大学生在组织活动中遇到的困难，学校都会尽量解决。大学生这种被动式的组织及参与活动显然不利于其自身的发展。

最后，和国外高校组织学习活动的持久性相比，我国高校的非正式学习组织活动往往"昙花一现"。每当过节、期末或组织者有事时，各种活动就随之"消失"，这种现状无法满足大学生的学习需求。综上，坚持以人为本，必然不能忽视大学生多元化的学习需求，不能脱离大学生本体谈学习、谈发展。

基于此，不得不说，大学生非正式学习氛围的营造是一个复杂且长期的工程。只有全社会共同努力，才能为大学生营造一个充满生命力的学习氛围，才能促进大学生的成长。

二、大学生非正式学习中教师关怀的回归途径

"关怀是一种道德和伦理，是一种制度和规划，它存在于人与人之间的关系性中，成为人与人之间交往和对话的桥梁。"[①]教师对学生的关怀是一种有责任的伦理关怀。教师的关怀行为对大学生的非正式学习具有举足轻重的作用，教师在大学生非正式学习中传递鼓励、包容等情感，不仅能使师生之间建立良好的关系，而且影响着大学生的自我认同，能最大限度地激发学生的学习动机、纠正学生的学习行为等。调研发现，西北地区某些高校的教师只是课堂知识的传授者，他们不关注大学生的课余学习，不会和大学生一起参加由学校或大学生组织的学习活动。教师对大学生非正式学习的冷漠态度无疑阻碍了大学生正常的非正式学习。为了帮助教师找回关怀品质，帮助大学生在教师关怀中取得理想的非正式学习效果，笔者提供了以下途径：

首先，从学校的角度来看，学校应创建有利于教师关怀的环境。学校要积极把自身打造成为关怀型学校。关怀型学校的建设有助于为教师关怀提供支持。关怀型学校应建立以关怀为导向的学校管理制度。关怀管理制度的建立有利于教师体验学校的关怀，如学校在节假日对教师的问候，减轻教师的教学、科研压力。此外，学校应强调对教师的尊重与信任。学校要尊重教师，善于聆听教师们的心声，并能积极满足教师主体的需要，同时相信他们有能力促进大学生个体的发展。学校倡导的关怀教育不仅渗透在教师对大学生的正式学习之中，也融入大学生的非正式学习中。

其次，从教师本身的角度来看，第一，教师要淡化其职业身份，提高自身的关怀能力。教师不仅是课堂知识的传授者，还应是一个关怀者。淡化教师的

---

① 彭兴蓬，雷江华.教育关怀：融合教育教师的核心品质[J].教师教育研究，2015（1）：22.

职业身份意味着在与大学生的关怀关系中，教师的角色不再是教育者，而是大学生的"知心朋友""心理咨询师"及"生活顾问"等。在角色转变的过程中，教师不仅应学会承担新角色的责任，还应通过提高关怀能力来巩固角色地位。教师提高关怀能力的基础是实现与大学生的平等对话。教师应关心学生的学习，关注学生的发展，平等地对待学生，减弱师生间的"权力距离"，与学生建立起平等的对话关系，在对话中让学生体悟到教师对其的关怀。此外，教师要善于了解学生的困难与挫折，实现师生在情感上的交融、行为上的互相关注与接纳。教师对学生学习上的同情与鼓励是帮助大学生克服学习困难与挫折的一剂良药。另外，教师还应掌握关怀的方式和技巧。教师要掌握与学生交流的技巧，了解学生的兴趣爱好，这样才能使学生乐于与教师交流，从而体会到教师的关怀。同时，教师还应多观察大学生，发现彼此的共同点，实现与大学生情感上的共鸣。第二，教师应提升自身在大学生非正式学习中的存在感。教师要多与学生一起参加学校或学生组织的活动。教师的参与意味着对大学生学习行为的重视与期待。教师在参与活动的同时，应积极地引导学生，为学生提供学习良策，帮助大学生完成预期的学习任务。教师多与学生相处必会潜移默化地影响学生。大学生在教师的关怀下，可以提升内在学习的驱动力，同时获得"被关注"的幸福感。

最后，从大学生的角度来看，大学生不仅是教师关怀的接受者，还应是教师关怀的积极回应者。为了教师关怀的持续传递，大学生不应视教师关怀为理所当然的行为。缺少对教师关怀的回应，教师容易出现关怀倦怠。因此，大学生应将教师关怀带来的愉悦、满足感等及时反馈给教师，这样教师才能拥有持续关怀的动力。为了积极回应教师的关怀，大学生应深刻体会教师的关怀，理解关怀的意义，同时应观察教师的关怀行为，在体会教师关怀的过程中反思自己的行为。教师关怀的回归，不仅需要教师个体的努力，还需要学校及大学生共同的努力，进而创造出学校、教师及大学生间和谐的关怀关系，在关怀关系中开展大学生的非正式学习。

三、大学生非正式学习中"手机网络过度依赖"的干预对策

大学生是使用手机网络最积极的群体，手机网络的影响已日益渗透到大学生非正式学习中。大学生对手机网络的过度依赖已成为当前西北地区高校大学生非正式学习面临的新挑战。

目前，在非正式学习中，一些大学生利用手机网络查阅资料、扩展视野，提高学习的时效性；利用微信、QQ 等软件增进人际交往，降低人与人之间的联系成本。手机网络在一定程度上给大学生的学习与生活带来了积极的影响，但同时，我们也应看到手机网络带来的消极影响，如有些大学生长期过度依赖智能手机进行学习，滋生了惰性，往往用网络中的现有答案代替研究、分析等。同时，手机网络的过度使用也让大学生不再认同刻苦学习、努力钻研的价值。他们过度依赖手机网络，认为刻苦学习、努力钻研浪费时间和精力。手机网络的过度使用误导了大学生的学习问题管理。问题管理是"在挖掘问题的基础上，合适地表达问题，正确地解决问题，以此来防范问题演化为危机"①。学习问题管理是指根据一定的学习方式及学习策略对现有学习过程中出现的问题进行处理或解决的过程。在非正式学习中，学习问题的存在是学习的开始，学习问题的解决是学习的近期目的。从现实主义出发，由于学习者缺乏对知识的清晰认知，加之教师没有及时引导，所以学习问题是学习者在学习过程中必然遇到的困难及挑战。有效地进行学习问题管理不仅关乎知识积累本身，还关系着学习者整体学习素养的提升。在非正式学习中，大学生通过发挥主观能动性，优化学习状态，提高学习产出；通过解决问题，达成非正式学习效果最优化，实现个体学习素养的提升。具体而言，在非正式学习过程中，大

---

① 孙继伟.问题管理的理论与实践[J].管理学报，2010（7）：1616.

学生基于学习责任，采用不同的学习方式及步骤处理学习问题。

通过对国内高校大学生问卷调查的结果进行分析发现，在解决问题的大多数途径中，50.3%的大学生选择利用网络搜索答案或发帖寻求帮助，与之相比，只有少数大学生（18.4%）选择依靠自己，通过反思处理问题。同时，通过访谈、文本数据分析也发现，国内高校大学生在遇到学习问题时，不善于独自思考，而是采取依赖网络、教师获取解决问题的办法。在此学习过程中，多数大学生不能做到自主思考，不能独自寻求问题的解决之道。华罗庚曾指出："每一个人都应该养成自主学习的习惯，没有自学习惯，一出校门就完了……"[①]我国高校大学生自主学习观念差，缺乏自主反思式学习，相应地，这也导致其缺乏创新思维与能力。笔者在访谈四位国外大学生时发现，他们均善于运用独立思考的学习方式处理学习问题。在解决问题的过程中，他们通过自我调节、自我反馈、自我总结等手段实现对问题解决途径的自觉建构。同时，在此学习过程中，他们提及，"If I couldn't solve the problem by myself via thinking, I will discuss with my peers or the teachers in a café."（当独立思考不能解决问题时，我会与同学或老师在咖啡馆里讨论）。可见，面对学习问题，他们首先选择自主思考，若问题仍难以解决，则会向同学、老师寻求帮助。相比之下，我国高校大学生不善于用自主反思的方法解决问题，而过度依赖网络、他人。这种学习行为既不利于大学生学习效果的产出，也会阻碍大学生个体发展。因此，培养大学生自主反思能力是当务之急，也是提高学习问题管理能力及优化自我管理的手段与路径。

可见，过度依赖手机网络不仅严重影响大学生的学习行为、学习效果，还会使大学生丧失对学习的理性思考与判断。因此，大学生过度依赖手机网络，是当下亟须解决的问题。依笔者看来，主要有以下几点干预对策：

首先，在学校教育背景下，革新现有的课程教学模式，强调多样化教学模

---

① 《中国现代教育家传》编委会. 中国现代教育家传：第 5 卷[M]. 长沙：湖南教育出版社，1987：413.

式的共存。传统的讲授型教学模式在大学生获取知识方面起到了极其重要的作用，但教学方法的相对单一化也给大学生的学习带来了不利的影响，如它忽视大学生主观能动性的发挥，忽视大学生掌握知识的程度，忽视大学生主动建构知识的过程。单一化的教学模式无法凸显大学生的主体性，无法满足大学生的学习需求，也因此无法实现大学生学习兴趣及学习创造性的培养等。失去学习兴趣、学习动机，大学生容易产生依赖的心理，不会主动地思考问题。可见，革新原有的教学模式是为了激发大学生的学习兴趣和动机，把被动式的接受学习变为主动式的探究学习。在课堂教学中，强调自主、探究、合作相结合的教学模式能够凸显大学生的主体地位，使他们对课堂学习产生极大的兴趣，也使他们能在课余时间做到主动探索问题、积极与他人交流，从而实现体验式学习，而不是依赖手机网络进行学习。另外，教师要实施奖惩措施，引导大学生适度地使用手机网络，鼓励大学生独自思考问题、积极与人交流，主动进行合作式学习。

其次，要重视家庭教育。父母过度使用手机网络会对孩子造成负面影响。父母是孩子成长的人生导师。作为父母，不仅要关心孩子的物质生活，更要在精神层面关注孩子的需求。父母要用亲情、温暖的话语感化孩子，消除孩子内心的孤独和不安，从而帮助孩子降低对手机网络的依赖。另外，父母要做到"身教"。父母是孩子的榜样，父母对手机的依赖程度在一定程度上决定着孩子对手机的依赖程度。为了降低孩子对手机网络的依赖程度，父母首先要纠正自身的不当行为，利用闲暇时间，多陪伴孩子，多与孩子交流，适时地对孩子进行引导和教育，让孩子学会适度地使用手机网络，而不是养成滥用手机网络的习惯。大学生在生活中对手机网络的依赖必然会延伸到学习中，从而对学习造成影响。因此，父母在干预大学生过度依赖手机网络中起着重要的作用。

最后，从根本上说，大学生要提高自身的学习能力。大学生要通过多阅读、多思考、多参加活动等形式，积累知识并运用知识，提高自身的学习能力；同时要正确认识手机网络，培养自律能力，实现学习水平的提高，以减少对手机网络的依赖。在提高大学生学习能力的过程中，大学生要形成正确使用手机网络的观念。大学生要合理安排智能手机使用的时间、地点，不能让智能手机影响自身的学习。在非正式学习中，大学生在利用手机网络进行阅读的同时，也应合理使用纸质材料，这样可以减少过度使用手机网络造成的负面影响，从而提高独立思考的能力。此外，大学生在非正式学习中，不仅可以通过手机网络、软件平台与人交流，还应面对面地与人交流。面对面交流有助于交流双方彼此间感情的培养等，同时也降低了大学生对手机网络的依赖性。另外，大学生还应积极参加校内及校外的实践活动，在活动中体验学习，充实生活，增强自信心，消除负面情绪，同时在一定程度上缓解"手机网络依赖症"。

综上，解决西北地区高校大学生非正式学习中的"手机网络依赖症"是一个长期的工程，是需要学校、教师、父母及大学生共同努力来实现的。唯有各方共同努力，才能使西北地区高校大学生非正式学习中的"手机网络依赖症"得到有效"治理"。

第四节 高校大学生非正式学习与正式学习整合的途径

尽管非正式学习与正式学习在学习方式、学习内容等方面都存在较大差异，但非正式学习与正式学习构成了大学生学习的全部内容。因此，为了促进大学生学习能力的提高及学习素养的提升，有必要对二者进行整合。Malcolm等人（2003）认为，非正式学习与正式学习相互关联，二者的整合对学习者有极其重要的意义。①因此，笔者通过学习身份认同整合、知识整合及学习方式整合三方面来实现非正式学习与正式学习的整合。

一、学习身份认同整合

"认同"一词源于心理学，它是指"个体自我意识的萌生，对所属地域、文化、集体的一种强烈归属感"②。就个人意义而言，认同被分为自我认同和社会认同（Kroger，2007）③。自我认同是指个体对自我身份的"自觉意识"④和肯定。社会认同是指个体意识到自己属于某一特定群体。这两种认同相互联系，彼此影响，共同作用于个体的意识与存在。认同整合是对个体两种或多种身份认同之间关系的态度。"不同的身份认同如果不能统合为一个整合的认同，那么就可能引发认同危机。"认同危机源于差异化的身份认同。因此，认同整合可以避免认同危机的发生，是构成统一和谐身份认同的前提。

正式学习与非正式学习是大学生学习的统一，但由于大学生在课堂学习、课外学习等不同的学习情境下充当的学习角色不同，因此他们也被赋予了多元化的学习身份。在学校正规教育环境下，受传统教学的影响，大学生成为"接受知识的被动者、吸收者和容器"及"听课者"；在非正式学习环境下，大学生成了"学习主体"的承担者，是学习活动的"组织者""参与者""讨论者"，是主导自我学习的"反思者"，是"创造知识的主动者"；从社会倡导的终身学习理念来看，大学生还是"终身学习者"。大学生的多重学习身份无疑

① Malcolm J, Hodkinson P, Colley H. The interrelationships between informal and formal learning[J]. Journal of Workplace Learning, 2003, 15(7/8): 313-318.

② 季中扬. 论"文化研究"领域的认同概念[J]. 求索，2010（5）：195.

③ Kroger J. Identity development: Adolescence through adulthood[M]. California: Sage Publication Inc, 2007.

④ 曹慧，张妙清. 认同整合：自我和谐之路[J]. 心理科学发展，2010（18）：1839-1847.

对大学生的学习起了制约作用，如果大学生的多重学习身份得不到整合，则容易出现认同的碎片化，从而导致大学生出现盲目学习的状态。大学生没有明确的学习方向，对课堂学习及课外学习的目标建构认识不清，以致无法厘清学习方法等。大学生作为学习的主体，更无法正确处理正式学习与非正式学习之间的关系，无法实现两种学习在价值及内容上的统一。相反，实现大学生多重学习身份的认同整合有利于大学生学习方向明确化、学习目标清晰化，同时有利于凝聚大学生学习的向心力，使正式学习与非正式学习实现价值的统一，从而达成二者的整合。从根源上看，身份认同的核心涉及价值观问题。大学生学习身份的认同整合也需从学习价值观层面分析。大学生学习价值观的同构性是推进大学生多重学习身份整合的凝聚性力量，同构性越高，其学习身份的归属感就越强。实现学习价值观的同构性必须推进主流学习价值观的建设，以主流学习价值观推进大学生学习身份的认同整合。当前我国高等教育推崇大学生的主流学习观应满足大学生的学习需求，凸显大学生学习的主体性，促进大学生的个性发展。鉴于此，在大学生多重学习身份认同的整合中，学校、教师及大学生个体应以促进大学生全面、个性的发展为价值判断，将适合大学生个性发展的非正式学习环境中的"组织者""参与者""讨论者"及"反思者"等身份都归整到正式学习的体系及环境中，让大学生在正式课堂教学中，仍以"组织者""参与者""讨论者"及"反思者"等身份出现。这不仅能实现大学生学习身份自我认同的整合，而且能实现社会认同，增强其在正式学习与非正式学习中的归属感，使两种学习得以整合并最终实现促进大学生个性自由发展的共同价值。

二、知识整合

21世纪是知识经济的时代，知识成为促进社会发展与个体进步的关键性因素。大学生个体的成长基于知识的掌握和应用。非正式学习与正式学习共同成为大学生获取知识的方式。实现非正式学习与正式学习的整合，实际上是实现大学生的知识管理，而"实现知识管理的关键环节则是知识整合"①。从企业管理的角度出发，知识整合是"基于特定的外部市场环境，为实现企业技术、产品和服务创新，对不同来源，不同形态的知识进行甄选、转移、重构的一个动态循环过程"。基于此，从大学生的角度出发，笔者认为，大学生的知识整合是在大学生个体与外在环境互动的前提下，为实现知识创新，对不同来源或不同形态的知识进行组合、转移及重构的动态过程。从非正式学习与正式学习整合的目的出发，大学生知识整合具有多层次性和多维度性的特点。

首先，大学生知识整合是基于非正式学习知识和专业学科内部各个科目知识的分别整合。整体而言，通过非教学性质的社会互动而传递和渗透的知识是零散的、杂乱的。从知识的分类而言，迈克尔·波兰尼在 1957 年提出，知识分为显性知识和隐性知识。②非正式学习知识被分为显性非正式学习知识（如文字、图形、符号等结构化的知识）和隐性非正式学习知识（以经验、直觉等内隐的形式存在，无法用言语、图像等形式进行表达）。非正式学习知识的获取来源于与人互动的多样化的学习活动，这也决定了非正式学习知识的社会化、多元性、松散性等特点。鉴于此，为了提高大学生的知识整合效能，有必要对大学生的非正式学习知识进行归纳和整理，使其综合化。另外，对于大学生通过课堂学习获取的专业学科知识，还应通过建构专业学科的知识体系完成专业知识的整合，以实现通过正式学习获取的专业知识由"单一向度的连接"向"多向度的连接"的过渡③。

其次，大学生知识整合是实现非正式学习知识与专业学科知识的整合。从认知角度来说，显性知识和隐性知识之间没有绝对的界限，它们可以相互

---

① 魏江，王铜安.知识整合的分析框架：评价、途径与要素[J].西安电子科技大学学报（社会科学版），2008（2）：8-9.

② Polanyi M. The study of man[M]. London: Routledge & Kegan Paul, 1957.

③ 田波.重视培养学生的知识整合能力[J].辽宁工业大学学报（社会科学版），2009（3）：129.

转化。显性非正式学习知识、隐性非正式学习知识、显性专业学科知识和隐性专业学科知识彼此间相互联系，打破了各种知识的界限，实现了各类知识间多维度的转化，使各自原有的知识结构在新的转化、重新组合的基础上更加系统化、完整化。从教育教学角度来说，非正式学习知识是大学生通过参加各种非正式学习活动，以分享、互动的方式获取的课外知识。专业学科知识主要是通过课堂环境及教师讲授而获得的课堂知识。课外知识与课堂知识的整合实际上是二者相互联系、相互影响及相互补充的过程。课外知识对课堂知识的补充激发了大学生在课堂上的学习兴趣和求知欲，帮助大学生拓宽视野，提高了大学生知识创新能力。反之，借助专业学科知识，成立各种非正式学习小组、相关社团等，可以提高大学生专业知识的应用能力和社会实践能力。

最后，大学生的知识整合与生活本身进行更深层次的整合，凸显了非正式学习与正式学习的共有价值。知识源于生活，是对生活的践行结果的体现，大学生的知识与生活应融为一体，在生活中探索知识、验证知识，用知识指导生活。在此基础上，才能从真正意义上实现非正式学习与正式学习整合的价值。

三、学习方式整合

学习方式是指"学习者持续一贯的带有个性特征的学习表现，是学习策略和学习倾向的总和"[①]。非正式学习与正式学习的学习方式不同，整合不同的学习方式是整合非正式学习与正式学习的前提。从教育活动的产生到现在，正式学习一直在高等教育中占主导地位，同时，正式学习的学习方式——接

---

① 赵义泉，武英杰.学习的新理念：信息技术与学习方式的整合[J].现代教育科学，2004（6）：49.

受性学习也与之并存。

接受性学习是指"学习者将别人的经验变成自己经验的时候，所学习的内容是以某种定论或确定的形式通过传授者传授的，不需要自己任何方式的出现……"①。具体而言，从学生的角度来看，接受性学习关注学生以教材为载体，以听课的形式接受知识；从教师的角度来看，它重视教师的权威性，尊重教师的主导地位，注重给学生提供学科专业知识；从其学习本身的特点来看，接受性学习是学校学习的基本形式，主要通过讲授法为学生传递确定的学习内容，如客观事实、定律及真理等。在关注以接受性学习为学习方式的正式学习的同时，非正式学习早已对大学生的学习与生活产生了一定的影响。非正式学习与正式学习共同构成了大学生的学习方式。由学习活动的不同方式可知，正式学习的学习方式以接受性学习为主，非正式学习是一种与他人互动或与资源互动的探索性活动，更多地表现为一种探究性学习方式。探究性学习强调以学生为主体来探索知识，它是一个从提出问题到解答问题，再到质疑问题的过程。非正式学习中凸显的探究性学习方式是学习者从自主设置问题到质疑问题的过程。具体而言，从学生的角度来讲，探究性学习关注学生主体性及能动性的发挥、学习兴趣的培养、学习积极性的提高及创造力的培养等。对教师来说，探究性学习注重教师与学生之间的平等性，重视教师作为学生学习引导者的角色转换、学生综合能力的挖掘与提高。从本身的学习特点来看，探究性学习关注学生在学习过程中的参与性与主动性。此外，探究性学习的学习内容呈现多元性与开放性的特点，学习方式具有实践性、合作性及忽视教材是知识的来源等特点。

从表面上看，接受性学习与探究性学习彼此对立，但在本质上，二者相辅相成。接受性学习是我国传统教育的核心，它有其自身的优势。首先，大学生通过接受性学习获得的知识更为全面、系统。接受性学习为学生提供理论化的、抽象化的、无法通过探究性学习获得的知识，如金属铝的构成元素等。其

---

① 林崇德. 关于创造性学习的特征[J]. 北京师范大学学报（人文社科版），2000（1）：57.

次，这种学习有利于教师主导作用的发挥。大学生通过教师的讲授，可以在有限的课堂时间内掌握大量的知识，这本身就提高了大学生的学习效率。最后，在整个学习过程中，通过教师的讲授，即"传道、授业、解惑"，促进了文化的传承。接受性学习有其优势，也有其局限性，如大学生作为知识的接受者，容易处于盲目、被动的状态，失去学习内容、学习目标及学习手段等的选择自主权。此外，接受性学习忽视了大学生的兴趣培养及个性发展等。这种学习使大学生的认识只局限在教材及教师的定论中，缺乏对大学生学习需求的关注。另外，它忽视了与社会实践的互动。探究性学习关注大学生综合能力的培养和社会实践性活动。大学生主动参与学习活动，形成新观点，培养了创新精神。此外，探究性学习提高了教师的引导能力。教师作为学生学习的引导者，不仅要关注知识的传授，更要对大学生的学习方法及学习情绪等进行引导。探究性学习有优势，也有局限性，如学生容易放任自我，学习能力提高的潜伏期长等。

由此可见，接受性学习与探究性学习是两种既有各自优势，又有各自局限性的学习方式，但它们不是对立的，它们在本质上是有机统一的。从知识的角度出发，接受性学习为大学生的探究性学习提供知识基础，而探究性学习则通过实践活动等加深了大学生对学科知识的理解，这两种学习方式相互依存、相互补充。此外，从学习活动的角度来看，接受性学习涉及探究性学习的自主学习、合作学习等活动，有助于丰富课堂学习行为，提高课堂学习效率。接受性学习与探究性学习的整合是大学生进行最优化学习的必然要求，是实现正式学习与非正式学习整合的前提与表现。

第七章　研究结论与展望

本章重点回顾研究结论及创新点，同时反思本研究中的不足并对后续研究进行展望。

一、研究结论与创新点

本研究通过问卷、访谈及文本分析的方式对我国西北地区高校大学生的非正式学习进行调查，并对大学生非正式学习的理论与实践部分进行相应的补充，具体研究结论如下：

（一）主要研究结论

本研究通过查阅、整理非正式学习的相关国内外文献，系统地介绍了非正式学习的含义及特点等。在此基础上，笔者通过对大学生非正式学习相关文献的分析，得出了理论层面的结论；通过对大学生非正式学习现状的调查，得出了实践层面的结论。

1.理论层面的研究结论

（1）拓展了大学生非正式学习的内涵

首先，提出了大学生非正式学习的性质，即学习性、探究性及反思性。其次，提出了大学生非正式学习的功能，即个体功能和社会功能。再次，提出了大学生非正式学习的培养原则，即综合性原则、反思性原则、合作性原则及持续性原则。最后，提出了大学生非正式学习的评估思路。非正式学习是一种泛在的、零散化的学习，对其进行评估的前提是将定性评价与定量评价相结合并制定出评估标准，同时实现评估过程的多样化。此外，提出了大学生非正式学习由三个基本要素和两个选择要素构成：三个基本要素包括学习者、学习情境及他人；两个选择要素包括学习媒介载体和学习的引领者。五个要素在水平方向上构成了横组关系，垂直方向上构成了纵聚关系，即选择关系。

（2）探讨了大学生非正式学习的基本特征

首先，大学生非正式学习体现了专业学习目的和个性发展学习目的的共存。大学生通过专业知识的积累开展非正式学习，同时基于兴趣、爱好等参与学习活动，强化自我个性的发展。其次，学习主体自主性和网络依赖性共存。非正式学习是以大学生为主导的学习，在网络泛在的环境下，大学生非正式学习可以通过网络平台获取信息，这种依附网络的非正式学习方式已成为大学生普遍认可的学习方式。最后，个体差异性与知识来源社会性并存。不同的大学生主体在获取知识的来源上具有同一社会性的特征，这种社会性特征不会因大学生个体的差异而改变。

（3）探讨了大学生非正式学习的主要类型

根据学习目的、学习主题及知识获取等，将大学生非正式学习分为八大类型，但此次分类不存在绝对的二元对立关系，具体有工具性的与人文性的大学生非正式学习、以正式学习为基础的与以个性发展为基础的大学生非正式学习、专业的与跨学科的大学生非正式学习、主动参与式的与被动参与式的大学生非正式学习。

（4）探讨了大学生非正式学习与正式学习的关系

笔者借用英语语言学上的名词，将非正式学习与正式学习之间的关系划分为三种，它们分别是"顺同化关系""逆同化关系"及"并列关系"。

2.实践层面的研究结论

①本研究通过问卷调查的形式，整体了解了西北地区高校大学生非正式学习的情况。问卷编制有四个维度，即大学生非正式学习观念、学习行为、学

习氛围及学习价值。根据问卷结果发现，大学生的性别、年级在四个维度上的差异不显著。在专业上，文史类、理工类和外语类大学生都对非正式学习氛围不满意，而理工类学生对其最不满意。在方差分析方面，新疆的高校大学生对非正式学习学习价值的认可度显著低于青海及甘肃的高校大学生，其他省（区）间的差异均不显著。在学习行为方面，西北地区高校大学生最不喜欢的学习方式是参加社团实践活动，选择这一学习方式的人数占比仅为 5.3%。由此可以知道，西北地区高校大学生的思维观念还比较保守，仍然认为正规学校教育是最有效的学习方式。

在问卷调查的基础上，笔者通过访谈的形式，了解了西北地区高校大学生非正式学习的学习心理、学习认同及学习影响因素等。研究发现，西北地区高校大学生普遍认可非正式学习的价值，但对其含义的了解较模糊，学习方式比较单一，多以正式学习为主，学习氛围上常出现学校与学生缺乏沟通、大学生间存在恶性竞争等现象。此外，在访谈中发现，影响大学生非正式学习的因素分为有利因素和不利因素，有利因素包括个人计划、知识储备等，不利因素包括懒惰、缺少沟通等。另外，通过对西北地区高校大学生非正式学习相关文本的分析，笔者发现，多数西北地区的高校大学生是以正式学习为基础开展非正式学习的，少部分大学生是以个体成长与发展为目标进行非正式学习的。此外，受场所范围的限制，在日常生活中，大学生无法做到随时随地进行非正式学习。最后，通过对四位典型的国外高校大学生进行访谈，了解了国外大学生非正式学习的情况，并为我国西北地区高校大学生的非正式学习提供了借鉴。研究发现，四位国外大学生对非正式学习的概念有一定的认知，并且能运用非正式学习的手段进行学习。在选择非正式学习方式时，四位国外大学生均提到了参加校园活动、善于讨论、反思及利用网络进行学习。调查的数据显示，国外大学生通过参加学校支持的大学生个体组织的活动提高了合作及交际能力等，同时他们都认可大学生具有一定的冒险及自我挑战精神是保证非正式学习顺利进行的前提。

②本研究基于实证调查，结合我国实际，在学习观念层面提出了改善我国西北地区高校大学生非正式学习现状的优化方案。具体来说，首先，提出了大学生非正式学习价值的实现路径。从大学生的角度来看，大学生在学习需求的驱动下，与他人或自己产生互动效应，促进了非正式学习价值的生成。其次，提出了大学生非正式学习目的观的引导措施，如主动建构多元化的学习目的观、普及教育学的理论知识及明确学习观内在的发展方向等。最后，提出了大学生非正式学习中的"面子观念"，即克服"面子障碍"的途径，如利用社会效用，营造良好的社会学习氛围，唤醒大学生非正式学习的自觉意识，以此发挥面子心理在大学生非正式学习中的积极作用。

③本研究基于实证调查，结合我国实际，在学习行为层面提出了优化西北地区高校大学生非正式学习的方案。首先，提出了大学生非正式有效行为的构建，强调有效的非正式学习行为源自以自我为中心的学习行为、以自我-他人为中心的学习行为和以自我-媒介为中心的学习行为产生的两两关联或三者关联的行为。只有这样，才能提高大学生非正式学习的质量及大学生自身的非正式学习能力。其次，提出了大学生非正式学习中自控能力的培养途径，如合理设计自我学习目标、积极参与学校管理、提高自我管理的主动性等。通过不同的路径，提高了大学生非正式学习中的自控能力。最后，强调大学生非正式学习中的合作学习，认为大学生个体的学习兴趣及一些具体的学习方法（如"会朋友去"学习法及 TPS 学习法）的应用都可以加强大学生的合作学习。

④本研究基于实证调查，结合我国实际，在非正式学习氛围层面提出了优化西北地区高校大学生非正式学习氛围的方案。首先，提出了大学生非正式学习氛围的营造是通过优化由关系氛围、学习氛围、共同体文化氛围及凝聚力氛围构建的非正式学习氛围圈而实现的。其次，提出了大学生非正式学习中的"教师关怀"，认为学校创设学习环境、教师淡化职业身份及大学生积极回应教师关怀等都能帮助教师持续对大学生学习及生活给予关怀，并能积

极发挥教师关怀在非正式学习中的作用。最后，提出了大学生非正式学习中的"网络依赖关系"及其干预对策，如改变传统的讲授型教学模式，积极培养大学生学习的主动性及参与性，重视父母对孩子的影响作用，以及大学生自身树立正确认识手机网络的观念等。

结合理论与实践，本研究提出大学生非正式学习与正式学习的整合主要是通过学习身份认同整合、知识整合及学习方式整合实现的。实现非正式学习与正式学习的整合是大学生实现最优化学习的必然要求。

（二）主要创新之处

回顾整个研究，本研究的创新点主要体现在研究视角和研究内容两方面。

1.研究视角的创新

在梳理国内外非正式学习文献的基础上，笔者发现当前研究鲜有涉及西北地区高校大学生非正式学习的。探究西北地区高校大学生的非正式学习弥补了该领域的部分缺失，同时从西北地区高校大学生的研究视角出发，探索其非正式学习现状，在一定意义上拓展了高等教育关于大学生发展的研究视角。

2.研究内容的创新

在大学生非正式学习的理性探析及西北地区高校大学生非正式学习现状调查的基础上，笔者对国外大学生的非正式学习进行了探究，并在对照观的视角下，探索了我国高校大学生非正式学习的实施路径。

二、研究局限和后续研究

（一）研究的局限性

非正式学习作为一种新的研究领域，目前仍处于起步阶段，笔者希望通过此项研究能够推进对该领域的可持续性的深入研究，以促进非正式学习在高等教育中价值的实现。笔者探究至此，反思其研究过程及结果，发现仍有一些不足，希望能为今后的研究提供一些经验和启示。

笔者对西北地区高校大学生非正式学习的探讨虽然已经尽心尽力，但由于本人的理论水平和研究能力有限，研究过程及论文写作中还存在许多不足。

1.研究内容的局限

由于大学生非正式学习是一项复杂、零散的工程，本研究仅仅探究西北地区高校大学生非正式学习的现状和问题，分析问题表征和归因，在借鉴国外高校大学生非正式学习理论的基础上，提出了西北地区高校大学生非正式学习的问题优化策略并对大学生非正式学习理论进行了补充。受研究内容的限制，笔者提出的优化方案及理论补充可能有所不足，在一定程度上带有个人主观色彩，有以偏概全之嫌。

2.研究样本的局限

受诸多客观因素的影响，本研究选取了西北五省（区）19 所高校的大学生作为问卷调查对象，35 名受试者的访谈资料作为一手资料，4 名国外高校大学生作为典型受试者，在调研范围上可能有所不足。此外，本次调研对象没有涉及教师，没有从教师的角度探究大学生非正式学习的现状。调研所获得的数据对西北地区高校大学生非正式学习有一定的解释力，但是否能作为普遍性的结论进行推广还有待进一步验证。另外，由于样本问卷的收集均采用问卷星的形式，这可能与实际情况有一定的偏差，在一定程度上会影响本研究的科学性。

（二）后续研究展望

对西北地区高校大学生非正式学习进行研究，既缘于笔者内心对大学生个体成长的关切，也出于西北地区高校人才培养质量亟待提高的现实需要。笔者自 2000 年成为一名大学生，直至成为一名大学教师，一直都在关注大学生的学习，认为合理、有效的学习是大学生成长与发展的关键。此外，西北地区高校人才培养是中国教育的关注点，探究西北地区大学生的生活化学习不仅关乎大学生个体的发展，而且关乎我国西北地区人才培养质量的总体提高。

笔者从西北地区高校大学生非正式学习这个微观视角探究了大学生非正式学习的现状，并提出了理论及实践的相关探讨，但与此同时，由于笔者能力和现有研究条件的限制等，未能对该问题进行更深入的分析，因此后续研究将在以下几个方面展开：

1.扩展样本数量及范围

本研究只针对西北地区五省（区）的部分高校大学生开展调查，因此在本研究的基础上，应将样本的区域逐步扩展到全国，探究全国高校大学生非正式学习的现状等。此外，本研究只针对大学生进行调研，后续研究应将教师纳入调研范围，从教师的视角出发探究大学生的非正式学习。

2.将研究结果应用于实践中

由于本研究中出现的问题较多，研究方案也比较零散，虽针对问题提出了优化策略，但并未进一步将优化策略运用到大学生的学习现状中，因此，在今后的研究中，将通过实证方法检测本研究结果的可行性和可靠性。

3.进一步深入探讨非正式学习的理论研究

本研究探讨了大学生非正式学习的特点及性质等，还未进一步探究非正式学习的相关理论。研究从具体到一般，只有在探究大学生非正式学习的基础上，探索非正式学习的相关理论，才能回到非正式学习的本真。

参考文献

[1] 奥克利. 学习之道[M]. 教育无边界字幕组, 译. 北京: 机械工业出版社, 2018.

[2] 包尔生. 德国大学与大学学习[M]. 张弛, 译. 北京: 人民教育出版社, 2009.

[3] 毕宁. 社会性软件环境下中小学教师非正式学习研究[J]. 软件导刊 (教育技术), 2014 (4): 50-51.

[4] 博克. 大学的未来: 美国高等教育启示录[M]. 曲强, 译. 北京: 中国人民大学出版社, 2017.

[5] 布鲁贝克. 高等教育哲学[M]. 3 版. 王承绪, 译. 杭州: 浙江教育出版社, 2002.

[6] 蔡玲玲. 欧盟非正规与非正式学习认证的特征及趋势[J]. 职教通讯, 2011 (3): 53-56.

[7] 蔡秀美. 终身学习理念与政策探讨[J]. 开放教育研究, 2000 (4): 24-27.

[8] 曹慧, 张妙清. 认同整合: 自我和谐之路[J]. 心理科学发展, 2010 (18): 1839-1847.

[9] 曹梅, 张增梅. 学习资源的内涵及其深化[J]. 中国电化教育, 2002 (4): 14-17.

[10] 柴阳丽. Web2.0 环境下大学生非正式学习现状调查与对策研究[J]. 电化教育研究, 2011 (12): 63-68.

[11] 陈福祥. 论教师专业发展: 基于非正式学习的视角[J]. 现代教育论丛, 2007 (10): 65-68.

[12] 陈福祥. 成人非正式学习研究的反思与前瞻[J]. 河北师范大学学报（教育科学版），2017（4）：77-80.

[13] 陈广正，陈钧. 试论非正式学习视野下大学生创新创业能力的培养途径[J]. 教育与职业，2016（5）：84-86.

[14] 陈珂. 职业生涯发展中的非正式学习[D]. 上海：华东师范大学，2009：122-128.

[15] 陈乃林，孙孔懿. 终身学习论略[J]. 江苏高教，1997（6）：5-9.

[16] 陈萍. 基于移动学习终端的高职移动英语学习现状研究[J]. 湖北工业职业技术学院学报，2014（12）：102-103.

[17] 陈心想，陈晚，沈安平，等. 第三只眼睛看教育：5位海外华人学者的教育省察[M]. 上海：华东师范大学出版社，2014.

[18] 陈永明，等. 教师教育研究[M]. 上海：华东师范大学出版社，2003.

[19] 陈佑清. 略论学生学习过程的发现性质[J]. 教育研究，2000（5）：59-62.

[20] 崔允漷，王中男. 学习如何发生：情境学习理论的诠释[J]. 教育科学研究，2012（7）：28-32.

[21] 代建军，杨东亚. 如何做有智慧的教师[M]. 上海：华东师范大学出版社，2014.

[22] 戴德宝，刘蕾. 基于AMOS技术的"微博群"非正式学习模式研究[J]. 开放教育研究，2013（6）：108-116.

[23] 邓凌月. 社交网络环境下中学生非正式学习策略研究[D]. 济南：山东师范大学，2015.

[24] 狄洛夫. 扔掉西装直呼你上司的名字：鼓励非正式[M]. 蔡蓓娟，译. 北京：东方出版社，2010.

[25] 丁辉，任建华. 国外非正式培训理念及其启示[J]. 重庆科技学院学报（社会科学版），2012（4）：180-182.

[26] 董宝良. 陶行知教育论著选[M]. 北京：人民教育出版社，2015.

[27] 方静瑜. 大学生社会实践存在的问题、成因及其对策[J]. 江西教育科学，2007（9）：77-78.

[28] 冯俐. 基于社会性软件的非正式学习环境模型构建研究[D]. 重庆：西南大学，2009：15-16.

[29] 冯巍. OECD 国家终身学习政策与实践分析[J]. 比较教育研究，2003（1）：72-76.

[30] 付丽丽. 农村成人非正式学习探究[J]. 河北大学成人教育学院学报，2011（3）：36-38.

[31] 付丽萍. 地方新建本科院校大学生网络非正式学习现状分析[J]. 中国教育信息化，2015（11）：27-30.

[32] 高钢. 遭遇美国教育[M]. 北京：中央广播电视大学出版社，2013.

[33] 高淮微. 非正式学习分析与设计：教学升级研究与实践的新领域[J]. 浙江教育学院学报，2009（6）：19-26.

[34] 高洁，付建军，孙旭. 非正式学习成果认证探析[J]. 远程教育杂志，2014，32（4）：93-98.

[35] 高原. 非正式学习之价值考查[J]. 西北成人教育学报，2014（1）：1-4.

[36] 耿华. 透视澳大利亚教育[M]. 北京：北京大学出版社，2018.

[37] 弓箭，畅肇沁. 非正式学习视角下初任教师的专业发展[J]. 教学与管理，2014（15）：76-78.

[38] 顾凤佳，李舒慷，顾小清. 微型学习现状调查与分析[J]. 开放教育研究，2008（3）：94-99.

[39] 顾明远，石中英."国家中长期教育改革和发展规划纲要（2010—2020）年"解读[M]. 北京：北京师范大学出版社，2010.

[40] 郭安宁，孙倩，孙仕军. 大学生网络非正式学习的迷失与理性回归[J]. 沈阳农业大学学报（社会科学版），2018（2）：202-205.

[41] 郭红霞. 基于网易公开课的大学生非正式学习现状调查与思考[J]. 周口

师范学院学报，2015（1）：126-129.

[42] 郭遂红.基于教学情境的外语教师非正式学习与专业发展研究[J].外语界，2014（1）：88-96.

[43] 郭元祥.生活与教育：回归生活世界的基础教育论纲[M].武汉：华中师范大学出版社，2005.

[44] 哈德.牛津英语词源词典[M].上海：上海外语教育出版社，2000.

[45] 郝文武，郭祥超，张旸.教育哲学概论[M].北京：高等教育出版社，2015.

[46] 何红娟.基于隐性知识理论审视非正式学习对学生创新能力的培养[J].陕西教育（高教），2013（12）：49-50.

[47] 何志武.人本主义教育理论的主要观点及其应用[J].重庆科技学院学报（社会科学版），2010（11）：181-182.

[48] 侯英.基于Web2.0环境的大学生非正式学习研究[D].桂林：广西师范大学，2008.

[49] 胡海云.终身教育理念与成人教育管理机制创新[J].陕西师范大学继续教育学院学报，2004（1）：15-18.

[50] 胡兴松.西方哲学大师的智慧[M].广州：中山大学出版社，2015.

[51] 胡亚慧.构建和谐教师非正式学习文化，促进教师专业发展[J].考试周刊，2014（25）：13-14.

[52] 怀特海.教育的目的[M].庄莲平，王立中，译.上海：文汇出版社，2017.

[53] 黄富顺.台湾地区非正规学习成就的实施与展望[J].成人教育，2009（1）：9-14.

[54] 黄济，王策三.现代教育论[M].北京：人民教育出版社，1996.

[55] 黄龙翔.非正式学习环境下移动语言学习研究[J].实践研究，2012（2）：67-72.

[56] 黄瑞雄. 波兰尼的科学人性化途径[J]. 自然辩证法通讯, 2000 (2): 30-37.

[57] 黄文军. 非正式学习视角下大学生生涯能力的提升[J]. 江苏高教, 2013 (4): 115-117.

[58] 季娇, 伍新春, 青紫馨. 非正式学习: 学习科学研究的生长点[J]. 北京师范大学学报 (社会科学版), 2017 (1): 74-82.

[59] 季中扬. 论"文化研究"领域的认同概念[J]. 求索, 2010 (5): 195-198.

[60] 焦尔当. 学习的本质[M]. 杭零, 译. 上海: 华东师范大学出版社, 2015.

[61] 焦峰. 教师非正式学习的特征及环境构建[J]. 中国教育学刊, 2010 (2): 84-86.

[62] 莱夫, 温格. 情景学习: 合法的边缘性参与[M]. 上海: 华东师范大学出版社, 2004.

[63] 李保玉, 张桂明. 国内外非正式学习行为研究述评[J]. 乐山师范学院报, 2014 (5): 80-84.

[64] 李保玉. 大学教师非正式学习内涵、制约因素及对策[J]. 长春工业大学学报 (高教研究版), 2014 (2): 62-65.

[65] 李保玉. 非正式学习与大学教师学术创新[J]. 内江师范学院学报, 2014 (7): 118-121.

[66] 李冰梅, 格兰德·克尔夫人. 中美大学生学习观念比较与启示[J]. 2003 (7): 37-40.

[67] 李翠白. 西方情境学习理论的发展与应用反思[J]. 电化教育研究, 2006 (9): 20-24.

[68] 李德顺. 价值论: 一种主体性的研究[M]. 北京: 中国人民大学出版社, 1987.

[69] 李军. 人本主义学习理论浅析[J]. 今日南国, 2009 (5): 52-53.

[70] 李林曙, 高洁, 付建军. 非正式学习成果认证的原则与方法研究[J]. 天津电大学报, 2013 (2): 7-11.

[71] 李劭珊，吴凯玥. 外语专业学生非正式学习途径及效率研究[J]. 才智，2015（26）：42-43.

[72] 李小平. 大学生学习的"占有性"倾向分析[J]. 空军雷达学院学报，2006（2）：140-142.

[73] 李悦. Web2.0 时代的非正式学习研究：一个新兴的社会学习型组织"益学会"个案调查[D]. 上海：上海师范大学，2008.

[74] 联合国教科文组织. 非正规和非正式学习成果的识别、验证与认证指南[J]. 开放教育研究，2012（6）：109-110.

[75] 联合国教科文组织. 教育：财富蕴藏其中[M]. 北京：教育科学出版社，1996.

[76] 联合国教科文组织国际教育发展委员会. 学会生存：教育世界的今天和明天[M]. 华东师范大学比较教育研究所，译. 北京：教育科学出版社，1996.

[77] 梁瑞仪. 基于微博的大学生非正式学习研究[J]. 教学研究，2016（2）：15-20.

[78] 林崇德. 关于创造性学习的特征[J]. 北京师范大学学报（人文社科版），2000（1）：56-63.

[79] 林崇德. 林崇德教育演讲录[M]. 北京：人民教育出版社，2015.

[80] 林方. 人的潜能和价值[M]. 北京：华夏出版社，1987.

[81] 林逢祺，洪仁进. 教师不可不知的哲学[M]. 上海：华东师范大学出版社，2017.

[82] 林丽惠. 欧洲对于非正规和非正式学习认证的共同原则[J]. 成人及终身教育，2004（1）.

[83] 刘翠敏，张瑀宸. 新媒体语境下大学生非正式学习的对策研究[J]. 艺术科技，2017（29）：14-15.

[84] 刘素方. 网络对大学生非正式学习的影响及应对策略研究[D]. 芜湖：

安徽师范大学，2013．

[85] 刘卫琴．非正式学习初探[J]．新课程研究，2014（7）：34-35．

[86] 刘文丽．英国成人非正式学习政策研究：以《学习革命》白皮书为例[D]．北京：首都师范大学，2011．

[87] 刘文利．科学教育的重要途径：非正规学习[J]．教育科学，2007（1）：41-44．

[88] 刘新鸽．基于网络环境的大学生非正式学习研究[D]．宁波：宁波大学，2012．

[89] 卢君生，王为一．非正式学习与地方高校管理类教师教学能力关系研究[J]．对外经贸，2013（12）：129-131．

[90] 卢俊勇，陶青．论学习价值的完整性[J]．教育探索，2011，（6）：8-10．

[91] 卢瑞玲，孙静．合作学习：21世纪重要的学习方式[J]．教育理论与实践，2010（12）：58-61．

[92] 卢维兰．成人学习理论对教师培训的启示[J]．继续教育研究，2010（1）：104-105．

[93] 鲁洁．关系中的人：当代道德教育的一种人学探寻[J]．教育研究，2002（1）：3-9．

[94] 陆根书，胡文静等．大学生学习经历：概念模型与基本特征：基于西安交通大学本科生学习经历的调查分析[J]．高等教育研究，2013（8）：53-61．

[95] 陆蓉蓉．校园非正式学习空间研究[D]．上海：华东师范大学，2013．

[96] 陆有铨．教育的哲思与审视[M]．北京：人民教育出版社，2016．

[97] 马克斯·韦伯．经济与社会：上卷[M]．林荣远，译．北京：商务印书馆，1997．

[98] 马莉娟．大学生非正式学习的调查研究[D]．扬州：扬州大学，2012．

[99] 毛齐明．教师的非正式学习简论[J]．教育科学论坛，2006（2）：59-60．

[100] 梅里安．成人教育：实践的基础[M]．北京：教育科学出版社，1986．

[101] 孟芊．求索与创新：清华大学学生工作论文集[M]．北京：清华大学出版社，2009．

[102] 米占敏．非正式和偶发学习理论对成人教育教学改革的启示[J]．广东广播电视大学学报，2008（2）：74-77．

[103] 莫雷．教育心理学[M]．北京：教育科学出版社，2007．

[104] 诺丁斯．学会关心：教育的另一种模式[M]．于天龙，译．北京：教育科学出版社，2003．

[105] 潘懋元．大学教师发展与教育质量提升：在第四届高等教育质量国际学术研讨会上的发言[J]．深圳大学学报（人文社会科学版），2007（1）：23-26．

[106] 潘颖．高中生非正式科学学习的现状调查与促进策略研究[D]．长春：东北师范大学，2013．

[107] 庞国维．论学习方式[J]．课程·教材·教法，2010（5）：13-19．

[108] 庞丽娟，叶子．论教师教育观念与教育行为的关系[J]．教育研究，2000（7）：47-50．

[109] 裴淼，李肖艳．成人学习理论视角下的"教师学习"解读：回归教师的成人身份[J]．教师教育研究，2014（1）：16-21．

[110] 彭兴蓬，雷江华．教育关怀：融合教育教师的核心品质[J]．教师教育研究，2015（1）：17-22．

[111] 祁玉娟，陈梦稀．非正式学习与教师专业发展[J]．湖南第一师范学院学报，2009（6）：65-67．

[112] 祁玉娟．中小学教师正式学习与非正式学习现状调查[J]．当代教育理论与实践，2010（3）：4-7．

[113] 祁玉娟．基于教师专业发展的教师非正式学习研究[D]．湘潭：湖南科技大学，2008．

[114] 钱亚萍．非正式学习：音乐教育的新时空[J]．江苏教育研究，2015（9）：

49-51.

[115] 乔纳森，兰德. 学习环境的理论基础[M]. 徐世猛，李洁，周小勇，译. 2
版. 上海：华东师范大学出版社，2015.

[116] 邱昭良. 非正式学习不容易管理与控制[J]. 现代企业教育，2013（11）：
78-80.

[117] 曲秀芬. 基于 UC 和 Blog 的大学生非正式学习共同体的应用研究[D]. 大
连：辽宁师范大学，2010.

[118] 人民日报评论部. 习近平讲故事[M]. 北京：人民出版社，2017.

[119] 任杰. 大学生非正式学习及其在高校教学中的整合策略研究[D]. 金华：
浙江师范大学，2012.

[120] 戎红艳，王海燕，徐建东. 基于微博虚拟社群的大学生非正式学习
互动特征分析[J]. 中国教育信息化，2015（13）：27-32.

[121] 尚茹. 非正式学习与中小学教师成长[D]. 开封：河南大学，2007.

[122] 沈云林. 论大学生的反思及其教育[J]. 长沙大学学报，2001（3）：78-
81.

[123] 施良方. 学习论[M]. 北京：人民教育出版社，2001.

[124] 帅斌. 管理育人的价值取向[J]. 思想教育研究，2018（5）：111-114.

[125] 宋权华. 基于长尾理论的网络非正式学习模式研究[D]. 长春：东北师
范大学，2009.

[126] 宋孝宗. 发达国家先前学习认证的理论与实践[J]. 教育学术月刊，2012
（6）：9-11.

[127] 宋晔. 教育关怀：现代教育的道德向度[J]. 教育理论与实践，2007（10）：
39-42.

[128] 苏霍姆林斯基. 给教师的建议[M]. 周蕖，王义高，刘启娴，等，译. 武
汉：长江文艺出版社，2014.

[129] 孙德芬. 非正式学习视角下高校教师岗前培训的制度创新[J]. 江苏高教，

2011（3）：93-95.

[130] 孙继伟. 问题管理的理论与实践[J]. 管理学报，2010（7）：1615-1620.

[131] 孙继伟. 从危机管理到问题管理[M]. 上海：上海人民出版社，2008.

[132] 孙玫璐. 成人生活史 一个终身学习的研究视角：奥尔森教授成人学习研究综述[J]. 教育发展研究，2005（13）：84-87.

[133] 孙其昂. 社会学概论[M]. 银川：宁夏人民出版社，2001.

[134] 孙小玲. 存在与伦理：海德格尔实践哲学向度的基本论题考察[M]. 北京：人民出版社，2015.

[135] 孙永明. 牧式管理：学校管理新探索[J]. 学校管理，2018（1）：80-83.

[136] 谭丽琼. 新媒体对大学生非正式学习效率影响因素及提升策略[J]. 求知导刊，2015（2）：123-124.

[137] 汤富源. 基于Web2.0技术的非正式学习研究[D]. 广州：中山大学，2006.

[138] 梯利. 西方哲学史[M]. 北京：商务印书馆，2015.

[139] 万美容，曾兰. 90后女大学生心理特点的实证研究：基于与男大学生的比较[J]. 中国青年研究，2014（4）：67-72.

[140] 汪莉园. 基于非正式学习的教师专业化发展策略研究[J]. 中小学电教，2011（7）：28-30.

[141] 汪学均，雷体南，吴彩. 基于QQ群聊的成人非正式学习研究[Z]. 中国湖北武汉：2010（7）： 478-480.

[142] 汪尧坤. 把脉终身学习管窥社区教育[J]. 社区教育，2003（3）：79-80.

[143] 王建平，杨秀平. 教育的原点：生活[J]. 宁夏社会科学，2010（5）：132-137.

[144] 王金金. 关于非正式学习成果认证标准的相关研究[J]. 山东农业工程学院学报，2014（2）：111-113.

[145] 王立国. 基于Web2.0的大学生非正式学习社区研究[D]. 重庆：西南

大学，2011.

[146] 王芮. 研究生的非正式学习行为调查研究[D]. 上海：上海师范大学，2011.

[147] 王兴辉. 成人自我导向之学习倾向的调查与分析[J]. 广西教育学院学报，2006（5）：16-19.

[148] 王银环，袁晓斌. 非正式学习在企业培训中的应用[J]. 现代远程教育研究，2009（3）：63-65.

[149] 王迎. 非正式学习成果认定的研究与实践[J]. 中国电化教育，2012（1）：33-37.

[150] 韦伯 L. S. 非正式学习场所：常被遗忘但对学生学习非常重要；是时候做新的设计思考[J]. 住区，2015（2）：28-43.

[151] 韦恩斯坦. 管理非正式学习[J]. 人力资源管理，2013（6）：24-25.

[152] 韦国. iPad 促进学生个性化学习的实践与思考[J]. 中国教育技术装备，2014（17）：40-41.

[153] 魏华，张宏佳. 民办高校大学生运用社会性软件开展非正式学习研究[J]. 企业技术开发，2015（1）：71-72.

[154] 《温家宝谈教育》编辑组. 温家宝谈教育[M]. 北京：人民教育出版社，2013.

[155] 吴雨明. 浅谈教师非正式学习发生的策略[J]. 学校管理，2009（1）：44-45.

[156] 习近平. 决胜全面建成小康社会夺取新时代中国特色社会主义伟大胜利：在中国共产党第十九次全国代表大会上的报告[M]. 北京：人民出版社，2017.

[157] 席勒. 审美教育书简[M]. 张玉能，译. 南京：译林出版社，2009.

[158] 夏天. 高职学生非正式学习共同体的建构研究[J]. 天津职业大学学报，2014（1）：31-34.

[159] 向葵花，陈佑清. 聚焦学习行为：教学论研究的视域转换[J]. 课程·教材·教法，2013（12）：30-35.

[160] 谢维和. 我的教育觉悟[M]. 北京：人民教育出版社，2016.

[161] 谢新观. 远距离开放教育词典[M]. 北京：中央广播电视大学出版社，1999.

[162] 邢蕾. 学习的革命：英国成人非正式学习运动及启示[J]. 教育发展研究，2010（19）：71-75.

[163] 邢蕾. 成人非正式学习的研究[D]. 上海：华东师范大学，2011.

[164] 徐贵权. 德育功能与德育价值之关系[J]. 教育评论，1995（6）：15-17.

[165] 徐国庆，石伟平. APL 的理论与实践及其对我国教育的启示[J]. 外国教育资料，2000（1）：75-77.

[166] 徐刘杰，邓小霞. 非正式学习下教师专业发展的交互研究[J]. 中国远程教育，2014（10）：57-61.

[167] 徐晓雄，李丽美，刘岩，等. 社会性软件：促进大学生非正式学习的理论与实践[M]. 武汉：武汉大学出版社，2015.

[168] 徐燕刚. 教学观念与教学行为差异的心理源分析与对策[J]. 教学研究，2004（3）：213-217.

[169] 许谷渊. "自由选择学习"：一种新的非正式教育模式[J]. 世界科学，2007（6）：43-44.

[170] 宣曼一. 基于网络的大学生非正式学习研究[D]. 大连：辽宁师范大学，2011.

[171] 梅里安. 成人学习理论的新进展[M]. 黄健，译. 北京：中国人民大学出版社，2006.

[172] 闫丽云，欧阳忠明. 国外教师继续专业开发研究：基于非正式学习视角[J]. 继续教育研究，2010（8）：11-13.

[173] 杨晓平，杨登伟. 论教师非正式学习的意义及其生成路径[J]. 教育理

论与实践，2015（8）：3-5.

[174] 杨晓平. 正式学习与非正式学习之概念辨析[J]. 贵州师范学院学报，2015（5）：80-83.

[175] 杨晓平. 中小学教师非正式学习：内涵、类型与结构[J]. 教学与管理，2014（30）：62-65.

[176] 杨晓平. 中小学教师非正式学习研究：基于自我统整的教师发展视角[D]. 重庆：西南大学，2014.

[177] 杨延从. 基于学生自主的教育：一位教研员眼中的加拿大教育[M]. 重庆：西南师范大学出版社，2017.

[178] 杨英，陈琳，刘雪飞. 共享经济启示的非正式学习发展研究[J]. 中国电化教育，2017（12）：14-18.

[179] 易斌. 诺尔茨成人学习理论对中国成人教学的启示[J]. 中国成人教育，2008（6）：113-114.

[180] 殷江. 非正式学习：高校教师的发展方式研究[D]. 宁波：宁波大学，2013：4-16.

[181] 殷晓宇. 基于社会性软件的大学生非正式学习现状与对策研究[D]. 长春：东北师范大学，2010.

[182] 应建芬. 大学英语教师非正式学习的现状探究[J]. 大学英语（学术版），2015（1）：33-38.

[183] 应万金，高志敏. 情境学习理论视野中的成人学习[J]. 开放教育研究，2007（3）：10-13.

[184] 余德军，邹军华. 基于 Web 视频文本轨道技术的英语学习平台开发与应用研究：非正式学习的视角[J]. 中国电化教育，2016（3）：82-86.

[185] 余胜泉，毛芳. 非正式学习：e-Learning 研究与实践的新领域[J]. 电化教育研究，2005（10）：18-23.

[186] 余小艳. 基于 E-Learning 的企业培训研究[D]. 上海：华东师范大学，2006.

[187] 郁晓华,顾小清.学习活动流:一个学习分析的行为模型[J].理论前沿,2013（4）：20-23.

[188] 袁旭霞.基于 1：1 数字化学习环境的中小学生非正式学习培养策略研究[D].上海：上海师范大学，2009.

[189] 岳宏伟.非正式学习视角下中小学教师教育技术能力发展研究[D].西安：陕西师范大学，2009.

[190] 曾李红，高志敏.非正式学习与偶发性学习初探：基于马席克与瓦特金斯的研究[J].成人教育，2006（3）：3-7.

[191] 曾李红，高志敏.非正式学习与偶发性学习初探[J].成人教育，2006（3）：5-7.

[192] 曾群芳，杨刚等.基于网络的教师非正式学习研究[J].中国电化教育，2015（9）：118-124.

[193] 张宝辉.非正式科学学习研究的最新进展及对我国科学教育的启示[J].全球教育展望，2010（9）：90-92.

[194] 张浩.微型学习：理念、环境与资源[J].现代教育技术，2009（4）：50-52.

[195] 张菊荣.呼唤"非正式学习"[J].江苏教育研究，2015（26）：74-75.

[196] 张梅.基于形成性自我评价的大学生终身学习能力培养研究[J].教育研究，2010（1）：140-144.

[197] 张明勇.基于移动技术的大学生英语非正式学习研究[J].武汉冶金管理干部学院学报，2015（3）：59-61.

[198] 张奇.学习理论[M].武汉：湖北教育出版社，2011.

[199] 张秋菊.地方高校大学生非正式学习的引导策略[J].黑龙江高教研究,2014（3）：7-9.

[200] 张潇，孙晋.谈非正式学习对促进教师专业发展的研究[J].科技资讯，2014（8）：188-189.

[201] 张艳红，钟大鹏，梁新艳．非正式学习与非正规学习辨析[J]．电化教育研究，2012（3）：24-28．

[202] 张云霞．教育功能的社会学研究[M]．武汉：武汉大学出版社，2011．

[203] 章鹏远，蓝建．非正式学习及其社会作用[J]．教育革新，2002（1）：8-10．

[204] 章鹏远．欧盟国家非正规与非正式职业学习认证概述[J]．职教论坛，2015（19）：59-61．

[205] 章伟民．学习资源与学习过程：教育技术实践与研究的主要对象[J]．中国电化教育，1997（7）：12-13．

[206] 赵健．创建多姿多彩的学习生态：美国非正式学习领域的发展情况与案例分析[J]．世界教育信息．2011（7）：30-34．

[207] 赵俊雅，王轩．研究生非正式学习现状调查与对策研究[J]．软件导刊（教育技术），2013（9）：32-34．

[208] 赵蒙成．论硕士生培养模式改革：非正式学习的视角[J]．扬州大学学报（高教研究版），2012（1）：64-67．

[209] 赵启芝．高职生顶岗实习中的学习行为研究：基于非正式学习理论的视角[J]．顺德职业技术学院学报，2010（2）：40-42．

[210] 赵文博．非正式学习视角下的大学英语教师专业发展研究[J]．才智，2014（33）：134．

[211] 赵文博．教学情境中大学英语教师非正式学习的现状与对策[J]．黑龙江科学，2014（5）：96．

[212] 赵祥麟，王承绪．杜威教育论著选[M]．上海：华东师范大学出版社，1981．

[213] 赵义泉，武英杰．学习的新理念：信息技术与学习方式的整合[J]．现代教育科学，2004（6）：48-51．

[214] 赵中建．教育的使命：面向二十一世纪的教育宣言和行动纲领[M]．北

京：教育科学出版社，1996.

[215] 中共中央关于制定国民经济和社会发展第十三个五年规划的建议[M].北京：人民出版社，2015.

[216] 朱丽镕，谢志昆，毕柱兰，等．互联网时代大学生非正式学习策略探究[J]．软件导刊（教育技术），2015（5）：38-40.

[217] 朱琳.学习化社区的构建策略及政策措施[J].教育发展研究，2001（10）：44-46.

[218] 朱美娟.基于网络的西部大学生非正式学习现状与对策研究[D].兰州：西北师范大学，2014.

[219] 朱哲，甄静波．基于社会性软件的大学生非正式学习模式构建[J]．电化教育研究，2010（2）：84-87.

[220] 朱志勇．校园论坛对大学生非正式学习的影响分析[J]．软件导刊（教育技术），2015（8）：56-58.

[221] 祝智庭，张浩等.微型学习：非正式学习的实用模式[J].中国电化教育，2008（2）：10-13.

[222] 庄科君，贺宝勋.网络自主学习行为系统框架和自主学习行为层次塔[J].中国电化教育，2009（3）：41.

[223] Aown N M. A place for informal learning in teaching about religion: The story of an experienced non-Muslim teacher and her learning about Islam[J]. Teaching and Teacher Education, 2011, 27 (7):1255-1264.

[224] Aramo-Immonen H, Kärkkäinen H, Jussila J, et al. Visualizing informal learning behavior from conference participants' Twitter data with the Ostinato Model [J]. Computers in Human Behavior, 2016(55): 584-595.

[225] Azizinezhad M, Darvishi S. The investigation of instructors' attitudes with respect to formal verses informal English teaching/learning contexts in Hamedan province[J]. Procedia-Social and Behavioral Sciences, 2001, 30 (10): 2099-2103

[226] Basera J A, Buntat Y. Informal Learning among Engineering Technology Teachers[J]. Procedia Social and Behavioral Sciences, 2010, 7 (10): 336-344.

[227] Bear D J, Tompson H B, Morrison C L, et al. Tapping the potential of informal learning. An ASTD research study [M]. Alexandria, VA: American Society for Training and Development, 2008.

[228] Belda-Miquel S, Aristizábal A B, Pazos M F S.Inforlan Learning for Citizenship Building in Shared Struggles for Rights: Cases of Political Solidarity Between Colombian and Spanish Organisations[J]. International Society for Third-Sector Research, 2016, 27 (1): 249-272.

[229] Berlanga A J, Sloep P B, Brouns F, et al. Towards a TENCompetence ePortfolio[J]. International Journal of Emerging Technologies in Learning (iJET), 2008 (3): 24-28.

[230] Billett S. Workplace mentors: Demands and benefits[J]. Journal of Workplace Learning, 2003, 15 (3): 105-113.

[231] Black R. Language, culture, and identity in online fanfiction[M]. E-learning, 2006, 2 (2): 170-184.

[232] Blacker H. Learning from experience. In L. Deer Richardson, & M. Wolfe (Eds.), Principles and practice of informal education: Learning through life[M]. London: Routledge Falmer, 2001.

[233] Boeren E. Gender differences in formal, non-formal and informal adult learning[J]. Studies in Continuing Education, 2011, 33 (3): 333-346.

[234] Bradshaw K, Parchoma G, Lock J. Conceptualizing formal and informal learning in MOOCS as activity systems[J]. The Quarterly Review of Distance Education, 2017, 18 (3):33-50.

[235] Bratton J A. Why workers are reluctant learners: The case of the Canadian

pulp and paper industry[J]. Journal of Workplace Learning, 2001, 13 (7/8): 333-343.

[236] Briscoe J P, Hall D T, DeMuth R L F. Protean and boundaryless careers: An empirical exploration[J]. Journal of Vocational Behavior, 2005, 69 (1):30-47.

[237] Burford B, Morrow G, Morrison J, et al. Newly qualified doctors' perceptions of informal learning from nurses: implications for interprofessional education and practice[J]. Journal of Interprofessional Care, 2013, 27 (5): 394-400.

[238] Cameron D D, Chandra A S, Daniel L H. Benefts of informal learning environments: a focused examination of STEM-based program environments[J]. Journal of STEM Education, 2015, 16 (1): 11-15.

[239] Cameron D, Matthew L. Value of informal learning environments for students engaged in engineering design[J]. The Journal of Technology Studies, 2015, 41 (1): 40-46.

[240] Cerasoli C P, Alliger G M, Donsbach J S, et al. Antecedents and outcomes of informal learning behaviors: a meta-analysis[J]. J Bus Psychol, 2018 (33): 203-230.

[241] Cheetham G, Chivers G. Professions, Competence and Informal Learning[M]. Cheltenham: Edward Elgar Publishing, 2005.

[242] Cofer D A. Informal Workplace Learning (Practical Application Brief No.10) [M]. Columbus, OH: Center of Education and Training for Employment, 2000.

[243] Coffield F. The Necessity of Informal Learning[M]. Bristol: The Policy Press,2000.

[244] Cole J. Book review of The Online Informal Learning of English[J]. System, 2016 (1): 1-3.

［245］Colin P, Gaynor L, David D. Leveraging value in doctoral student networks through social capital［J］. Studies in Higher Education, 2013, 38 (10): 1472-1489.

［246］Colley H, Hodkinson P, Malcolm J. I nformality and formality in learning: A report for the learning and skills research centre［M］. London: University of Leeds, 2003.

［247］Colley H, Hodkinson P, Malcom J. Non-formal learning: Mapping the conceptual terrain, A consultation report［M］. University of Leeds Life learning Institute, 2002.

［248］Cooper N. Design-based research as an informal learning model for choral conductors. London Review of Education, 2017, 15 (3): 358-371.

［249］Cross J. Informal Learning: Rediscovering the Natural Pathways That Inspire Innovation and Performance［M］. San Francisco: Jossey-Bass, 2006.

［250］Dabbagh N, Kitsantas A. Personal Learning Environments, social media, and self-regulated learning: A natural formula for connecting formal and informal learning［J］. Internet and Higher Education, 2011 (15): 3-8.

［251］Destré G, Lévy-Garboua L, Sollogoub M. Learning from experience or learning from others? Inferring informal training from a human capital earnings function with matched employer-employee data［J］. The Journal of Socio-Economics, 2008 (37): 919-938.

［252］Dong J, Blommaert J. Global informal learning environments and the making of Chinese middle class［J］. Linguistics and Education, 2015, 8 (3):1-14.

［253］Doornbos A J, Simons R, Denessen E. Relations between characteristics of workplace practices and types of informal work-related learning:A survey study among Dutch Police［J］. Human Resource Development Quarterly, 2008, 19 (2): 129-151.

［254］ Dunn T G, Shriner C. Deliberate practice in teaching: what teachers do for self-improvement［J］. Teaching and Teacher Education, 1999, 15 (6): 631-651.

［255］ English L M. Spiritual dimensions of informal learning［J］. New Directions for Adult and Contunuing, 2000 (85): 29-38.

［256］ Enos M D, Kehrhahn M T, Bell A. Informal learning and the transfer of learning: How managers develop proficiency［J］. Human Resource Development Quarterly, 2003, 14 (4):368-387.

［257］ Eraut M. Informal learning in the workplace. Studies in Continuing Education, 2004 (26): 247-273.

［258］ Ericsson K A, Krampe R T, Tesch-Romer C. The role of deliberate practice in the acquisition of expert performance［J］. Psychological Review, 1993, 100 (3):363-406.

［259］ Eshach H. Bridging In-school and Out-of-school Learning: Formal, Non-Formal, and Informal Education［J］. Journal of Science Education and Technology, 2007, 16 (2): 171-190.

［260］ Falk J H, Dierking L D. Learning from Museums: Visitor Experience and the Making of Meaning［M］. Walnut Creek CA: Alta Mira Press, 2000.

［261］ Falk J H, Dierking L D. Lessons without limit: How free-choice learning is transforming education［M］. Walnut Creek CA: AltaMira Press, 2002.

［262］ Feiman-Nemser S. From preparation to practice: designing a curriculum to strengthen and sustain teaching［J］. Teachers College Record, 2001 (103): 1013-1055.

［263］ Galanis N, Mayol E, Alier M, et al. Support, evaluating and validating informal learning. A social approach［J］. Computers in Human Behavior, 2016, 55 (8): 596-603.

［264］García-Peñalvo F J, Conde-Conz lez M. Using informal learning for business decision making and knowledge management［J］. Journal of Business Research, 2014, 67 (11): 686-691.

［265］García-Peñalvo F J,Johnson M, Alves G R,et al.Informal learning recognition through a cloud ecosystem［J］. Future Generation Computer Systems, 2014, 32 (8): 282-294.

［266］Giglio C, Palmieri R. Analyzing informal learning patterns in Facebook communities of international conferences［J］. Procedia- Social and Behavioral Sciences, 2017 (237): 223-229.

［267］Graham W, Graham M. Evaluating university's informal learning spaces: role of the university library? ［J］. New Review of Academic Librarianship, 2013 (19): 1-4.

［268］Green L. Group cooperation, inclusion and disaffected pupils: some responses to informal learning in the music classroom［J］. Music Education Research, 2008, 10 (2): 177-192.

［269］Griffiths D. Informal learning recognition and management［J］. Computers in Human Behavior, 2016(55): 501-503.

［270］Gross Z, Rutland S D. Experiential learning in informal educational settings［J］. Springer, 2017 (63): 1-8.

［271］Guile D, Griffiths T. Learning Through Work Experience［J］. Journal of Education and Work, 2001, 14 (1): 113-131.

［272］Guo Y, Zhang B, Zhang C L. The application of date provenance in online informal learning environment ［J］. Procedia-IERI, 2012 (2): 83-88.

［273］Hager P J, Halliday J. Recovering informal learning: Wisdom, judgment, and community［M］. Dordrecht: Springer, 2006.

［274］Hanhonen K, Torkkeli K, Makela J. Informal learning and food sense in home cooking[J]. Appetite, 2018 (130): 190-198.

[275] Hattikudur S, Sidney P G, Alibali M W. Does comparing informal and formal procedures promote mathematics learning? The benefts of bridging depend on attitudes toward mathematics[J]. Journal of Problem Solving, 2016 (9): 13-27.

[276] Hays D G, Dean J K,Chang C Y.Addressing privilege and oppression in counselor training and practice:A qualitative analysis[J].Journal of Counseling & Development, 2007, 85 (3): 317-324.

[277] Herron R, Mendiwelso-Bendek Z. Supportiong self-organised community research through informal learning[J]. European Journal of Operational Research, 2018 (268): 825-835.

[278] Hicks E, Bagg R, Doyle W, et al. Canadian accountants: examining workplace learning[J]. Journal of Workplace Learning, 2007 (19): 61-77.

[279] Hoekstra A, Brekelmans M, Beijaard D, Korthagen F. Experienced teachers' informal learning: Learning activities and changes in behavior and cognition[J]. Teaching and Teacher Education, 2009 (25): 663-673.

[280] Hommes J, Arah O A, Grave D W, et al. Medical students perceive better group learning processes when large classes are made to seem small[J]. PloS one, 2014, 9 (4): 1-11.

[281] Ibrahim N, Fadzil N H. Informal Setting for Learning on Campus: Usage and preference[J]. Procedia - Social and Behavioral Sciences, 2013, 105 (11): 344-351.

[282] Jason C, Robert V. Comparing autonomous and class-based learners in Brazil: Evidence for the present-day advantages of informal, out-of-class learning[J]. System, 2016 (61): 31-42.

[283] Jurasaite-Harbison E, Rex L A. School cultures as contexts for informal teacher learning[J]. Teaching and Teacher Education: An International Journal Of Research And Studies, 2010, 26 (2): 267-277.

[284] Jurasaite-Harbison E. Teachers' workplace learning within informal contexts of school cultures in the United States and Lithuania [J]. Journal of Workplace Learning, 2009, 21 (4):299-321.

[285] Kayabaş i, Mutlu M E. Obtainment and Management of Informal Learning Experiences Among Saved Life Experiences via a Life Logging System: An Observation of a Software Developer [J]. Procedia: Social and Behavioral Sciences, 2015, 174 (1): 1111-1116.

[286] Keith N, Unger J M, Rauch A, et al. Informal Learning and Entrepreneurial Success: A Longitudinal Study of Deliberate Practice among Small Business Owners [J]. Applied Psychology, 2016, 65 (3): 515-540.

[287] Kern R G. Students and Teachers' Beliefs about Language Learning [J]. Foreign Language Annals, 1995, 28 (1): 71-92

[288] Kozlowski S W J, Eduardo S. Learning, Training, and Development in Organizations [M]. New York, NY: Routledge, 2010: 303-332.

[289] Kral I, Heath S B. The world with us: Sight and sound in the "cultural flows" ofinformal learning. An Indigenous Australian case [J]. Learning, Culture and Social Interaction, 2013, 2 (7): 227-237.

[290] Kroger J. Identity development: Adolescence through adulthood [M]. California: Sage Publication Inc, 2007.

[291] Krohn J, Kjersem B, H vding G. Matching fundus photographs of classmates. An informal competition to promote learning and practice of direct ophthalmoscopy among medical students [J]. Journal of Visual Communication in Medicine, 2014 (37): 13-18.

[292] Kuure L. Places for Learning: Technology-mediated Language Learning Practices Beyond the Classroom [J]. Beyond the language classroom, 2011: 35-46.

［293］ Lai K W, Khaddage F, Knezek G. Blending student technology experiences in formal and informal learning［J］. Journal of Computer Assisted Learning, 2013, 29 (5): 414-425.

［294］ Lai K W, Smith L. Socio-demographic factors relating to perception and use of mobile technologies in tertiary teaching: Socio-demographic factors and mobile technologies［J］. British Journal of Educational Technology, 2018 (49): 492-504.

［295］ Laurillard D. The pedagogical challenges to collaborative technologies［J］. International Journal of Computer-Supported Collaborative Learning, 2009, 4 (1): 5-20.

［296］ Lee B, Sing S A. Social media as an informal learning platform: Case study on adult learning at SIM University, Singapore［J］. Procedia-Social and Behavioral Sciences, 2013, 93 (10): 1158-1161.

［297］ Legutke M, Thomas H. Process and Experience in the Language Classroom［M］. London: Longman Publishing Group, 1991.

［298］ Leslie B, Aring M K, Brand B. Informal learning: The new frontier of employee development and organizational development［J］. Economic Development Review.1998, 15 (4): 12-18.

［299］ Lin A C H, Fernandez W D, Gregor S. Understanding web enjoyment experiences and informal learning: A study in a museum context［J］. Decision Support Systems,2012,53 (5): 846-858.

［300］ Lohman M C. A survey of factors influencing the engagement of information technology professionals in informal workplace learning activities［J］. Information Technology, Learning, and Performance Journal, 2009, 25 (1): 43-53.

［301］ Lohman M C. Factors influencing teachers' engagement in informal learning activities[J]. Journal of Workplace Learning, 2006, 18 (3): 141-156.

[302] Lohman M, Woolf N. Self-initiated learning activities of experienced public school teachers: methods, sources, and relevant organizational influences[J]. Teachers and Teaching: Theory and Practice, 2001 (7): 59-74.

[303] Lonie D, Dickens L. Becoming musicians: situating young people's experiences of musical learning between formal, informal and non-formal spheres[J]. Cultural Geographies, 2016, 23 (1): 87-101.

[304] Lu X, Carroll J M. Fostering an informal learning community of computer technologies at schools[J]. Behaviour & Information Technology, 2007, 26 (1): 23-36.

[305] Malcolm J, Hodkinson P, Colley H. The interrelationships between informal and formal learning[J]. Journal of Workplace Learning, 2003, 15 (7/8): 313-318.

[306] Mamaqi X. The efficiency of different ways of informal learning on firm performance: A comparison between, classroom, web 2 and workplace training[J]. Computers in Human Behavior, 2015 (51): 812-820.

[307] Marsick V J, Volpe M. The nature and need for informal learning[J]. Advances in Developing Human Resources, 1999, 1 (3): 1-9.

[308] Marsick V J, Watkins K E. Informal and incidental learning in the workplace[M]. London: Routledge, 1990.

[309] Marsick V J, Watkins K E. Informal and incidental learning[J]. New Directions for Adult and Continuing Education, 2001 (89): 25-34.

[310] Martin L M W. An emerging research framework for studying informal learning and schools[J]. Science Education, 2004, 88 (1): 71-82.

[311] McDougall M, Beattie R S. The missing link? Understanding the

relationship between individual and organizational learning[J]. International Journal of Training and Development, 1998, 2 (4): 288-299.

[312] Mendi P, Mudida R. The effect on innovaton of beginning informal: Empirical evidence from Kenya[J]. Technological Forecasting & Social Chance, 2018 (131): 326-335.

[313] Merriam S M, Caffarella R S, Baumgartner L M. Learning in adulthood: A comprehensive guide[M]. 3rd ed. San Francisco: Jossey-Bass, 2007.

[314] Mi Song Kim, Wei Loong David Hung, Azilawati Bte Jamaludin, et al. Expanding "within context" to "across contexts" learning: a case study of informal and formal activities[J]. Interactive Learning Environments, 2014, 22 (6): 704-720.

[315] Mills L A, Knezek G, Khaddage F. Information Seeking, Information Sharing, and going mobile: Three bridges to informal learning[J]. Computers in Human Behavior, 2014, 32 (8): 324-334.

[316] Muhamad M, Carter G L. Prinsip Pembelajaran Orang Dewasa[M]. Kuala Lumpur: Utusan Publication & Distribution Sdn Bhd, 2000.

[317] Negrea S. World of Active Learning[J]. Technology, 2018 (5): 38-41.

[318] Noe R A, Tews M J, Marand A D. Individual differences and informal learning in the workplace[J]. Journal of Vocational Behavior, 2013, 83 (6): 327-335.

[319] Orian G, Jucan D. Learning situations within an informal context: Case study[J]. Procedia-Social and Behavioral Sciences, 2013, 76 (4): 575-580.

[320] Parise M L, Spillane J P. Teacher learning and instructional change: How formal and on-the-job learning opportunities predict change in elementary school teachers' practice[J]. The Elementary School Journal, 2010, 110 (3).

[321] Pascarella E T. Student-Faculty Informal Contact and College Outcomes[J]. Review of Educational Research, 1980, 50 (4): 545-595.

［322］ Patterson B J, Pharm D. Informal learning processes in support of clinical service delivery in a service-oriented community pharmacy［J］. Research in Social & Administrative Pharmacy, 2016 (1): 1-9.

［323］ Peeters J, Backer F, Buffel T, et al. Adult Learners' Informal Learning Experiences in Formal Education Setting［J］. Journal of Adult Development, 2014, 21 (3): 181-192.

［324］ Pejoska J, Bauters M, Purma J, et al. Social augmented reality: Enhancing context-dependent communication and informal learning at work［J］. British Journal of Educational Technology, 2016, 47 (3): 474-483.

［325］ Pimmer C,Brysiewicz P,Linxen S,et al.Informal mobile learning in nurse education and practice in remote areas：A case study from rural South Africa［J］. Nurse Education Today, 2014, 34 (3): 1398-1404.

［326］ Piqueras J, Hamza K M, Edvall S. The Practical Epistemologies in the Museum: A Study of Students' Learning in Encounters with Dioramas［J］. The Journal of Museum Education, 2008, 33 (2): 153-164.

［327］ Punie Y, Cabrera M, Bogdanowicz M, et al. The future of ICT and learning in the knowledge society. Report on a Joint DG JRC-DGEAC Workshop Held in Seville［M］. Luxembourg: Office for Official Publications of the European Communities, 2006.

［328］ Ramey-Gassert L. Learning science beyond the classroom［J］. The Elementary School Journal, 1997, 97 (4): 433.

［329］ Richards D, Tangney B. An informal online learning community for student mental health at university: a preliminary investigation［J］. British Journal of Guidance & Counselling, 2007, 36 (1): 81-97.

［330］ Richter D,Kunter M,Klusmann U,et al.Professional development across the teaching career:teachers'　uptake of formal and informal learning opportunities[J].Teaching and Teacher Education, 2011, 27 (1): 116-126.

[331] Rogers A. Global perspectives on recognizing non-formal and informal learning: Why recognition matters[J]. Springer, 2016 (62): 127-129.

[332] Rose D, Bartoli A J, Heaton P. Measuring the impact of musical learning on cognitive, behavioural and socio-emotional wellbeing development in children[J]. Psychology of Music, 2019, 47 (2).

[333] Ruiz A D G, Ramer R, Schram A. Formal versus informal legislative bargaining[J]. Games and Economic Behavior, 2016, 96 (1):1-17.

[334] Sackey D J, Minh-Tam N, Grabill J T. Constructing learning spaces: What we can learn from studies of informal learning online [J]. Computers and Composition, 2015, 35 (1): 112-124.

[335] Sambrook S. Factors influencing the context and process of work-related learning: Synthesizing findings from two research projects[J]. Human Resource Development International, 2005 (8): 101-119.

[336] Schauble L, Leinhardt G, Martin L. A framework for organizing a cumulative research agenda in informal learning contexts[J]. Journal of Museum Education, 1997, 22 (2-3):3-8.

[337] Schoonenboom J, Sligte H, Moghnieh A, et al. Supporting life-long competence development using the TENCompetence infrastructure: a first experiment[J]. International Journal of Emerging Technologies in Learning (Special Issue), 2008, 3 (1): 53-59.

[338] Schulz R,Manduzk D.Learning to teach,learning to inquire:a 3-year study of teacher candidates' experiences[J].Teaching and Teacher Education, 2005 (21): 315-331.

[339] Scribner S, Cole M. Cognitive consequences of formal and informal education[J]. Science, 1973 (182): 553-559.

［340］ Sheri-Lynn S,Sowinski C,Jo-Anne L F.Formal and informal home learning activities in relation to children's early numeracy and literacy skills:The development of a home numeracy model［J］. Journal of Experimental Child Psychology, 2014 (121): 63-84.

［341］ Simon S, Johnson S, Cavell S, et al. Promoting argumentation in primary science contexts:an analysis of students' interactions informal and informal learning environments［J］. Journal of Computer Assisted Learning, 2012, 28 (5): 440-453.

［342］ Simon S. Analysis of students'interactions［M］. Blackwell Publishing Ltd, 2011: 444-453.

［343］ Sinclair S. Making doctosrs: An institutional apprenticeship［M］. Oxford: Berg, 1997.

［344］ Skule S, Reichborn A N. Learning-conducive work: A survey of learning conditions in Norwegian workplaces［M］. Luxembourg: Office for Official Publications of the European Communities, 2002.

［345］ Stern H H. Fundamental Concepts of Language Learning［M］. Oxford: OUP, 1983.

［346］ Sun Y Y, Franklin T, Gao F. Learning outside of classroom: Exploring the active part of an informal online English learning community in China［J］. British Journal of Educational Technology, 2017, 48 (1):57-70.

［347］ Tan S H, Norhalimah I. "Hit-the-road-running" and reflect: A qualitative study of women managers' informal learning strategies using feminist principles［J］. Procedia-Social and Behavioral Sciences. 2015 (211): 1081-1088.

［348］ Taylor M C. Informal adult learning and everyday literacy practices［J］. Journal of Adolescent & Adult Literacy, 2006, 49 (6): 500-510.

[349] Tews M J, Michel J W, Noe R A. Does fun promote learning? The relationship between fun in the workplace and informal learning[J]. Journal of Vocational Behavior, 2017 (98): 46-55.

[350] Tews M J, Noe R A, Scheurer A J, et al. The relationships of work-family conflict and core self-evaluations with informal learning in a managerial context[J]. Journal of Occupational and Organizational Psychology, 2016 (89): 92-110.

[351] Thacker E S. "PD is where teachers are learning!" high school social studies teachers' formal and informal professional learning[J]. The Journal of Social Studies Research, 2015, 10 (1): 1-16.

[352] Tisliar P. The Development of Informal Learning and Museum Pedagogy in Museums[J]. European Journal of Contemporary Education, 2017, 6 (3): 586-592.

[353] Ulrich R, Katharina K. Tracing informal religious learning[J]. IJPT, 2015, 19 (1):122-137.

[354] Vadeboncoeur J A. Chapter 7: Engaging Young People: Learning in Informal Contexts[J]. Review of Research in Education, 2006, 30 (1): 239-278.

[355] Wahab M S A, Saada R A J, Selamat M H. A survey of work environment inhibitors to informal workplace learning activities amongst Malaysian accountants[J]. Procedia-Social and Behavioral Sciences, 2014, 164 (11): 409-414

[356] Walter L B. Bring it all together: formal and informal learning in a university guitar class[M]. AnnArbor: ProQuest LLC, 2015.

[357] Watkins K E, Cervero R M. Organizations as contexts for learning: A case study in certified public accountancy[J]. Journal of Workplace Learning,2000, 12 (5): 187-194.

［358］Yi S. Understanding informal learning: A case study of Kbank［J］. The Korea Educational Review, 2008, 14 (1): 271-299.

［359］Zyngier D. How experiential learning in an informal setting promotes class equity and social and economic justice for children from "communities at promise": An Australian perspective ［J］. International Review of Education, 2017, 63 (1): 9-28.

附　　录

附录一　西北地区高校大学生非正式学习情况

调查问卷（试测）

亲爱的同学：

您好！非常感谢您在百忙之中参与我们的问卷调查！本问卷是为了了解当前大学生的学习状况，仅供个人学术研究之用，不对您个人进行任何评价。请您根据实际情况回答，我们会对您的回答严格保密，请您放心填写。

衷心感谢您的耐心协助！

非正式学习是相对正规学校教育或继续教育而言的，指在非正式学习时间和场所发生的，通过非教学性质的社会交往来传递和渗透知识，由学习者自我发起、自我调控、自我负责的一种学习方式，主要指做中学、玩中学、游中学等。

答题说明：请在您认为合适的选项上划"√"

第一部分：个人基本信息（1—5）

1. 您的性别：① 男　　② 女

2. 您的年级：① 大一　　② 大二　　③ 大三　　④ 大四

3. 您所学的科目类属：① 文史类　　② 理工类　　③ 外语类

4. 您就读的大学类型：① 普通本科高校 ② 高等职业教育院校 ③ 高等专科学校 ④ 独立学院

5. 您就读的大学位于：① 陕西省　② 甘肃省　③ 青海省　④ 宁夏回族自治区　⑤ 新疆维吾尔自治区

第二部分：大学生非正式学习的基本情况

（一）学习观念（6—18）

序号	题项	完全同意 5	基本同意 4	一般同意 3	基本不同意 2	完全不同意 1
6	您认同"学习随时随地都可以发生"这种观点					
7	您认同"即使在没有教师的情况下，学习也可以发生"这种观点					
8	您认同"除了课堂学习，还有多种学习途径"这种观点					
9	您认为通过非正式学习可以获得更丰富的知识					
10	您认为非正式学习更有利于个性发展					
11	您会通过多种途径获得知识					
12	您觉得与别人讨论学习上的问题是一个愉快的过程					
13	您认同"自我反思是提高学习效率的有效途径之一"					
14	您经常有意外的学习经历					
15	您认同"学习与各种媒介（网络、电视、手机等）不能分离"的观点					
16	您认为非正式学习与正式学习（正规课堂学习）的关系为（可多选） 1. 非正式学习是正式学习的补充 2. 正式学习是非正式学习的补充 3. 非正式学习与正式学习相互对立 4. 非正式学习与正式学习共同存在且相互影响 5. 在时间上，先有正式学习，才有非正式学习 6. 很难说清楚					

序号	题项	完全同意 5	基本同意 4	一般同意 3	基本不同意 2	完全不同意 1
17	您认为哪种学习方式最有效（可多选） 1. 自主学习 2. 与同伴、师生交流 3. 教师的课堂讲授 4. 与他人合作 5. 通过网络获取 6. 参加社团实践活动 7. 其他					
18	在正式课堂学习之外，您更喜欢的学习方式是（可多选） 1. 自主学习（看书、反思、自习） 2. 观察、模仿他人 3. 合作学习 4. 利用信息工具（如微信、电子邮件、博客、百度百科、论坛等）进行学习 5. 利用学习软件（如思维导图、英语口语魔方秀等）进行学习					

（二）学习行为（19—31）

序号	题项	完全符合 5	基本符合 4	一般符合 3	基本不符 2	完全不符 1
19	您经常去图书馆看书或去自习室上自习					
20	您经常记录自己对学习事件的感悟并总结学习经验					
21	您经常与老师、同学交流学习问题					
22	您经常与他人合作完成某项任务					
23	您经常参加非正式团体活动（如社团活动、各种讲座）					
24	您会广泛阅读与本专业相关的报纸、杂志及论文等					
25	您会广泛阅读与本专业无关但本人感兴趣的报纸、杂志及论文等					
26	您会经常去书店看书或购买自己需要的书籍					
27	您会经常去博物馆、科技馆等地方参观学习					
28	您参加一个或多个网络学习社区或群组					
29	您经常在网络学习社区或群组里与他人讨论问题					
30	您每天去图书馆看书或在自习室学习的时长为： 1．五小时以上　2．三小时至五小时　3．两小时至三小时　4．少于两小时 5．不确定					

续表

序号	题项	完全符合 5	基本符合 4	一般符合 3	基本不符 2	完全不符 1
31	您如何处理学习上遇到的问题（可多选） 1. 当面请教他人 2. 自己反思、研究 3. 通过网络搜索答案，如利用百度或谷歌 4. 通过网络寻求交互式帮助，如发帖子 5. 顺其自然					

（三）学习价值（32—43）

序号	题项	完全同意 5	基本同意 4	一般同意 3	基本不同意 2	完全不同意 1
32	您认为非正式学习这种学习方式激发了您的学习兴趣					
33	您认为非正式学习这种学习方式激发了您的学习动力					
34	您认为非正式学习这种学习方式增强了您的合作意识					
35	您认为非正式学习这种学习方式加强了您的学习自主性					
36	您认为非正式学习这种学习方式提高了您的反思能力					
37	您认为非正式学习这种学习方式提高了您使用软件及操作计算机的能力					
38	您认为非正式学习这种学习方式提高了您人际交往的能力					
39	您认为非正式学习这种学习方式提高了您的专业学习成绩					
40	您认为非正式学习这种学习方式有助于巩固您的专业知识					
41	您认为非正式学习这种学习方式拓宽了您的专业视野					
42	您认为非正式学习这种学习方式有助于改善学校的学习氛围					
43	您认为非正式学习这种学习方式对您今后人生的影响很大					

（四）学习氛围（44—56）

序号	题项	完全符合 5	基本符合 4	一般符合 3	基本不符 2	完全不符 1
44	学校重视学生的终身学习					
45	学校为学生提供学习资源（如图书、期刊、数字化资源等）					
46	学校为学生提供非正式学习的场所					
47	学校领导、教师重视学生的课余学习					
48	学校经常让学生根据自己的需要自主选择专业发展活动，并提供支持					
49	学校经常组织活动，如旅游、参观博物馆等					
50	学校经常安排各种专业性知识讲座					
51	学校的辅导员经常鼓励学生参加各种非正式社团活动					
52	学校领导、授课教师经常鼓励学生参加各种非正式学习的活动					
53	学校的辅导员经常参加学生组织的非正式学习活动					
54	学校领导、授课教师经常参加学生组织的非正式学习活动					
55	您身边的同学经常参加校园中的各种非正式学习活动，如社团活动					
56	您的同学在课余时间会进行哪些活动（可多选） 1．在图书馆学习 2．上网（电脑或手机）聊天、娱乐 3．做兼职赚钱 4．参加班级、社团活动 5．其他：＿＿＿＿＿＿＿＿					

问卷至此全部结束，再次衷心感谢您的支持！

附录二　西北地区高校大学生非正式学习情况调查问卷（正式）

亲爱的同学：

您好！非常感谢您在百忙之中参与我们的问卷调查！本问卷是为了了解当前大学生的学习状况，仅供个人学术研究之用，不对您个人进行任何评价。请您根据实际情况回答，我们会对您的回答严格保密，请您放心填写。

衷心感谢您的耐心协助！

非正式学习是相对正规学校教育或继续教育而言的，指在非正式学习时间和场所发生的，通过非教学性质的社会交往来传递和渗透知识，由学习者自我发起、自我调控、自我负责的一种学习方式，主要指做中学、玩中学、游中学等。

答题说明：请在您认为合适的选项上划"√"

第一部分：个人基本信息（1—5）

1. 您的性别：① 男　　② 女

2. 您的年级：① 大一　② 大二　③ 大三　④ 大四

3. 您所学的科目类属：① 文史类　② 理工类　③ 外语类

4. 您就读的大学类型：① 普通本科高校 ② 高等职业教育院校 ③ 高等专科学校 ④独立学院

5. 您就读的大学位于：① 陕西省　② 甘肃省　③ 青海省　④ 宁夏回族自治区　⑤ 新疆维吾尔自治区

第二部分：大学生非正式学习的基本情况

（一）学习观念（6—18）

序号	题项	完全同意 5	基本同意 4	一般同意 3	基本不同意 2	完全不同意 1
6	您认同"学习随时随地都可以发生"这种观点					
7	您认同"即使在没有教师的情况下，学习也可以发生"这种观点					
8	您认同"除了课堂学习，还有多种学习途径"这种观点					
9	您认为通过非正式学习可以获得更丰富的知识					
10	您认为非正式学习更有利于个性发展					
11	您会通过多种途径获得知识					
12	您觉得与别人讨论学习上的问题是一个愉快的过程					
13	您认同"自我反思是提高学习效率的有效途径之一"					
14	您经常有意外的学习经历					
15	您认同"学习与各种媒介（网络、电视、手机等）不能分离"的观点					
16	您认为非正式学习与正式学习（正规课堂学习）的关系为（可多选） 1．非正式学习是正式学习的补充 2．正式学习是非正式学习的补充 3．非正式学习与正式学习相互对立 4．非正式学习与正式学习共同存在且相互影响 5．在时间上，先有正式学习，才有非正式学习 6．很难说清楚					

续表

序号	题项	完全 同意 5	基本 同意 4	一般 同意 3	基本不 同意 2	完全不 同意 1
17	您认为哪种学习方式最有效（可多选） 1. 自主学习 2. 与同伴、师生交流 3. 教师的课堂讲授 4. 与他人合作 5. 通过网络获取 6. 参加社团实践活动 7. 其他					
18	在正式课堂学习之外，您更喜欢的学习方式是（可多选） 1. 自主学习（看书、反思、自习） 2. 观察、模仿他人 3. 合作学习 4. 利用信息工具（如微信、电子邮件、博客、百度百科、论坛等）进行学习 5. 利用学习软件（如思维导图、英语口语魔方秀等）进行学习					

（二）学习行为（19—29）

序号	题项	完全符合 5	基本符合 4	一般符合 3	基本不符 2	完全不符 1
19	您经常记录自己对学习事件的感悟并总结学习经验					
20	您经常与老师、同学交流学习问题					
21	您经常与他人合作来完成某项任务					
22	您经常参加非正式团体活动（如社团活动、各种讲座）					
23	您会广泛阅读与本专业相关的报纸、杂志及论文等					
24	您会广泛阅读与本专业无关但本人感兴趣的报纸、杂志及论文等					
25	您会经常去书店看书或购买自己需要的书籍					
26	您会经常去博物馆、科技馆等地方参观学习					
27	您参加一个或多个网络学习社区或群组					
28	您经常在网络学习社区或群组里与他人讨论问题					
29	您如何处理学习上遇到的问题（可多选） 1．当面请教他人 2．自己反思、研究 3．通过网络搜索答案，如利用百度或谷歌 4．通过网络寻求交互式帮助，如发帖子 5．顺其自然					

（三）学习价值（30—41）

序号	题项	完全同意 5	基本同意 4	一般同意 3	基本不同意 2	完全不同意 1
30	您认为非正式学习这种学习方式激发了您的学习兴趣					
31	您认为非正式学习这种学习方式激发了您的学习动力					
32	您认为非正式学习这种学习方式增强了您的合作意识					
33	您认为非正式学习这种学习方式加强了您的学习自主性					
34	您认为非正式学习这种学习方式提高了您的反思能力					
35	您认为非正式学习这种学习方式提高了您使用软件及操作计算机的能力					
36	您认为非正式学习这种学习方式提高了您人际交往的能力					
37	您认为非正式学习这种学习方式提高了您的专业学习成绩					
38	您认为非正式学习这种学习方式有助于巩固您的专业知识					
39	您认为非正式学习这种学习方式拓宽了您的专业视野					
40	您认为非正式学习这种学习方式有助于改善学校的学习氛围					
41	您认为非正式学习这种学习方式对您今后人生的影响很大					

（四）学习氛围（42—54）

序号	题项	完全符合 5	基本符合 4	一般符合 3	基本不符 2	完全不符 1
42	学校重视学生的终身学习					
44	学校为学生提供非正式学习的场所					
45	学校领导、教师重视学生的课余学习					
46	学校经常让学生根据自己的需要自主选择专业发展活动，并提供支持					
47	学校经常组织活动，如旅游、参观博物馆等					
48	学校经常安排各种专业性知识讲座					
49	学校的辅导员经常鼓励学生参加各种非正式社团活动					
50	学校领导、授课教师经常鼓励学生参加各种非正式学习的活动					
51	学校的辅导员经常参加学生组织的非正式学习活动					
53	您身边的同学经常参加校园中的各种非正式学习活动，如社团活动					
54	您的同学在课余时间会进行哪些活动（可多选） 1．在图书馆学习 2．上网（电脑或手机）聊天、娱乐 3．做兼职赚钱 4．参加班级、社团活动 5．其他：＿＿＿＿＿＿＿＿＿＿					

问卷至此全部结束，再次衷心感谢您的支持！

附录三　西北地区高校大学生非正式学习

访谈提纲

访谈对象：_____

访谈时间：_____

访谈地点：_____

1. 您了解非正式学习吗？

2. 您在上课之余，会进行课外学习吗？一般有哪些具体的学习活动？（内容、目的、场域等）

3. 当您在学习中遇到困难时，您是如何解决的？

4. 您的学校会组织学生进行学习活动吗？具体有哪些学习活动？

5. 对于学校组织的学习活动，您是否会积极参加？其他学生呢？

6. 除了参与学校组织的学习活动，你们自己会经常组织学习活动吗？具体有什么活动？

7. 学校是否支持学生参加各种学习活动？具体有什么措施？

8. 从个人角度讲，您认为影响非正式学习的因素有哪些？是如何影响的？

9. 您觉得非正式学习对您专业水平的提高及自身发展有作用吗？如果有，如何体现？

附录四 国外大学生非正式学习访谈提纲

Name of the participant（访谈对象）:＿＿＿＿＿＿＿＿＿＿＿

Time of interview（访谈时间）:＿＿＿＿＿＿＿＿＿＿＿＿＿

Place of interview（访谈地点）:＿＿＿＿＿＿＿＿＿＿＿＿＿

1．Do you know anything about informal learning?

（您了解非正式学习吗？）

2．Do you conduct self-learning besides of formal learning in the classroom? What kinds of informal learning activities do you like to join?

（您在上课之余，会进行课外学习吗？一般有哪些具体的学习活动？）

3．How do you conquer the difficulties during your study?

（当在学习中遇到困难时，您是如何解决的？）

4．Does your university often organize students to learn? And what are they?

（您的学校会组织学生进行学习活动吗？具体有哪些学习活动？）

5．Would you like to take part in the learning activities organized by your university? And how about other students?

（对于学校组织的学习活动，您是否会积极参加？其他学生呢？）

6．Besides of joining learning activities that are organized by your university, do you usually organize learning activities by yourselves? And what are they?

（除了参与学校组织的学习活动，你们自己会经常组织学习活动吗？具体有什么活动？）

7．Does your university support students to take part in all kinds of learning activities? And what are they?

（学校是否支持学生参加各种学习活动？具体有什么措施？）

8．Could you tell me about your past learning experience when you were in primary school, middle school or even in high school?

（您能说说您在小学、初中或高中时期是如何学习的吗？）

9. From your point of view, what kinds of factors that affect students' informal learning and how do they affect?

（从个人角度讲，您认为影响非正式学习的因素有哪些？是如何影响的？）

10. How do you think informal learning could improve your major proficiency and self-development? Please list some examples.

（您觉得非正式学习对您专业水平的提高及自身发展有作用吗？如果有，如何体现？）

附录五　大学生撰写文本实例

实例一

　　大学是人生最美好的阶段，是大学生向"社会人"过渡的关键阶段，也是大学生实现自我价值的理想场所。大学生在这里生活、学习、成长。进入大学后课余时间充足，我把绝大多数课余时间用于上网、运动、阅读、看电影、参加志愿者活动或社团活动、外出逛街等，有时候会在学习的同时做些兼职工作，以增长阅历、丰富知识、锻炼自己。我所学习的财务管理专业课程相对来说比较多，因此我的课后娱乐活动比较少。在学习方面，除了课堂学习，我会和舍友一起去图书馆学习，因为相对来说图书馆的学习氛围比较好，在那里可以更加静下心来学习。课余生活仅是大学生活中的一部分，但却充分体现了当代大学生的生活观念。在知识与技能学习方面，我会两者兼顾，每天都会和舍友一起学习唱歌，每次 40 分钟左右。另外，我还会练习钢笔字，每周 2～3 次，每次半小时左右。平时我还喜欢弹吉他，每周三自学吉他 1～2 个小时。除了这些，我还自选网课进行学习，并且通过了测试。在大学期间，我们会有很多的时间去思考自己要做什么以及怎么做，所以除课堂学习外，我们更应该积极参与大学的课外活动，在获得知识的同时，增强自主创新意识。

实例二

　　星期一：刷网课，晚自习下课后去操场跑步、背单词 1 小时。

　　星期二：早操后背半小时单词，晚自习下课后跑步 45 分钟。

　　星期三：看半小时的数学书并做半小时高数题，看半小时语文书并回忆一下课堂内容，练习 15～20 分钟英语听力。

　　星期四：早操后背半小时单词（读英语书上的课文），晚自习后的跑步时间可根据实际情况酌情增减。

星期五：背半小时单词，读半小时英语课文，背半小时的思政课相关知识点。

周末：周六 9：00—12：00 去图书馆复习数学，15：00—18：00 在图书馆看书。周日 9：00—12：00 去图书馆背基础会计、政治经济学的相关知识，做到熟记；15：00—18：00 回顾一周的学习内容，找出疑惑的地方，及时请教同学，如果同学不会，在适当的时间寻求老师的帮助。

实例三

课余时间安排如下：

1. 学习内容不限，根据课程安排决定。

2. 周末到图书馆学习大概 5 小时，内容仍然以课程内容为主。

附录六　西北地区高校大学生非正式学习

访谈数据记录实例

编号：N41

访谈时间：2018 年 5 月 6 日　15：30—16：27

访谈地点：宁夏大学新华学院中心区教学楼 311

说明：受试者为大四女生，英语专业，刚参加完毕业答辩。

（H：访谈者　　　N：受访者）

H：你好，耽误你几分钟时间，麻烦回答下关于大学生学习的几个问题。

N：好的，没问题。

H：那我们就开始吧。首先，你了解非正式学习吗？

N：我略有耳闻。我认为非正式学习应该是除学习任务之外的一种比较轻松的学习吧。我也不太清楚。

H：你所说的轻松的学习是指什么？

N：比方说看电影的时候可以学习英语口语、单词之类的，这好像比通过口语课练口语或者单独背单词书要有意思些。

H：对，看电影这种学习其实就是非正式学习。

N：其他的我就不知道了。

H：你在上课之余，会进行课外学习吗？一般有哪些具体的学习活动？

N：会进行一些课堂之外的学习。我一般会在图书馆看专业书或完成作业之类。我也不愿意借书看，现在好像除了看老师要求学的东西，也没时间看其他的。我一有时间就看手机，要不聊天，要不就是看看拼多多上有什么好玩的东西。有时候，我会看看历史影片和纪录片，因为我是中共党员，所以老师要求我们必须看，然后偶尔会参加学校组织的讲座。

H：除了在学校参加一些非正式学习活动，在校外有没有参加过类似的学习活动？

N：嗯。有时候，我会边走路边听英语。还有就是在外面旅游的时候，我会看看各店铺的名称，把有意思的店铺名记下来，比如，在云南，我就碰到一个叫"梦想燃烧"的店，刚开始不知道是卖什么的，进去一看才发现是书店，挺有意思的。

H：那当你学习中遇到困难时，你会如何解决？

N：平常我是自己先找相关书籍，如果没有，我就在百度上搜答案，如果还找不到确定的解决方法，我就问下舍友。我一般也不爱问别人，有点不好意思，心里就想我怎么这么笨，别人会，自己怎么不会，所以，有时候，我都是自己想想，自己解决。

H：那你的毕业论文是独自完成的，还是和你的指导老师进行讨论完成的？

N：毕业论文是学校根据我们要写的方向，把我们按方向分给不同的老师。我喜欢教学法，但刚开始肯定什么也不会，肯定得问老师，然后按老师说的，看书啊，调查什么的，最后自己写论文。写的途中，有个章节不会写，问老师了，问完就清楚了。

H：看来，有学习困难和老师沟通会好点。

N：是呢。

H：那咱们学校会组织学生进行学习活动吗？具体有哪些学习活动？

N：会组织，学校会举办兴趣小组、师范技能比赛、普通话讲座、书法练习、话剧表演等。

H：对于学校组织的学习活动，你是否会积极参加？其他同学呢？

N：我偶尔会去参加一下，大三的时候，我参加了两次女子发展协会，后来就没有了。感觉好像刚开始的时候，协会活动还挺多，到后来就没有了，可能因为考试，也没人组织了，所以有时候虽然报名参加了，但坚持不了多久，也没啥意思，所以大四就不参加了，待在宿舍还能休息，或者与同学一起参加其他的活动。

H：那其他同学会不会参加？

N：其他同学可能和我差不多吧。都是刚开始什么都想参加，到最后就都没兴趣了。我们有时候去餐厅吃饭，看见路上那些大一、大二的学生在那里积极报名参加，我们都觉得可笑，和我们当初一样，感觉好傻啊。

H：除了参与学校组织的学习活动，你们自己会经常组织学习活动吗？具体有什么活动？

N：自己不会组织活动，一般都是学生会搞的，要不就是辅导员让有些同学组织的。

H：那学校支持同学们参加各种学习活动吗？

N：应该支持吧，要不也不可能有场地。

H：具体有什么措施吗？

N：这个我不太清楚。

H：那你认为影响非正式学习的因素有哪些？它们是如何影响的？

N：与其他系几乎没有交流，每个系都有每个系的风格，但活动都以系为单位，经常与同系同学相处，接触的知识面单一。

H：还有其他因素影响你的学习吗？

N：除了这个，我觉得就是自己吧。如果你想认识人啊，想了解其他知识啊，你可能就会去参加，如果你不想的话，就剩下玩手机了。

H：那你觉得非正式学习对你的专业水平的提高及自身发展有作用吗？

N：接触了不同的人和事，了解了不同的知识面。可能文科生的思维没有理科生那么活跃，对一些问题的思考局限性也很大，而接触不同的人和事，就会对事物的思考多些不同的方向。好像再没有什么了。

H：好，那谢谢你的回答，今天的访谈就到这吧。

N：不客气。

附录七　国外高校大学生非正式学习访谈数据记录实例

编号：A1＋A2（1）

访谈时间：2018 年 7 月 16 日　13：30—14：27

访谈地点：家中

说明：受试者为美国密苏里大学堪萨斯分校的两位大二女生。在她们来宁夏游学之际，经同事推荐，笔者邀请这两位大学生来家中就餐，并就非正式学习进行了访谈。两位大学生只能说一些简单的汉语，故访谈全程用英语进行交流。

（H：访谈者　　A1、A2：受访者）

H: OK, let's start our talking about learning. Do you know informal learning?

A1: Yes, my understanding of informal learning is that it comprises learning activities that take place far away from a teacher-centered environment. It takes place outside of the classroom or even outside of the school.

A2: I think it's open-ended and collaborative.

H: Yes. The learning is not teacher-centered. Some knowledge is acquired outside of the university and it consists of self-learning or tutoring from peers or teachers.

A2: It is creative.

H: Yea. So would you conduct self-learning besides of your formal learning in the classroom? And what kind of informal learning will you prefer?

A1: I strongly believe that self-learning through learning-by-doing, trial and error and etc. For example, as a sporty girl, I always do all kinds of sports and then analyze my performance. In addition, I always take every opportunity to practise oral Chinese and French. It's also informal leaning, I think.

H: And how about you（A2）?

A2: Mmm, I do self-learning everyday, especially in learning Chinese. I have a lot of informal classes not in the curriculum. I enjoy traditional Chinese medicine lectures by joining online course. I also enjoy sports and exercise. Art and creative writing are other areas that I like.

A1: So maybe informal learning suggests to us "self-taught", yea?（smiles）

H: Yes, just like playing the piano, you can learn to play without instruction from a teacher. But sometimes, teachers can give you some good advice but not teach hand by hand on how to play.

A2: Yea…

H: I know, both of you are typical students in your university, so could you tell me how to conquer the difficulties during your study?

A1: By analyzing the problems in my mind and rethinking rather than letting them reduce my confidence or self-esteem. I accept that mistakes are good for learning and I can laugh at myself when I make a silly mistake. I try to develop frameworks, like mind map, to analyze how to cope with difficulties.

A2: Well, you know, I believe a saying that goes, God help those who help themselves. When I encounter the difficulties, I always think. I like thinking and reflecting. I just rethink the process and methods, then choose a best way to solve the problems. I'd like to say, thinking can bring me surprise.

H: Wow, in future, maybe you are a great thinker, I believe.

A2: (laugh) yea, maybe.

H: OK, I know, in your university, freshmen and sophomores are required to live on campus, so how about your campus life?

A2: Well, it's busy and relaxed.

A1: Yea. So many activities you can join and so many books and materials you can read.

H: Could you show me some examples?

A1: Everyday, we are busy in finding related materials in the library or on the Internet, discussing with my classmates. Sometimes we have a lot of group work to prepare next day's presentation, for the teacher would give us a lot of work to do before conducting the new lesson. For example, the teacher who taught us American history, gave us a teaching plan for the first class, which included reference books that we have to read each week. If we want to pass the final exam, we have to follow his teaching plan to do self-learning and self-reading. If we fail in the exam, oh, my God, we have to pay much money, nearly $ 500 a credit point.

H: Wow, so surprised about that.

A2: Yes. In America, it's hard for us to graduate, so we have to prepare a lot when we are sophomores. We have to study a lot after class and then we can pass the exam and get the credit points.

H: I guess, it's kind of pressure for American students.

A1: Relatively right. But by another way, we can say it's a driven force to get us to spend time and energy studying.

A2: But, besides of study, you know, studying is so boring. We have a lot of things to do. For example, I can take part in all kinds of clubs or association to show myself, based on my interest. In our university, there are lots of community activities, such as cream float bar, T-shirt swap and recruitment practice and etc.

A1: So excited to tell you about our busy campus life. In campus, we usually organize the activities to invite other students to join and sometimes, we take part in some activities that we really like and have great interest. Outside the campus, we have experiential learning by helping the disabled people of the local community. Sometimes, we organize overseas study by ourselves, so that we can immerse ourselves in a new culture and environment.

H: So the activities are organized by yourselves, and does the university organize the activities for you?

A2: Not exactly. Most campus activities are organized by us. You know, the students with common interest organize the activities by themselves.

A1: Yea. The school only provides some supports for students. For example, the university can provide us web page for propaganda activities. You know, if you are a new student or freshman, and you aren't familiar with the campus life, you just focus on campus website to find "students", and click "campus life", and then, the icons like "find an event", "join the organization" and "manage your organization" will appear. And based on your interest, you can choose the themes of activities, such as "arts and music" "learning" "multicultural" "professional" and "group business" and etc. Then, according to your time and the location of activities, you can choose the activities you like. I think, it's a quick way for students to adapt to the campus life. And actually, the school does a good job. And all students love activities.

A1: The students can speak volumes about their personalities by joining activities and the university wants us to show our personalities.

H: If you organize the activities by yourselves, how about the expanses? Who will supply the funding? The university?

A2: No, student organization activities are not university's business. Funding is provided by students fees. Students can raise money by selling old books together or taking part in social practice activities.

H: Well, you are so independent.

A1: Yea. We can learn a lot. Taking part in these activities is one of the most powerful ways to learn.

H: How about your life outside the campus?

A1: Well, it's really relaxed. Sometimes, do some exercise in a comfortable gym or hang out with friends for shopping. But most time, when we go out of the campus, we also have to do service learning. Service learning is popular among university students. We help the seniors to clean their houses, and we become the tutors of the disabled people. we learn a lot from them, and we can gain confidence when we help others.

A2: Yes, I like volunteer activities, which can practice our communication skills and get us to learn how to be a real citizen. I love it.

H: Well, it seems you are really so busy, but it can enrich your life and your learning. And could you tell me about your past learning experience when you were in primary school, middle school or even in high school?

A2: Well, the most impressive thing I remembered that when I was a primary student, the teacher always asked us to do a lot of homework. I remembered one time, the teacher required us to write a passage about "the animals' dangerous environment".

H: So difficult!

A2: Yea. We had to go to library to find so many related books and tried to find the different dangers and then, I gave my suggestions on how to protect the animals. You know, it is hard and challenging for a primary student, but after that, I love animals and now I still sometimes leave the message on the facebook to call people to protect animals. Besides that, I still remembered we talked a lot with each other and had a happy time on that day.

A1: Yes, so do we. From a pupil to a high school student, I liked talking and showing my opinions to others. We sat in a circle and discussed the topics or drew the picture together, which gave me a nice memory and I still remembered my art teacher who taught me how to draw an elephant.

When we grow old, we always recall something when we were young. Finally,

I still have a question for you. That is, from your point of view, what kind of factors will affect your informal learning and how do they affect?

A1: Let me see. I think, motivation, interest, the spirit of risk and challenge are crucial. Open-mindedness is also important, as well as good EQ (Emotional Quotient). All of these help students to learn calmly and productively. A sense of humor helps, too.

A2: Well, in my view, learning background is important for us to conduct informal learning. When I was in primary school or high school, I loved thinking by myself. And my teachers always encouraged us to have the habit of self-learning, discussing with peers and doing team work. So if you are used to such kind of learning manner when you were younger, then you will keep it, even though entering a university. Of course, the interest and the spirit of risk is the basic factor for self-learning.

H: Wow, thank you to share your opinion about informal learning...